복음이 빛나는 부부

복음이 빛나는 부부

© 생명의말씀사 2025

2025년 6월 24일 1판 1쇄 발행

펴낸이 ㅣ 김창영
펴낸곳 ㅣ 생명의말씀사

등록 ㅣ 1962. 1. 10. No.300-1962-1
주소 ㅣ 서울시 종로구 경희궁1길 6 (03176)
전화 ㅣ 02)738-6555(본사) · 02)3159-7979(영업)
팩스 ㅣ 02)739-3824(본사) · 080-022-8585(영업)

지은이 ㅣ 강성환 길미란

기획편집 ㅣ 이주나
디자인 ㅣ 이규리
인쇄 ㅣ 예원프린팅
제본 ㅣ 보경문화사

ISBN 978-89-04-14157-9 (03230)

저작권자의 허락 없이 이 책의 일부 또는 전체를
무단 복제, 전재, 발췌하면 저작권법에 의해 처벌을 받습니다.

복음이 빛나는 부부

강성환·길미란 지음

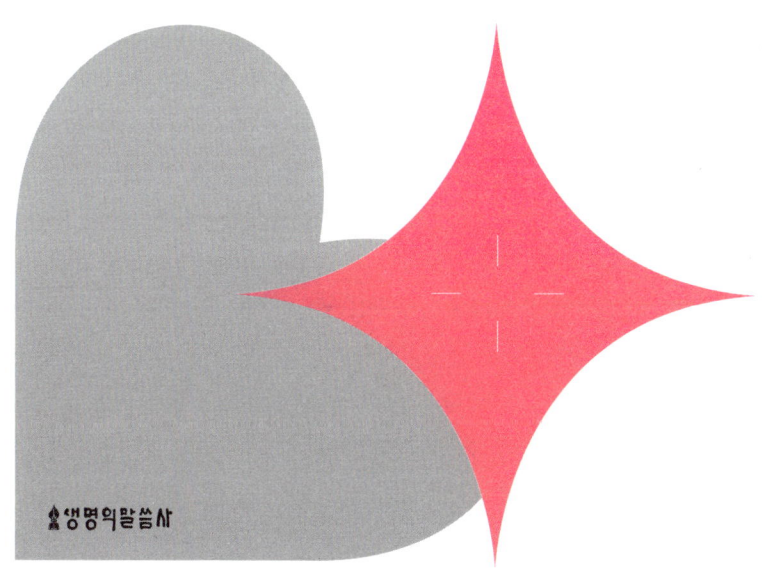

생명의말씀사

추천사

저는 저자인 두 분이 복음을 삶으로 적용하려는 치열한 씨름을 해온 것을 직접 보아 알고 있습니다. 두 분의 목회 여정은 바로 이 씨름의 수고와 결실을 모두 담은 시간입니다.

결혼과 부부를 주제로 한 책은 이미 적지 않지만, 이 주제를 잘 다룬 책이라면 반드시 두 가지 조건을 충족해야 한다고 생각합니다. 바로 '성경적인가' 그리고 '실제적인가'입니다. 그런 점에서 『복음이 빛나는 부부』는 이 주제를 다룬 책들 가운데 탁월합니다. 영어권 저자들의 통찰을 풍성히 인용하면서도, 한국 교회라는 현실 속에서 목회자로 씨름해 온 두 분의 언어로 풀어 냈기에 더욱 깊이 있고 친밀하게 다가옵니다. 결혼을 준비하는 예비부부는 물론, AS가 절실한(!) 부부들에게도 이 책을 필독서로 추천합니다.

김형익 | 벧샬롬교회 목사

이 책은 성경이 말하는 결혼의 본질을 깊이 있게 조명하면서도, 저자 부부가 30여 년간의 결혼 생활 안에서 직접 경험한 지혜와 이야기를 자상하게 나눕니다. 또한 하나님이 디자인하신 결혼이 어떤 모습인지 생생하게 보여 주며, 결혼이 어떻게 하나님 나라를 세워 가는지를 선명하게 드러냅니다. 오늘을 살아가는 부부들이 일상에서 마주하는 크고 작은 문제들에 따뜻한 위로와 실마리를 건네는 이 책을 읽다 보면 '우리도 복음이 빛나는 부부가 되고 싶다'는 사모함이 절로 생겨납니다. 제가 주례할 때는 이 책을 꼭 선물하고 싶다는 마음이 들 만큼, 부부로 살아가는 여정의 귀한 안내서이며 믿음의 지침서입니다. 결혼을 준비하는 청년뿐 아니라 이미 가정을 이루고 살아가는 모든 그리스도인 부부에게 권합니다.

박상진 | 장로회신학대학교 명예교수, 한동대학교 석좌교수

이 책에는 삼위일체 하나님의 동등하심과 역할의 질서, 그리고 그리스도의 구속으로 회복되는 결혼의 영광에 대한 통찰이 흐릅니다. 하나님이 중심 되시고 그리스도가 높임받으시는 결혼의 비밀을 드러낸다는 점에서 깊은 울림이 있습니다. 폭넓은 연구와 성실한 사유는 이 책의 신학적 깊이를 든든히 뒷받침하며 특히 남편과 아내의 상호보완적 부르심에 대한 통찰은 책을 관통하는 보석 같은 핵심입니다. 놀랍도록 성경적이면서도 삶 깊은 곳까지 스며드는 이 책은 읽는 내내 제 마음을 붙들었고, 삶의 방향을 다시 점검하게 했습니다.
무엇보다 깊은 인상을 준 것은, 결혼이 하나님 나라를 세우는 부르심이라는 시각이었습니다. 이 새로운 시야는 결혼을 세상 속으로 걸어 나가게 하는 복음의 통로로 보게 했습니다. 특히 2부에서 이 책의 진가가 드러납니다. 결혼이라는 현장에서 꼭 필요한 주제들만 정교하게 짚어 내 마치 저의 결혼 생활을 해부하는 듯했고, 복음으로 수술받는 느낌이었습니다. 저자의 표현처럼 하나 되어 춤추는 부부의 모습은, 제게도 아내와 함께 다시 춤추고 싶게 만드는 복음의 초대였습니다. 그리고 그 춤을 기뻐하시는 하나님의 영광을, 저도 보고 싶어졌습니다. 이렇게 귀한 책을 써 주셔서 정말 고맙습니다.

배성현 | 서머나교회 목사

이 책을 읽으며 가장 깊이 감동한 것은 성경의 가치관이 저자의 삶에 녹아든 고백으로 아름답게 풀어졌다는 점입니다. 남자와 여자에 대한 성경의 가르침은 때로 고리타분하거나 폭력적인 것으로 오해받기도 합니다. 하지만 저자는 하나님이 설계하신 부부 관계가 얼마나 조화롭고 복된지 그들의 삶으로 생생하게 증언합니다. 더욱 귀한 점은 이 가치관이 단순한 이념이나 규범이 아니라, 복음의 은혜와 사랑에 깊이 뿌리내리고 있다는 사실입니다. 이 책은 권위와 순종, 사랑과 존경을 억압이나 의무가 아니라, 복음 안에서 누리는 자유와 기쁨으로 제시합니다. 특히 세속의 가치관 속에서 흔들리기 쉬운 젊은 그리스도인들에게 성경의 기준을 선명하게 제시하면서도 정죄하지 않는 사랑과 은혜의 마음으로 다가갑니다. 언제나 따뜻하게 자신들의 경험을 나누며 사랑으로 경청하던 저자 부부의 흔적이 책에서도 묻어납니다. "저는 결혼을 연구한 신학자도 아니고, 결혼 상담 전문가도 아닙니다. 단지 한 아내를 사랑하는 남편일 뿐입니다." 저자의 이 고백이야말로 책의 가치를 오롯이 빛나게 합니다.

서명수 | 여정의교회 목사

저자가 쓴 비밀 노트처럼(6장 초반부를 보십시오!) 많은 부부는 종종 자신만의 죄나 배우자를 향한 불만을 마음속에 쌓아 두기만 하고, 그것을 소통하지 않은 채 지냅니다. 저자는 지난 30년의 결혼 생활과 목회 경험 그리고 무엇보다 성경의 가르침을 바탕으로, 죄인인 남편과 아내가 어떻게 서로 사랑하며 갈등을 풀고 친밀감을 회복해 갈 수 있는지를 생생하게 제시합니다.

저자가 들려주는 섬세한 지침들, 부부가 겪는 구체적인 문제들, 그리고 그 위를 덮는 복음의 해결책은 (저를 포함한) 많은 이에게 위로와 격려, 도전이 될 것입니다. 혹시 망설여진다면 '부부 데이트'를 말하는 7장이라도 먼저 읽어 보십시오. 곧 책 전체를 읽고 싶어질 것입니다!

이정규 | 시광교회 목사

결혼과 가정에 대한 성경적 가치관이 흔들리고, 때로는 공격받기까지 하는 시대입니다. 그래서 더더욱 이런 책이 꼭 필요했습니다. 이 책을 읽는 남편들은, 아내를 새롭게 보게 될 것입니다. 아내들 역시, 남편을 향한 시선에 따뜻한 변화가 일어날 것입니다. 무엇보다 부부가 함께 이 책을 읽는다면 '복음이 빛나는 부부'로 살아갈 용기와 지혜를 얻게 될 것입니다.

두 분은 전문가가 아니라고 겸손하게 말하지만, 이 책에는 결혼에 관한 성경적 원리, 실제적 통계 그리고 목회와 삶의 현장에서 겪은 고민과 경험이 녹아 있습니다. 목회자는 물론, 결혼을 앞둔 청년들, 막 결혼 생활을 시작했거나 갈등을 겪고 있는 부부들이 이 책을 함께 펴고 하나님의 뜻을 배워 다시 서로를 이해하고 회복하기를 바랍니다.

채영삼 | 백석대 신학대학원 교수

이 책은 복음을 기초로 삼아, 자기중심적인 사고방식이 아닌 성령님이 주시는 하나님 나라의 관점으로 결혼을 바라보도록 이끌어 줍니다. 결혼이라는 삶의 현장에서 그리스도의 사랑을 드러내도록 권면합니다.

저자 부부는 성경적인 통찰과 목회적인 따뜻함으로, 남편과 아내가 구체적으로 사랑을 실천할 수 있도록 안내합니다. 그리스도를 중심에 둔 이들의 결혼 생활에서 우러나온 실제적인 경험이 책의 모든 장마다 고스란히 녹아 있습니다. 『복음이 빛나는 부부』는 단지 더 나은 결혼 생활을 위한 원칙을 제시하는 데 그치지 않고, 하나님께 영광을 돌리며 교회를 향한 그리스도의 사랑을 세상에 보여 줍니다. 그리스도 중심적 결혼의 본질을 향해 나아가는 이 여정에 모든 독자를 초대합니다.

마티 마쵸스키 (Marty Machowski) | 커버넌트펠로우십교회 목사, 가정 사역 목사

목차

추천사 · 4
시작하는 말 · 10

1부

부부를 향한 하나님의 마음

1장 · 하나님이 디자인하신 결혼 — 18
하나님이 창조하신 남자와 여자 | 하나님이 세우신 결혼의 목적 | 죄로 인해 고통받는 결혼 | 결혼의 영광을 회복하라

2장 · 그리스도의 사랑이 넘치는 부부 — 40
결혼은 그리스도의 사랑이 넘치는 현장이다 | 결혼은 복음의 영광을 세상에 나타내는 현장이다 | 결혼에 나타나는 복음의 세 가지 열매 | 날마다 복음의 빛이 흐르는 부부

3장 · 남편을 향한 부르심 — 68
에덴동산, 아담의 부르심 | 남자의 역할이 무너지다 | 한국 사회 남성의 모습 | 복음으로 사는 남편의 역할 | 그리스도께 배우는 남자

4장 · 아내를 향한 부르심 — 92
돕는 배필, 아내의 부르심 | 남편을 사랑하기 | 남편에게 복종하기 | 남편을 존경하기 | 복음을 빛나게 하는 아내

5장 · 하나님 나라를 세우는 결혼 — 120
바쁨의 위험성 | 결혼, 하나님 나라를 세우는 현장 | 하나님 나라를 세우는 전략 | 하나님 나라가 땅에서도 이루어지도록

2부

결혼은 복음의 은혜가 나타나는 현장이다

6장 · 갈등, 어떻게 할 것인가?   146
갈등의 이유 | 갈등에 어떻게 반응해야 할까? | 갈등 안에서 성장하는 부부

7장 · 대화, 어떻게 할 것인가?   172
말의 힘과 영향력 | 부부 대화에서 기억해야 할 세 가지 | 비성경적인 대화법 피하기 | 비성경적인 대화는 누구를 섬긴 것인가? | 행복한 부부 대화법 | 부부 데이트 질문지 | 부부 대화 속 복음의 은혜

8장 · 친밀함, 어떻게 세울 것인가?   200
성에 대한 왜곡된 관점 | 성에 대한 성경적 관점 | 부부를 지키기 위한 세 가지 전술 | 친밀한 부부 관계를 위한 실제적 적용 | 침실의 복음의 은혜

9장 · 청지기로 어떻게 살 것인가?   234
부부가 청지기로 산다는 것 | 시간의 청지기 | 재정의 청지기 | 청지기로 살아가는 지혜로운 부부

10장 · 지혜로운 가정 건축자   260
두 건축자 | 에베소서가 말하는 가정 건축 | 가정 건축을 위한 세 가지 원리 | 복음으로 무장하여 가정을 건축하라

나가는 말   284
결혼 동산을 가꾸는 정원지기 | 결혼은 복음의 능력을 경험하는 현장이다 | 결혼은 하나님의 일하심을 경험하는 현장이다 | 결혼의 영광, 영원한 신랑을 맞이하는 날

주   292

시작하는 말

신학교 1학년 때, 한 성경 공부 동아리에서 만난 여자 친구와 6년을 교제했습니다. 하나님을 사랑하고, 밝고 긍정적인 에너지로 가득한 여자 친구는 부족한 저(강성환)에게 과분한 여자였습니다. 우리는 봄, 여름, 가을, 겨울 사계절을 함께하며 교제했습니다. 6년이라는 시간은 서로의 장점과 약점을 알아 가기에 충분한 시간이라고 생각했습니다. 우리는 서로를 아끼고 사랑했고, 헤어지기 싫어서 함께 살기로 약속했습니다. 1994년 여름, 26살의 저는 하나님과 여러 증인 앞에서 결혼식을 올렸습니다.

결혼 후, 몇 달이 지나고 저는 이런 말을 했습니다. "그 여자 어디 갔어? 왜 다른 여자가 여기 있지?" 결혼 전과 너무 다르게 느껴지는 아내와 살아가며 당황했습니다. 6년이라는 시간이 충분하다고 생각했지만 그건 제 착각이었습니다. 결혼 초창기 저는 아내의 잘못만 크게 보였고, 제 약점은 작게 보였습니다. 불평이 쌓이던 그때 아들이 태어나면서 결혼의 출렁거리는 현실은 더 큰 도전으로 다가왔습니다.

행복한 결혼을 꿈꾸며 시작했지만, 막상 결혼이 무엇인지 몰랐습니다. 결혼을 두고 하나님의 말씀을 진지하게 고민해 본 적도 없었습니다. 결혼은 죄인인 남편과 죄인인 아내가 서로 치열하게 부딪치는 현장임을 몰랐습니다. 아내를 사랑해서 결혼했지만, 어떻게 사랑해야 하는지 그리고 하나님이 디자인하신 남편의 역할이 무엇인지도 알지 못했습니다. 준비 없이 시작한 결혼 생활은 우왕좌왕하기 일쑤였습니다. 그러나 30년 동안 하나님의 신실하신 은혜로 저희 부부는 결혼이라는 학교에서 배우고 성장할 수 있었습니다.

목회를 하고 개척을 하면서 저희 가정만 출렁거리는 것이 아님을 깨달았습니다. 다른 가정들의 결혼 현장도 흔들리고 있었습니다. 목회 현장에서 경험한 바로는, 다양한 형편의 부부가 예상보다 더 자주 위기에 처하고 있었습니다.

맞벌이 부부이든 외벌이 부부이든, 혹은 자녀가 있든 없든 상관없이 부부들은 각자의 현실 안에서 서로 다른 갈등과 외로움을 겪고 있었습니다. 어떤 부부는 경제적 부담으로, 또 어떤 부부는 일과 양육의 병행 속에서, 또 어떤 부부는 함께 보내는 시간의 단절 속에서 관계가 약해지고 있었습니다.

특히 아내들이 가정의 중요한 결정을 혼자 감당하거나, 일과 양육 사이에서 소진되고 있었습니다. 남편들 역시 직장에서는 충실했지만, 가정에서는 정서적 책임과 영적 책임을 어떻게 감당해야 할지 몰라 혼란스러워했습니다. 부부가 서로를 돌볼 여유를 잃어 가며 쌓인 갈등은 쉽게 해결되지 않았고 언제 터질지 모르는 둑처럼 위험한 상태에 놓여 있었습니다.

무엇보다 한국 사회의 바쁜 일상은 가정과 결혼을 위협하는 고질적인 원인이었습니다. 부부가 일터와 양육에 시간과 에너지를 쏟으면서도 정작 서로는 돌보지 않아 부부 사이에 대화가 부족하고 마음은 멀어져 가고 있었습니다. 결혼은 둘이 한 몸이라고 믿지만, 현실은 서로가 모래알처럼 마음이 나뉘어 있었고 어떻게 하면 부부가 하나 되어 하나님 나라를 세울 수 있을지 방향을 잡지 못했습니다.

또한 많은 그리스도인이 세상 사람들과 마찬가지로 개인의 행복과 안정, 성공만을 추구하는 너무 작은 목표를 따라 살고 있었습니다. 하나님의 말씀을 믿는다고는 하지만 결혼을 향한, 부부를 향한 하나님의 큰 비전을 모르고 있었습니다. 결혼은 그리스도와 교회의 비밀이며 하나님의 사랑을 세상에 나타내는 현장이라는 비전을 품고 사는 가정을 만나기가 어려웠습니다.

이것을 깨달은 저는 성도들과 함께 결혼의 성경적 원리가 무엇인지 씨름하기 시작했습니다. 결혼 현장에서 부딪치는 우리의 부끄러운 죄를 고백하고, 복음을 어떻게 결혼에 적용해야 할지 어린아이처럼 다시 배우기 시작했습니다.

이 책은 주님의은혜교회 성도들과 울고 웃으며 함께 배운 이야기입니다. 저는 결혼을 연구한 신학자도 아니고, 결혼 상담 전문가도 아닙니다. 단지 한 아내를 사랑하는 남편일 뿐입니다. 저희의 결혼이 훌륭하다거나 온전하다고 말할 생각은 없습니다. 다만 결혼을 만드신 하나님께로 돌아가 결혼을 향한 하나님의 마음을 겸손하게 배우는 그리스도인이 되기를 바라는 마음에서 이 책을 썼습니다.

결혼의 행복은 단지 "열심히 일하고 일찍 퇴근하자", "참고 인내하면 행복해질 거야" 같은 몇 가지 결심만으로 이루어지지 않습니다. 그리스도께서 넘치는 사랑으로 우리를 사랑하신 것처럼 부부가 복음을 삶에 적용하며 서로 사랑할 때, 복음이 빛나는 부부의 행복을 경험할 수 있다는 것을 이 책에서 나누고 싶습니다.

이 책은 두 부분으로 구성했습니다. 1부에서는 부부를 향한 하나님의 마음을 다룹니다. 1장은 창세기 말씀을 통해 하나님이 디자인하신 결혼의 원리를 다루고, 2장은 그리스도의 사랑이 넘치는 결혼의 열매를 살펴봅니다. 3장과 4장에서는 하나님이 남편과 아내에게 주신 상호 보완적인 역할은 무엇인지 확인하고, 5장에서는 부부가 한 몸을 이루어 하나님 나라를 어떻게 세울지 살펴보고자 합니다.

2부에서는 결혼이 은혜의 현장임을 살펴봅니다. 6장에서는 갈등을 어떻게 성경의 원리로 풀어 갈 것인지 배웁니다. 7장은 부부가 어떻게 대화해야 할지 나누고, 8장은 부부 친밀함의 중요성과 부부의 하나 됨에 대해서 살펴봅니다. 9장에서는 부부가 시간과 재정의 청지기로 어떻게 살 것인지를 확인합니다. 10장에서는 결혼을 지혜롭게 어떻게 건축할 것인지 배우고자 합니다.

이 책의 내용들은 결혼에 대한 백과사전이 아니라 일부입니다. 그러나 이 주제는 부부를 향한 하나님의 마음을 배우고 복음을 적용하며 주님을 닮아 가는 일에 도움을 줍니다. 결혼 생활을 시작하는 부부들이 이 책을 함께 읽고, 성경이 말하는 결혼의 원리를 미리 배우고 준비할 수 있게 되기를 소망합니다.

가정 안에서 신음하는 성도들을 돕는 목회자들에게도 이 책이 도움이 되기를 간절히 기도합니다. 또한 복음의 원리를 따라 결혼을 세워 가기를 소망하는 부부들이나 미로에 갇혀 방향을 잃은 부부들에게 복음의 은혜가 빛나는 결혼의 길잡이가 되기를 바랍니다.

이 글을 쓰는 오늘은 고향에 계신 부모님의 결혼 57주년입니다. 가난과 험난한 골짜기와 같은 인생 속에서도 한 몸을 이루고 하나님을 사랑하며 자녀를 양육하는 아름다운 결혼의 모습을 삶으로 보여 주신 부모님께 감사드립니다.

또한 이 책은 주님의은혜교회 가족들과 15년을 함께 씨름해 온 열매입니다. 저희 부부의 부족함을 알고도 항상 격려와 사랑을 베풀어 주셔서 깊이 감사드립니다.

부족한 저희를 뜨겁게 격려해 주시고 추천사를 써 주신 복음의 동역자들에게 머리 숙여 감사를 전합니다. 여러분은 저희의 복음의 친구입니다. 여러분과 함께 복음과 동행하며 하나님의 나라를 꿈꾸며 교회를 섬기는 것은 저희에게 놀라운 특권이고 기쁨입니다.

마지막으로 저희 부부가 서로에게 마음을 전합니다.

"당신과의 결혼은 신비로운 비밀입니다. 나의 동반자이고, 한 몸인 당신을 사랑합니다. 앞으로도 함께 걸어갈 30년을 기대합니다."

"당신과 함께한 지난 31년은 매일이 내 인생의 하이라이트였습니다. 그리스도의 사랑을 기억나게 하고 세상 그 무엇도 부럽지 않도록 아내를 사랑해 준 당신은 주님이 내게 주신 최고의 선물입니다."

하나님이 세우신 결혼이 무너지는 위기의 시대에 부부를 향하신 하나님의 놀라운 마음이 회복되기를 원합니다. 교회에 성경적 부부됨의 원리를 가르치는 부흥이 일어나기를 갈망합니다. 도시 곳곳에 하나님의 사랑을 비추는 그리스도인 부부가 세워지기를 소망합니다.

복음이 빛나는 부부이기를 소망하며
강성환, 길미란

1부

부부를 향한
하나님의 마음

1장
하나님이
디자인하신
결혼

애플의 최고 경영자인 팀 쿡은 자신이 동성애자임을 공개하며 "나는 내가 동성애자라는 사실이 자랑스러우며 이는 신이 내게 준 선물 중 하나라고 생각한다. 애플 CEO로서 이 사실을 알리면 자신이 누구인지 고민하는 사람이나 혼자라고 느끼는 사람들에게 용기를 줄 수 있을 것"이라고 말했습니다.1) 「뉴욕 타임스」의 칼럼니스트 프랭크 브루니는 "성경이 동성애자, 양성애자를 죄인이라고 보는 것은 오래된 문서에 기초한 판단이다. 이들을 포용하기 위해 성경을 다시 써야 한다"고 주장하기도 했습니다.2)

이처럼 이 시대의 결혼 문화는 '한 남자와 한 여자'가 가정을 이루는 성경의 가치관을 고대 문화의 산물이나 신화로 간주합니다. 미국은 2015년 50개 주에서 동성결혼이 합법화되었으며 전 세계적으로 20개 이상의 국가가 이를 법제화했습니다. 우리가 사는 세상은 결혼이 뿌리째 흔들리고 있습니다. 이제 결혼은 인간의 자유와 권리를 따라 선택할 수 있는 문화가 되고 있습니다.

버클리 캘리포니아 대학이 학교 창고를 정리하다가 낡은 조각상을 164달러에 팔았다고 합니다. 그 조각상은 1930년대 유명한 흑인 조각가인 사전트 존슨의 작품이었습니다. 그 조각상은 가치가 100만 달러가 넘는 작품이었습니다. 이 소식이 전해지자, 예술학자들은 충격을 받았다고 합니다.3)

하나님이 만드신 작품 중에서 가장 고귀하고 가치 있는 것이 결혼입니다. 하나님이 만드신 결혼에는 값을 매길 수 없는 영광스러운 가치가 있습니다. 그러나 많은 사람이 자유와 권리를 이야기하며 동거, 계약 결혼, 동성 결혼 등으로 결혼을 가볍게 여기고 있습니다. 우리가 사는 세상은 이처럼 결혼의 경이로움이 점차 사라지는 시대입니다. 더욱 마음이 아픈 것은 그리스도인도 결혼의 가치를 알지 못하고, 결혼의 기쁨을 경험하지 못하는 현실입니다.

결혼은 하나님이 제정하셨습니다. 결혼과 가정은 인간이 만든 제도가 아니라 하나님이 세우신 제도입니다. 그러나 사탄이라는 존재가 하나님이 만드신 결혼과 가정을 공격하고 있습니다. 우리가 알든지 모르든지, 결혼과 가정은 영적 전쟁이 치열하게 일어나는 현장입니다. 결혼에 대한 사탄의 공격은 결혼을 만드신 하나님에 대한 공격입니다.

결혼은 사람의 아이디어가 아닙니다. 결혼은 변덕스러운 사람의 마음에 따라 변할 수 있는 풍습이 아니라, 하나님이 설계하신 가장 고귀하고 영광스러운 제도입니다. 우리는 하나님이 제정하신 결혼의 영광을 회복해야 합니다. 교회는 결혼을 만드신 하나님의 디자인을 성도들에게 가르쳐야 합니다.

이 장에서 우리는 창세기를 중심으로 하나님이 제정하신 결혼이 무엇인지를 살펴보고자 합니다. 첫째, 하나님이 창조하신 남자와 여자는 어떠합니까? 둘째, 하나님이 세우신 결혼의 목적은 무엇입니까? 마지막으로, 이 결혼이 어떻게 혼란하게 되었는지 살피겠습니다.

하나님이 창조하신 남자와 여자

하나님의 형상대로 지어진 동등한 부부

> 하나님이 자기 형상 곧 하나님의 형상대로 사람을 창조하시되 남자와 여자를 창조하시고 (창 1:27)

하나님이 남자와 여자를 창조하실 때 "하나님의 형상대로" 지으셨습니다. 하나님은 남녀 구별이 없는 중성의 사람을 만드신 것이 아닙니다. 하나님은 단 한 사람을 지으신 것이 아니라 하나님의 형상을 따라 독립된 두 사람, 남자와 여자를 만드셨습니다. 이것이 특별한 의미가 있습니다.

"하나님의 형상대로" 남자와 여자를 창조하셨다는 의미는 무엇일까요? 웨인 그루뎀은 이렇게 말합니다.

삼위일체에서 각 위가 각기 독립된 위격으로서 중요성이나 완전한 존재라는 점에서 동등하듯이 남자와 여자도 그 중요성과 인간성에 있어 동등하게 창조되었다. 남자와 여자는 동등하게 하나님의 형상대로 지음받았고 모두 동등하게 삶에서 하나님의 성품을 나타낸다.4)

남자와 여자가 하나님을 닮았다는 의미는 남자와 여자의 가치와 중요성이 동등하다는 의미입니다. 세 분 하나님은 각각 독립된 인격으로 완전하십니다. 성부 하나님이 우월하시고, 성자 하나님이 그 아래 열등하신 것이 아닙니다. 성령 하나님이 성자보다 낮으신 분이 아닙니다. 삼위 하나님은 완전한 하나님이십니다. 남자와 여자가 하나님을 닮았기에, 남자가 우월하거나 여자가 열등하지 않습니다.

이것이 얼마나 놀라운 진술입니까? 창세기는 약 3500년 전에 쓰인 고대 문서입니다. 성경은 신화가 아닙니다. 성경은 창조자 하나님의 마음을 보여 줍니다. 역사적으로 사람들은 수천 년 동안 남성이 우월하고, 여성은 열등하다고 생각했습니다. 여성의 인권과 존엄성이 높아진 것은 불과 100년도 안 된 일입니다. 그러나 하나님은 처음부터 남자와 여자는 하나님을 닮아서 존귀하고 동등하다고 말씀하십니다. 바울은 이렇게 말합니다.

너희는 유대인이나 헬라인이나 종이나 자유인이나 남자나 여자나 다 그리스도 예수 안에서 하나이니라 너희가 그리스도의 것이면 곧 아브라함의 자손이요 약속대로 유업을 이을 자니라 (갈 3:28-29)

바울은 복음을 믿는 하나님의 자녀는 모두 그리스도 안에서 하나라고 합니다. 종이라고 해서 로마 시민보다 열등하다고 생각하지 말아야 하며, 유대인 남자일지라도 여자보다 우월하다고 자랑해서도 안 된다고 합니다. 복음 안에서 새로운 피조물로 지음받은 사람은 누구나 동등한 가치와 중요성을 지니며, 그 어떤 우열도 존재하지 않습니다.

모든 사람이 하나님의 형상으로 지음받았기에 남자든 여자든 존귀합니다. 부하든 가난하든 소중합니다. 건강하고 성공했든지, 병들고 실패했든지 하나님의 형상을 닮았기에 똑같이 소중하고 중요한 존재입니다. 이것이 하나님의 마음이며 세상 문화를 뒤집는 성경의 세계관입니다.

하나님의 형상대로 역할이 다른 부부

삼위 하나님은 모든 능력과 신적 성품이 동등하시지만 각자 역할이 다릅니다. 웨인 그루뎀은 이 역할의 차이를 이렇게 이야기합니다.

창조 사역을 보면 성부께서 일을 시작하시고 말씀하셨지만, 창조의 역사는 아들을 통해 이루어졌고 성령의 지속적인 임재로 유지되었다(창 1:1-2, 요 1:1-3, 히 1:2). 구속 사역에서도 성부는 성자를 이 세상에 보내셨고, 성자는 이 땅에 오셔서 성부께 순종하여 우리의 죗값을 지불하기 위해 죽으셨다(빌 2:6-8). 성자께서 승천하신 후에는 교회를 세우고 능력을 주기 위해 성령이 오셨다(행 2:1-36). 성부께서 우리의 죄를 위해 죽으신 것이 아니고, 성령께서 그렇게 하신 것도 아니다. 오순절 날 새 언약의 능력으로 교회에 부어진 것은 성부도 아니고 성자도 아니다. 삼위 하나님은 각자의 독특한 역할을 가지고 있다.5)

하나님의 형상대로 지음받은 남자와 여자는 동등하지만 그 역할이 다릅니다. 남자는 가정의 질서에서 머리로서 주된 책임자의 역할을 합니다. 여자는 남성과 동등하나 "돕는 배필"(창 2:18)의 역할로 지음받았습니다. 여자를 돕는 배필 또는 돕는 자라고 하면, 여자를 종으로 여기거나 남자보다 열등하다고 말하는 것은 잘못된 이해입니다. 성경은 하나님을 돕는 자(출 18:4; 시 121:1-2)라고 합니다.

우리를 도우시는 하나님은 우리보다 열등한 종이 아니라, 완전한 하나님이십니다. 부모가 자녀를 돕는다고 해서 자녀보다 열등하다는 의미가 아니듯, 아내가 남편을 돕는 것이 열등하다는 의미가 아닙니다. 아내는 남편과 동등하고 존귀한 존재이면서 남편을 돕는 자의 역할로 지음받았습니다. 바울은 초대교회 성도들에게 남자와 여자의 역할 구분을 이렇게 가르칩니다.

나는 너희가 알기를 원하노니 각 남자의 머리는 그리스도요 여자의 머리는 남자요 그리스도의 머리는 하나님이시라 (고전 11:3)

남자가 여자를 위하여 지음을 받지 아니하고 여자가 남자를 위하여 지음을 받은 것이니 (고전 11:9)

남자가 머리이고 여자가 돕는 배필이라는 의미는 남자와 여자가 가치와 중요성은 동등하나 역할이 다르다는 뜻입니다. 신학자 안드레아스 쾨스텐버거는 남자와 여자의 역할 차이에 대해 말합니다.

결혼과 가정에 대한 일차적 책임과 궁극적 권위는 남편의 몫이다. 이는 창세기 첫머리의 내용을 통해서도 입증된다. 예컨대 남자는 여자가 창조되기 전부터 땅을 정복하는 일에 착수하여 동물들의 이름을 지었고(창 2:19-20), 선악을 알게 하는 나무의 열매를 먹지 말고 에덴동산을 지키라는 하나님의 명령을 받았으며(창 2:15-17), 여자의 이름을 지었다(창 2:23). 또 하나의 근거는 죄를 여자가 먼저 지었는데도 하나님이 죄의 책임을 여자가 아니라 남자에게 물으셨다는 사실이다(창 3:9). 타락 때문에 남자가 머리 역할을 하는 방식이 이후에 대대로 왜곡되긴 했지만(창 3:16) 남자는 하나님이 주신 책임을 피하시 않고 결혼과 가정에 수반되는 모든 것을 담당해야 했다.[b]

이 시대는 남자가 가정의 책임자이고 여자가 돕는 배필이라는 진리를 싫어합니다. 만일 이 하나님의 진리를 이웃에게 말한다면 우리는 손가락질을 받을 각오를 해야 합니다. 그러나 이 진리는 우리의 고집이 아니라 남자와 여자를 만드신 하나님의 설계이기에 우리는 믿습니다. 이 진리를 믿는다면, 우리는 문화가 말하는 두 가지를 조심해야 합니다.

첫째, 남성우월주의를 경계해야 합니다. 남성이 여성 위에 군림하며 여성을 열등한 존재로 비하하는 문화는 하나님의 진리가 아닙니다. 초대교회 당시, 유대인 남성은 이렇게 기도했습니다. "하나님! 나는 이방인으로 태어나지 않은 것에 감사하며, 노예로 태어나지 않은 것에 감사하고, 여자로 태어나지 않은 것에 감사합니다." 그러나 이 기도에는 여성을 하나님 형상으로 지어진 존재로 보지 않는 남성우월주의가 담겨 있습니다.

둘째, 여성평등주의를 조심해야 합니다. 남자와 여자의 역할 차이를 가볍게 여기고 무조건 평등하다는 주장은 남자와 여자를 창조하신 하나님의 마음이 아닙니다. 하나님은 창세기 시작부터 여성을 억압하는 남성우월주의를 반대하셨으며, 동시에 남성과 여성의 차이를 인정하지 않는 평등주의도 반대하셨습니다. 레이 오틀런드는 다음과 같이 말합니다.

성경이 제시하는 통찰력은 대담하다. 즉 머리인 남자와 돕는 자인 여자 사이의 미묘한 상호작용은 인간 사회의 발전에 따라 대치되어야 하는 진화론적 돌연변이가 아니라는 것이다. 그것은 인간 고유의 존재론적 본질에 해당하는 하나님의 한 수이다. 머리와 돕는 자에 대한 하나님의 지혜로운 창조는 독단적이거나 비정상적이지 않고 궁극에까지 거슬러 올라갈 수 있는 영구적이고 영화로운 실제다. … 머리와 돕는 배필이 하나가 되어 추는 상호 보완성이라는 춤은 하나님의 직관 깊은 곳에서 나온 것이다. … 우리가 하나님의 선하심과 지혜를 신뢰하고 이것을 믿음으로 받아들인다면 인간의 놀라운 장엄함과 기쁨을 맛볼 수 있는 잠재력을 개발할 수 있을 것이다.7)

하나님의 지혜는 남자와 여자가 동등하지만 서로 다른 역할로 조화를 이루는 데 있습니다. 이는 하나님의 형상대로 지음받은 남자와 여자가 하나 되어 춤을 추는 모습으로 비유할 수 있습니다. 발레 공연을 생각해 보십시오. 한 남자와 여자가 동료로서 동등한 가치를 지닌 채, 무대에서 하나 되어 춤을 춥니다. 그러나 두 사람은 서로 다른 위치, 동작, 역할을 맡습니다. 한 사람이 던지면, 다른 사람이 받아야 합니다. 누가 달리고 누가 점프하는지 명확히 알아야 합니다. 만약 각자가 맡은 역할을 무시하거나 혼동한다면 무대는 혼란에 빠집니다. 각 사람이 자기가 해야 하는 독특한 역할이 무엇인지 알고 조화롭게 춤을 추면 관중들은 아름다움과 감동을 경험하며 찬사를 보냅니다. 이와 같이 부부가 결혼의 무대에서 조화롭게 아름다운 춤을 출 때, 관중인 세상을 놀라게 하고 하나님을 기쁘시게 합니다.

하나님이 세우신 결혼의 목적

부부가 한 몸이 되어 하나님의 영광을 나타낸다

하나님은 결혼의 목적을 아담과 하와에게 최초로 말씀하셨습니다.

이러므로 남자가 부모를 떠나 그의 아내와 합하여 둘이 한 몸을 이룰지로다 (창 2:24)

하나님은 두 사람이 한 몸을 이루라고 명령하십니다. 부부를 하나 되게 하신 분은 사람이 아니라 하나님이십니다. 예수님도 창세기를 인용하여 말씀하셨습니다.

이러므로 사람이 그 부모를 떠나서 그 둘이 한 몸이 될지니라 이러한즉 이제 둘이 아니요 한 몸이니 그러므로 하나님이 짝지어 주신 것을 사람이 나누지 못할지니라 (막 10:7-9)

결혼은 남자와 여자가 부모를 떠나 한 몸을 이루어 함께 살아가는 새로운 세계입니다. 하나 되게 하는 주체는 신랑도 신부도 아닙니다. 부모도 주례자도 아닙니다. 오직 하나님이 부부를 하나 되게 하셨기에 사람이 나눌 수 없습니다.

이것이 결혼을 가볍게 여겨서는 안 되는 이유입니다. 남자와 여자는 하나님의 형상대로 지음받았으며, 이들은 삶을 통해 하나님의 형상이 무엇인지 세상에 나타냅니다. 하나님의 형상대로 지어진 남자와 여자가 사랑과 기쁨으로 하나를 이루면 세상의 모든 사람에게 하나님의 영광을 드러내게 됩니다.

부부가 한 몸이 되어 하나님 나라를 함께 섬긴다

결혼의 또 다른 목적은 부부가 한 몸이 되어 하나님 나라를 위해 함께 섬기는 것입니다.

> 하나님이 그들에게 복을 주시며 하나님이 그들에게 이르시되 생육하고 번성하여 땅에 충만하라, 땅을 정복하라 … 모든 생물을 다스리라 하시니라 (창 1:28)

하나님은 누구에게 복을 주셨습니까? 남자와 여자입니다. 하나님은 남자와 여자에게 하나님을 대신하여 하나님이 통치하시는 모든 피조물을 다스리고 정복하는 사명을 맡기셨습니다. 하나님은 남자와 여자가 공동으로 함께 생육하고 번성하라는 명령을 주셨습니다.

남자 혼자서는 생육하고 번성할 수 없습니다. 여자가 함께해야 합니다. 남자와 여자는 함께 노동을 분담하여 땅을 경작하고 돌보아야 합니다. 결혼에서 남자의 주된 역할은 아내와 자녀를 인도하고 양육하며 **책임지는** 것이며, 여자의 주된 책임은 남편을 **존중**하며 가족을 돌보는 것입니다. 이처럼 남자와 여자가 한 몸이 되어 하나님 나라를 함께 섬기는 것이 결혼의 목적입니다.

인간은 하나님을 닮았다. 하나님이 우주 전체를 통치하시듯이 인간은 하나님을 위해 온 지구를 통치하는 일을 위임받았다. 창조 세계의 궁극적 주인은 남녀 인간이 아니라 하나님이시며 인간은 하나님이 세우신 관리자일 뿐이다. 이 청지기직은 남자와 여자에게 공동으로 맡겨졌다. 남녀가 함께 하나님의 뜻대로 그분의 영광을 위해 그 직분을 수행해야 한다. 남녀가 함께 생육하여 하나님이 주시는 자녀들의 청지기가 되어야 한다.[8]

하나님이 디자인하신 결혼의 목적은 영광스럽습니다. 결혼 안에서 부부가 한 몸이 되어 하나님이 주신 동산과 자녀 그리고 이웃을 돌보고 섬길 때, 하나님 나라를 세울 수 있습니다.

그러나 하나님이 세우신 결혼의 영광스러운 목적이 가벼워지고 흔들리는 이 시대는 결혼 상대자를 찾는 필수 조건으로 두 가지를 꼽는다고 합니다. 하나는 신체적인 매력과 성적 끌림이고, 다른 하나는 자신을 있는 그대로 받아 주고 바꾸려 들지 않는 사람입니다.[9]

즉, '자기를 행복하게 해주는 배우자'를 찾습니다. 대부분의 사람이 자기만족을 채워 주는 완벽한 배우자를 찾습니다. 그 이유 때문인지 지금 시대는 동거 문화가 점차 확산되고 있습니다.

통계청이 발표한 〈한국의 사회 동향 2023〉에 따르면 20~30대에서 동거에 대한 찬성 비율이 2015년 25.9%에서 2020년 40.6%로 증가했습니다.[10] 나를 행복하게 하고, 나의 만족을 위해서는 동거든 무엇이든 좋다는 문화로 젊은 세대의 결혼관이 바뀌고 있습니다.

하나님의 영광을 위한 결혼이 자기만족을 위한 초라하고 가벼운 형태로 변질되었습니다. 그러나 결혼의 목적은 단순히 개인의 행복, 두 사람만의 만족이나 로맨스가 아닙니다. 돈을 모으고, 성공하고, 자녀를 잘 키워 노후를 편안히 보내는 수단도 아닙니다. 이러한 결혼관은 지나치게 자기중심적이며 위험합니다.

더욱 안타까운 것은 그리스도인들도 돈과 권력, 자기 행복과 성공이라는 세상의 면류관을 따르는 현실입니다. 자기 행복과 만족을 위한 결혼은 너무 작은 목표이고 초라합니다. 그리스도인은 하나님이 주신 결혼의 목적을 날마다 붙들고 결혼의 영광을 회복해야 합니다. 부부가 한 몸 되어 하나님의 형상을 나타내는 결혼, 부부가 함께 하나님 나라를 섬기는 결혼의 영광을 경험해야 합니다.

죄로 인해 고통받는 결혼

그러나 하나님이 창조하신 결혼이 하나님의 영광을 드러내지 못하고 죄로 인해 왜곡되었습니다. 아담과 하와가 하나님께 범죄했을 때, 고통과 저주가 찾아왔습니다. 하나님이 여자에게 말씀하십니다.

> **여자에게 이르시되 내가 네게 임신하는 고통을 크게 더하리니 네가 수고하고 자식을 낳을 것이며 너는 남편을 원하고**(desire) **남편은 너를 다스릴 것이니라** (창 3:16)

이 말씀은 인간 역사에서 결혼 안에 죄로 인하여 어떤 고통이 있을지, 부부 사이의 끊임없는 갈등의 고통을 말하고 있습니다. 여기서 주목할 말씀은 "너는 남편을 원하고"입니다. '원하다'(desire)는 히브리어로 '테슈카'이며, 욕망이나 갈망을 뜻합니다. 구약 성경에 이 단어가 세 번 사용되었습니다(창 3:16; 4:7, 아 7:10). 창세기 4장 7절을 살펴보면 의미를 더 명확히 알 수 있습니다. 이 배경은 가인이 아벨에게 적개심을 품고 분노한 것에 대해 하나님이 경고하신 내용입니다.

죄가 문에 엎드려 있느니라 죄가 너를 원하나 너는 죄를 다스릴지니라 (창 4:7)

이 두 구절의 유사성을 확인하면 '원하다'의 의미가 명확해집니다. 창세기 4장 7절에서 죄가 가인의 문에 마치 사자처럼 웅크리고 있습니다. 죄의 욕망(desire)이 가인을 향하고 있습니다. 이는 죄가 가인을 원하고, 압도하고 싶어 한다는 말입니다. 죄는 가인을 거꾸러뜨리고 제압하고 죄의 노예로 만들고 싶어 합니다. 그래서 하나님은 "가인아, 죄가 너를 원하나 너는 반드시 죄를 다스리라"고 말씀하셨지만, 가인은 죄에 대한 자기 욕망을 다스리지 못하고 동생 아벨을 죽였습니다.

창세기 3장 16절을 다시 살펴보면, 여자를 향한 죄의 욕망도 비슷한 의미입니다. "너는 남편을 원하고"라는 말은 죄가 여자 마음에 웅

크리고 있다가 삼키려고 한다는 뜻입니다. 여자의 욕망은 남자를 압도하거나 지배하고 싶어 합니다. 남자의 머리 됨을 빼앗고 자기 하고 싶은 대로 억지로 주관하고 지배하고 싶어 합니다. 죄로 인한 남자의 저주는 잔인하게 군림하고 강압적인 방법으로 여자를 제압하고 지배하는 것입니다. 레이 오틀런드는 다음과 같이 말합니다.

우리의 깨어진 약속, 격렬한 말다툼, 분노, 남용, 이혼 및 결혼으로 생긴 모든 비극의 궁극적 원인은 여기에 있다. 창세기 3장 16절에 선포된 안타까운 말씀은 아내가 자신을 돌보고 부양할 책임을 다하지 못하는 남편의 자리를 메우려고 하고 남편이 자신의 소극성을 비난하는 아내에게 분노하여 은밀히 또는 공격적으로 응징하는 주기적 역기능을 예고한다. 서로 상대의 약점을 물고 늘어짐으로써 점점 서로를 이해하지 못하고 괴로워하며 소외감을 느끼는 악순환을 되풀이한다.[11]

창세기 3장 16절은 죄로 인해 결혼이 왜곡되고 남편과 아내 사이에 끊임없는 갈등이 발생하는 역사를 말해 줍니다. 존 파이퍼는 이렇게 이야기합니다.

성숙한 남성은 여성을 인도하고 공급하며, 보호하려는 호의직인 책임 의식이 있다. 성숙한 여성은 존경할 만한 남성에게서 나오는 힘과 지도력을 지지하고 받아들이며, 길러 주려는 성향이 있다.[12]

그런데 죄로 망가진 남자는 자기 욕망을 따라 가혹한 권위를 행사합니다. 그는 가정을 인도하고 공급하고 보호하고 사랑하는 책임을 버리고, 가족 위에 잘못된 권위로 군림하고 강압적으로 다스립니다. 일반적으로 남자는 여자에 비해 힘이 세기에, 여자를 학대하고 폭력적으로 군림할 수 있습니다. 또는 게으르고 빈둥거리며 책임지지 않고 여자를 회피할 수 있습니다.

그런가 하면 부패한 여성은 하나님이 남편에게 주신 머리 됨의 역할을 빼앗고 잘못된 욕망으로 남편을 지배하려고 합니다. 일반적으로 여자는 남자만큼 힘이 세지 않지만, 남자를 제압하는 다른 힘이 있습니다. 여자는 능숙한 말솜씨로 남자를 제압합니다. 여자는 환경과 사람을 이용해서 남편을 조종하고 지배하는 솜씨가 좋습니다. 여자가 돕는 배필로서 남편의 지도력을 세워 주지 않고 지배하려고 할 때, 가정은 끊임없는 갈등에 빠집니다. 이처럼 인류 역사 속 결혼의 현장에는 부부의 치열한 죄의 전쟁이 계속되고 있습니다.

결혼의 영광을 회복하라

결혼의 영광을 회복하기 위해서는 부부가 동등한 가치를 지닌다는 것과 부부 각자의 역할 차이를 알아야 합니다. 남자는 머리로서 책임을 감당하고 여자는 돕는 배필로서 남편을 존중하며 사랑을 바탕으로 한 몸을 이루어야 합니다. 하나님은 세상을 구원하시기 위해 사랑으로 아들을 보내셨습니다. 아들 예수님은 아버지의 명령에 억지로 순종하신 것이 아니라 사랑으로 아버지께 순종하셨습니다.

그리스도는 죄인인 우리를 너무나 사랑하셔서 십자가에서 우리 대신 죽으셨습니다. 그리스도는 교회를 다스리실 때 독재나 강압이 아니라 사랑으로 다스리십니다. 우리는 그리스도를 사랑하기에 순종합니다.

이처럼 남자는 머리 됨의 권위를 사용할 때 사랑 안에서 해야 합니다. 남자에게 권위가 주어진 것은 남편이 여자보다 더 가치가 있거나 더 능력이 있어서가 절대 아닙니다. 아내는 남편과 동등한 존재이지만 남편의 역할을 존중하고 사랑 안에서 자발적으로 순종하며 섬깁니다. 남자와 여자가 사랑 안에서 한 몸을 이룰 때, 하나님의 영광을 회복하는 부부로 자라 갑니다.

부부가 100층짜리 건물을 소유하면 그것이 하나님께 영광이 될까요? 교회를 섬기며 많은 사람을 모은다면 하나님께 영광이 될까요? 하나님은 무엇으로 기뻐하실까요? 창세기를 살펴보면, 하나님은 자신의 형상을 닮은 남자와 여자를 통해 영광을 받으십니다. 남자와 여자가 결혼 안에서 한 몸을 이룰 때 하나님은 영광을 받으십니다.

두 사람은 하나님의 형상대로 지음받았지만 역할은 다릅니다. 그러나 부부가 하나 되어 하나님 나라를 위해 함께 심길 때, 그 삶 자체가 하나님께 영광이 됩니다. 결혼은 하나님의 영광을 나타내는 현장입니다.

하나님은 영광스러운 계획 안에서 결혼을 만드셨습니다. 그러나 결혼은 죄로 인해 붕괴되었고, 인류의 모든 세대에 걸쳐 점점 더 타락해 갔습니다. 사랑과 조화는 깨어지고, 갈등과 왜곡된 욕망이 그 자리를 대신하게 되었습니다. 그러나 하나님은 결코 포기하지 않으시고, 여자의 후손을 약속하셨습니다(창 3:15). 그 여자의 후손이 뱀의 머리를 영원히 짓밟을 것이라 말씀하셨습니다. 하나님의 그 말씀대로 여자의 후손, 그리스도께서 이 땅에 오셨고 십자가에서 승리하셨습니다. 결혼의 주인은 구원자 그리스도이십니다. 그리스도 안에서 우리는 하나님이 세우신 결혼의 영광을 회복할 수 있습니다.

- 결혼은 사람이 만든 제도가 아니라 하나님이 친히 설계하신 고귀하고 영광스러운 창조 질서다.
- 남자와 여자는 하나님의 형상대로 동등하게 지음받았으며, 서로 다른 역할로 부름받아 한 몸을 이루어 하나님 나라를 섬기도록 창조되었다.
- 우리는 죄로 인해 왜곡된 결혼의 악순환을 벗어나, 그리스도 안에서 하나님이 세우신 결혼의 영광을 회복할 수 있다.

나눔과 적용을 위한 질문

1. 나는 어떻게 배우자를 만나 결혼하게 되었나요? 결혼 이야기나 프러포즈의 순간을 나누어 주세요. (결혼 전이라면, 어떤 배우자를 꿈꾸며 기도하고 있는지 나누어 주세요.)

2. 남자와 여자가 하나님의 형상대로 지음받았다는 것은 어떤 의미인가요? 그 창조 원리를 이해할 때, 남성우월주의나 여성평등주의 모두를 지양해야 하는 이유를 이야기해 주세요.

3. 하나님이 설계하신 결혼의 두 가지 목적은 무엇인가요? 내가 이전에 생각했던 결혼의 목적과 어떻게 다른지 나누어 보세요.

4. 여자가 죄를 지었을 때 하나님은 "너는 남편을 원하고 남편은 너를 다스릴 것이니라"(창 3:16)라고 말씀하셨습니다. 이 말씀은 어떤 의미인가요? 죄로 인해 왜곡된 남자와 여자의 모습에 대해 이야기해 보세요.

5. 1장에서 새롭게 깨달은 점은 무엇인가요? 이전에 잘못 이해하고 있었던 부분이 있다면 무엇인가요? 하나님이 디자인하신 결혼의 원리에 따라, 내 삶에 적용할 수 있는 한두 가지를 나누어 보세요.

복음이 빛나는 부부의 기도

하나님, 결혼이 우리의 선택이 아니라 하나님의 영광스러운 계획임을 다시 마음에 새깁니다. 비록 우리 부부는 서로 다르지만, 남편과 아내가 서로를 존중하며 한 몸 되어 사랑하게 해주세요. 우리 안에 있는 자기중심적인 마음을 복음으로 새롭게 하시고, 하나님이 디자인하신 거룩한 가정을 함께 세워 나갈 수 있도록 지혜와 은혜를 부어 주세요. 예수님의 이름으로 기도드립니다. 아멘.

2장
그리스도의 사랑이 넘치는 부부

평생 잊을 수 없는 기억 중 하나는 결혼식입니다. 결혼식에 참석한 하객들 앞에서 저는 서약했습니다. "나 강성환은 길미란을 아내로 맞이하여 지금 이 순간부터 좋을 때나 나쁠 때나 부유할 때나 가난할 때나 아플 때나 건강할 때나 죽음이 우리를 갈라놓을 때까지 사랑하고 용서하고 존경할 것을 하나님 앞에 약속합니다." 그러나 우리는 "죽음이 우리를 갈라놓을 때까지"라는 의미를 제대로 이해하지 못한 철부지 부부였습니다.

시간이 흘러 30년이 지났습니다. 인생을 사는 동안 "죽음이 우리를 갈라놓을 때까지"라는 서약을 하는 일은 없습니다. 학교에 입학할 때 "나 ㅇㅇㅇ는(은) 비가 오나 눈이 오나 좋을 때나 나쁠 때나 학교에 충성할 것이며, 죽을 때까지 학교를 사랑하기로 약속합니다"라고 서약하지 않습니다. 회사에 입사할 때도 "나 ㅇㅇㅇ는(은) 병들었을 때나 건강할 때나 회사의 어려움 앞에서도 죽을 때까지 회사를 아끼고 사랑할 것을 맹세합니다"라고 하지 않습니다.

세상 어떤 관계나 계약도 "죽음이 우리를 갈라놓을 때까지" 용서하고 사랑한다는 약속을 요구하지 않습니다. 관계에서 갈등이나 어려움이 닥치면 도망칠 수 있습니다. 계약서를 찢어 버리면 됩니다. 그러나 결혼은 지금도 "죽음이 우리를 갈라놓을 때까지"라는 사랑의 약속 위에 세워진 신비로운 관계입니다.

이러한 결혼의 경이로움이 점차 사라지고 있는 시대입니다. 심지어 그리스도인조차 결혼의 신비와 영광을 바르게 이해하지 못합니다. 존 파이퍼는 결혼 40년을 지나며 『결혼 신학』이라는 책을 썼습니다. 그는 이렇게 말합니다.

> 결혼은 복음의 영광을 실제 삶에서 나타내는 것입니다. 결혼은 복음의 실제를 세상에 드러내기 위해 하나님이 정하신 것입니다. 이것이 바로 결혼이 존재하는 이유입니다.1)

날마다 치열한 결혼의 현장이 복음의 영광을 세상에 나타낸다는 말은 우리에게 큰 도전입니다. 이 장에서는 그리스도의 사랑이 넘치는 결혼이 어떤 모습인지, 결혼 안에서 어떻게 복음의 영광을 나타낼 수 있는지 고민하려 합니다. 그리고 그리스도의 사랑을 경험할 때, 결혼 현장에 나타나는 복음의 열매가 무엇인지를 살펴보겠습니다.

결혼은 그리스도의 사랑이 넘치는 현장이다

바울은 에베소 성도들에게 결혼은 "비밀"이라고 말합니다.

그러므로 사람이 부모를 떠나 그의 아내와 합하여 그 둘이 한 육체가 될지니 이 비밀이 크도다 나는 그리스도와 교회에 대하여 말하노라 (엡 5:31-32)

바울은 결혼에 대하여 말하며 가장 중요한 말씀을 인용합니다. 남자가 부모를 떠나 그의 아내와 합하여 둘이 한 몸을 이룬다고(창 2:24) 말한 다음, 놀라운 해석을 덧붙입니다. "이 비밀이 크도다 나는 그리스도와 교회에 대하여 말하노라"(엡 5:32).

바울은 결혼이 단순히 인간적 하나 됨이 아니라 하나님이 감추어 두셨던 비밀을 드러내는 현장이라고 설명합니다. 결혼은 그리스도와 교회 사이에 세운, 언약의 비밀을 보여 주는 곳이라고 말합니다. 신랑이신 그리스도께서 하나님 아버지를 떠나 자신의 생명을 주시고 죄인인 우리 곧 교회를 신부로 삼아 사랑으로 하나가 된다는 비밀입니다. 존 파이퍼는 이렇게 말합니다.

그리스도는 자기 피로 교회를 사시고 교회와 새 언약, 즉 결코 깨지지 않는 '결혼'이라는 관계를 맺으셨습니다. 우리가 결혼에 대해 할 수 있는 궁극적인 말은 그것이 하나님의 영광을 위해 존재한다는 것입니다. 즉 결혼은 하나님을 드러내기 위해 존재합니다. 결혼의 가장 고상한 의미와 궁극적인 목적은 그리스도와 구속받은 그분의 백성인 교회와의 언약 관계를 드러내는 것입니다. … 그리스도는 자신의 신부를 위해 죽으셨습니다. 그리스도는 자신의 아내를 떠나지 않

습니다. 결혼은 언약을 지키시는 그리스도의 사랑의 영광을 드러냅니다.2)

불완전하고 갈등이 밀려오는 현장인 결혼을 바울은 "그리스도와 교회의 관계처럼 깨어지지 않는 사랑의 언약을 보여 주는 곳"이라고 말합니다. 사실 결혼뿐만 아니라 그리스도인의 모든 삶이 하나님의 영광을 세상에 나타내는 현장입니다. 성경은 말합니다.

> 이같이 너희 빛이 사람 앞에 비치게 하여 그들로 너희 착한 행실을 보고 하늘에 계신 너희 아버지께 영광을 돌리게 하라 (마 5:16)

그러나 결혼은 더욱 독특한 방식으로 그리스도의 깨어지지 않는 사랑, 곧 죄인인 우리와 그리스도와의 사랑의 관계를 세상에 보여 주는 현장입니다. 결혼의 주인은 그리스도이십니다. 그리스도는 결혼 안의 남자와 여자를 사랑하십니다. 그들이 연약할 때, 그리스도는 그들을 위해 죽으셨습니다(롬 5:6). 그들이 죄인이었을 때, 그리스도는 그들을 대신하여 죽으심으로 사랑을 확증하셨습니다(롬 5:8). 그들이 원수였을 때, 하나님은 그들을 구원하기 위해 아들을 죽게 하셨습니다(롬 5:10).

남자와 여자는 측량할 수 없는 하나님의 사랑, 곧 십자가의 사랑을 믿고 하나님의 자녀가 되었습니다. 이 부부를 부르신 그리스도는 결혼의 주인이십니다. 그리스도는 두 사람과 평생 사랑의 교제를 나누며 결혼의 현장에서 신실하게 인도하십니다.

결혼은 복음의 영광을 세상에 나타내는 현장이다

아담과 하와의 결혼이 죄로 망가진 것처럼, 오늘날 결혼도 남자와 여자의 죄로 인해 혼란과 고통이 끊이지 않습니다. 부부는 각자의 죄와 서로의 죄를 보며 신음합니다. 그러나 바울은 결혼에 대해 "이 비밀이 크다"라고 선포합니다. 바울은 초대교회 성도들의 망가진 결혼 현장을 보면서도 하나님이 성도들의 결혼을 통해 그리스도의 깨지지 않는 사랑의 언약을 세상에 나타내신다고 선언합니다. 레이 오틀런드는 이렇게 말합니다.

오늘날 이 땅에서 이루어지고 있는 불완전한 결혼이 하나님 보시기에는 에덴동산의 아담과 하와의 결혼만큼 신성한 것이다. 여러분의 결혼은 하늘에서 내려온 은혜다. 여러분의 결혼은 기적이다. 여러분의 결혼은 하나님의 손길을 통해 이루어졌으며 하나님께 매우 소중하다. 여러분의 결혼은 우리가 살고 있는 깨어진 세상을 하나님의 은혜로 회복할 힘을 가시고 있나. 그러므로 여러분의 불완진한 결혼은 마땅히 축하받아야 한다.3)

우리의 결혼은 불완전하고 흔들리지만, 하나님의 은혜가 담긴 손길이 부부 안에 함께하십니다. 결혼의 주인이신 그리스도께서 불완전한 우리의 결혼 속에서 선하심과 인자하심으로 일하십니다. 신랑이신 그리스도는 남자와 여자를 사랑하시며 날마다 그들의 죄를 씻으시고 용서하십니다. 그리스도는 의롭지 않은 남자와 여자를 보시면서도, 의로운 옷으로 그들을 덮으십니다.

주인이신 그리스도는 좋은 날이든 나쁜 날이든, 남자와 여자를 사랑으로 돌보시고 양육하십니다. 사랑의 언약으로 부부를 격려하시며 결혼을 다스리십니다. 불완전한 결혼 현장에 그리스도의 사랑이 넘치기에, 성도의 결혼은 깨어진 세상에 하나님의 영광을 드러냅니다. 세상은 성도의 결혼 안에서 나타난 복음의 은혜를 보고, 감추어진 하나님의 사랑을 알게 됩니다.

그래서 질문해야 합니다. 당신은 복음의 영광을 나타내고 있습니까? 남편과 아내는 결혼의 주인이신 그리스도와의 사랑의 교제에서 흘러나오는 복음의 은혜를 서로에게 나누고 있습니까? 부부가 경험하는 복음의 실제적인 삶의 열매를 다음 세대 자녀와 이웃에게 보이고 있습니까?

하나님은 비참한 결혼을 만들지 않으셨습니다. 하나님은 우리의 결혼이 대충 그럭저럭 유지되기를 원하지 않으십니다. 하나님은 결혼 안에 놀라운 비밀을 숨겨 두셨습니다. 하나님은 결혼이 '그리스도의 사랑이 넘쳐서 복음의 영광을 나타내는 장소'가 되기를 원하십니다. 우리의 결혼이 복음의 영광을 삶으로 드러내는 첫 번째 장소가 된다면, 다음 세대는 그리스도의 사랑을 볼 것이며 세상은 하나님의 영광을 목격하게 될 것입니다.

결혼에 나타나는 복음의 세 가지 열매

일반적으로 사람들은 "가정이 살아야 교회가 산다", "가정이 건강해야 교회가 건강하다"라고 말합니다. 이 말에 동의합니다. 하지만 질문해 보아야 합니다. '가정이 건강하다'라는 말은 무엇을 의미할까요? 월세로 살다가 내 집 마련을 하면 행복합니까? 직장에서 승진하거나 자녀가 좋은 대학에 들어가면 가정이 건강합니까? 만약 이것이 가정이 건강하다는 기준이라면, 예수님을 믿지 않아도 가능할 것입니다. 예수님이 없이도 성공할 수 있고, 자녀들을 착하고 똑똑하게 키울 수 있습니다.

어떤 사람들은 "가정이 건강하려면 예배와 말씀이 회복되어야 한다", "가정 예배를 충실히 드려야 한다"고 말합니다. 물론 가정 예배는 가정을 건강하게 하는 좋은 문화와 도구로서 매우 중요합니다. 그러나 신성으로 가정이 건강하려면 그리스도의 사랑이 넘치고 복음의 열매가 나타나야 합니다. 결혼에서 나타나야 할 복음의 열매 세 가지를 살펴보겠습니다.

복음의 열매 1 : 죄 고백과 용서

죄를 고백하고 용서하는 것은 복음의 열매입니다. 요한은 초대교회 성도들에게 말합니다.

> 만일 우리가 우리 죄를 자백하면 그는 미쁘시고 의로우사 우리 죄를 사하시며 우리를 모든 불의에서 깨끗하게 하실 것이요 (요일 1:9)

바울도 에베소교회와 골로새교회 성도들에게 말합니다.

> 서로 친절하게 하며 불쌍히 여기며 서로 용서하기를 하나님이 그리스도 안에서 너희를 용서하심과 같이 하라 (엡 4:32)

> 누가 누구에게 불만이 있거든 서로 용납하여 피차 용서하되 주께서 너희를 용서하신 것같이 너희도 그리하고 (골 3:13)

바울은 성도들이 서로 용서해야 하는 이유를 분명히 말합니다. 하나님이 그리스도 안에서 용서하셨기 때문에 우리도 서로 용서하라고 합니다. 세상 사람들도 서로 "미안하다, 나를 용서해라"라고 말합니다. 직장에서는 생계를 위해 까다로운 상사를 용납하고, 상처받아도 참습니다. 가정에서는 평화를 위해서 또는 자녀에게 상처를 주지 않기 위해서 먼저 용서를 구합니다. 많은 사람이 이런 이유로 용서하며 살아갑니다.

그러나 바울은 세상의 방식처럼 "너희가 착하니까 용서해라", "가정의 평화를 위해 양보하고 용서해라"라고 말하지 않습니다. 성경은 죄를 고백하고 용서해야 하는 이유를 복음으로 말합니다.

그리스도께서 결혼의 주인이시기에 부부가 날마다 그리스도의 사랑과 용서를 경험하고 있다면, 죄를 고백하고 용서하는 일은 부부 안에서도 반드시 나타나야 하는 열매입니다. 하지만 결혼 안에서 이것이 매우 어렵습니다. 바울은 복음을 통해 죄 사함을 이렇게 설명해 줍니다.

> 또 범죄와 육체의 무할례로 죽었던 너희를 하나님이 그와 함께 살리시고 우리의 모든 죄를 사하시고 우리를 거스르고 불리하게 하는 법조문으로 쓴 증서를 지우시고 제하여 버리사 십자가에 못 박으시고
>
> (골 2:13-14)

죄와 허물로 인해 죽을 수밖에 없는 우리였으나, 예수님이 대신 십자가에 못 박히실 때 놀라운 일이 일어났습니다. "우리를 거스르고 불리하게 하는 법조문으로 쓴 증서", 즉 사탄이 우리의 죄를 고소했던 죄의 목록을 예수님이 십자가에서 지우셨고 제하셨고 버리셨다고 선언합니다. 세상은 용서의 복음을 모르기에 자신의 죄로 신음하고, 상대방의 죄를 무기로 사용합니다. 그러나 그리스도인은 이 죄 목록이 십자가에서 모두 해결되었다는 진리를 아는 자들입니다.

저희 부부를 예로 들겠습니다. 남편 강성환은 아내의 죄 목록을 마음에 기록하고 있었습니다. 그녀의 까칠한 말, 잔소리, 짜증의 말을 쌓아 가고 있었습니다. 아내 길미란 또한 남편의 게으름, 이기주의, 회피적인 태도를 죄 목록으로 마음에 기록하며 쌓아 두고 있었습니다. 그런데 저희 부부는 복음을 경험한 그리스도인입니다. 두 사람의 죄는 어떻게 되었나요? 우리의 죄 목록은 예수님이 십자가에 못 박히실 때 다 지워졌습니다. 모두 제하여 버려졌습니다. 두 사람이 받아야 하는 죄의 저주와 형벌이 완전히 해결되었습니다. 하나님은 우리를 용서하셨습니다. 이것이 십자가에서 예수님이 우리를 사랑하여 이루신 일입니다.

그러나 결혼의 현실은 불완전하고 갈등으로 가득 차 있습니다. 우리는 복음의 진리를 결혼 안에 제대로 적용하지 못하고, 서로 죄의 목록 증서를 꺼내어 비난의 무기로 사용합니다. 죄를 고백하고 용서하기보다는 상대방의 잘못된 점을 들추어내며 서로를 공격합니다. 그때마다 결혼 현장은 골짜기에 갇히고 어둡고 답답한 시간을 보냅니다. 존 파이퍼의 지혜로운 말을 들어 보십시오.

주께서 용납하시고 용서하신 것같이, 여러분의 배우자를 용납하고 용서해야 합니다. 주님은 그분의 뜻에 못 미치는 우리를 날마다 '용납'하십니다. 그리스도는 언제나 우리보다 더 많이 '용서'하십니다. 여러분이 용서받은 것처럼 용서하십시오. 주님이 여러분을 용납하신 것처럼 용납하십시오. 여러분의 실제 행동과 태도가 의롭지 않지만 여러분의 배우자가 의롭지 않더라도 그리스도 안에서 서로를 의롭다고 여기십시오. 여러분을 용서하시고 의롭다 하시는 수직적 은혜를 받아들이고 그것을 수평적으로 배우자에게 흘려보내십시오.4)

죄 고백과 용서가 결혼의 현장에서 열매 맺으려면, 두 가지 잘못된 이해를 경계해야 합니다.

첫째, 죄를 고백하는 것과 용서하는 일은 단순히 느낌이나 감정에 의존하는 것이 아닙니다. 죄 고백과 용서는 복음을 아는 의지적인 행동입니다. 종종 사람들은 이렇게 말합니다.

"아니, 내 마음이 힘들어 죽겠는데, 내 감정이 고통스럽고 미워 죽겠는데, 어떻게 용서할 수 있나요? 이런 불편한 감정을 가지고 죄를 고백하는 건 위선입니다."

감정이나 느낌보다 더 중요한 것은 복음의 진리입니다. 하나님이 우리를 사랑하시고 그리스도께서 우리 죄를 십자가에서 해결하셨다는 복음을 아는 것이 중요합니다. 이 복음의 사실 때문에 우리는 의지적으로 서로를 용서합니다. 실제로 죄를 고백하고 용서를 말했지만, 여전히 마음은 불편한 감정이 올라올 수 있습니다. 이는 당연합니다. 그러나 복음을 알고, 하나님의 용서를 경험했기에 우리는 불편한 감정과 느낌을 죽이고 의지적으로 죄를 고백하고 용서합니다. 이것은 위선이 아닙니다. 하나님의 용서를 실천한 복음의 열매입니다.

예를 들어 보겠습니다. 아침에 자리에서 일어날 때, '와우! 오늘 기분 좋다, 행복하다!' 하는 느낌으로 일어나는 사람이 얼마나 될까요? 대부분은 피곤하고 일어나기 싫고 더 자고 싶어 합니다. 그러나 피곤한 감정을 이기고 의지적으로 일어나 일터로 나갑니다. 이것이 위선입니까? 아닙니다. 자신의 책임을 알기에 피곤한 감정을 이기고 섬기는 것입니다.

감정에 따라 행동한다면, 누가 책상에 앉아 공부하겠습니까? 하루 종일 놀고 게임하고 싶습니다. 그러나 공부하기 싫은 감정을 이기고 의지적으로 책상에 앉습니다. 이것은 위선이 아닙니다. 자신의 정체성과 책임을 알기에 감정을 죽이고 옳은 일을 선택하는 것입니다.

죄를 고백하는 것과 용서도 이와 같습니다. 상대방을 용서할 기분이나 감정이 내 안에서 솟아날 때만 하는 것이 아닙니다. 죄를 고백하는 것이 막 기뻐서 하는 일이 아닙니다. 내가 받은 하나님의 용서와 사랑을 기억하고, 의지적으로 입을 열어 "나는 죄인입니다"라고 고백하며 서로를 용서해야 합니다.

둘째, 용서는 잊어버리는 것이 아니라 복음 때문에 더 이상 그 일을 문제 삼지 않는 것입니다. 많은 사람이 용서를 '잊어버리는 것'으로 오해합니다. 그러나 용서는 기억에서 완전히 사라지게 하는 것이 아닙니다. 우리가 받은 상처를 잊을 수 있습니까? 이를 악물고 '내가 받은 수치와 모욕을 잊어야 해' 결심해도 기억은 남아 있기도 합니다.

용서는 상대의 잘못과 죄를 잊겠다는 말이 아니라, 복음 때문에 더 이상 문제 삼지 않겠다는 약속입니다. 우리가 착해서 문제 삼지 않는 것이 아닙니다. 하나님이 나의 죄를, 우리의 죄를 문제 삼지 않으시기 때문입니다. 하나님은 모든 것을 아십니다. 하나님은 모든 것을 잊어버릴 수 없는 분이십니다. 하나님이 우리 죄를 용서하신다는 뜻은 "내 아들이 너의 죗값을 지불했기에, 죄의 저주가 끝났기에, 너희 죄를 더 이상 문제 삼지 않겠다"라고 하시는 약속입니다.

그리스도인 중에 용서에 대해 오해하고 이렇게 말하는 사람들이 있습니다. "나는 당신을 용서해요. 그러나 다시는 친하게 지내고 싶지 않아요", "나는 배우자를 용서해요. 그러나 같이 살지는 않을 거예요", "나는 그 사람을 용서해요. 그러나 더 이상 말하고 싶지도, 만나고 싶지도 않아요."

이것은 하나님이 말씀하신 의미를 모르는 서투른 용서입니다. 만일 하나님이 이와 같은 방법으로 당신을 용서하신다면 어떤 일이 일어날까요? 당신이 죄를 짓고 하나님께 용서를 구했습니다. 그때 하나님이 "나도 너를 용서한다. 그러나 너와 친하게 교제하고 싶지 않다. 너와 더 이상 말하고 싶지 않다"라고 하신다면 얼마나 충격일까요? 그러면 우리는 누구도 하나님과 교제할 수 없을 것입니다.

용서는 하나님이 우리 죄를 문제 삼지 않으시는 것처럼 우리도 상대방의 죄를 더 이상 문제 삼지 않는 것입니다. 우리에게 좋은 소식이 있습니다.

그러므로 이제 그리스도 예수 안에 있는 자에게는 결코 정죄함이 없 나니 (롬 8:1)

이것은 바울이 지어낸 말이 아닙니다. 예수님은 "나 보내신 이를 믿는 자는 영생을 얻었고 심판(정죄)에 이르지 아니하나니 사망에서 생명으로 옮겼느니라"(요 5:24)라고 선언하셨습니다. 예수님을 믿는 사람도 죄를 짓지만, 결코 영원한 지옥의 형벌로 심판받거나 정죄받지 않는다는 말입니다. 예수 그리스도께서 모든 죄의 형벌과 심판을 받으셨기에, 우리에게 남겨진 진노와 형벌은 영원히 없다는 선언입니다. 이것이 복음의 선물입니다.

결혼 현장에서 부부에게 이 복음의 선물이 열매로 나타나길 소망합니다. 우리는 죄인이기에 결혼 안에서 죄를 고백하고 용서를 구하는 데 서툴고 부족합니다. 그러나 그리스도의 사랑이 남편과 아내에게 넘치기에, 죄 고백과 용서는 결혼 현장에서 반복적으로 나타나는 복음의 열매가 됩니다.

복음의 열매 2 : 사랑의 권면

사람이 성장하려면 권면하는 일, 서로를 바로잡아 주는 훈육이 있어야 합니다. 초등학교 1학년 학생은 수학을 배울 때 '3+3'이나 '5+8' 같은 기초를 배우지만 학년이 올라가면 '33+88', '55×77'처럼 난이도를 높인 문제를 배우게 됩니다. 교사는 학생들이 초급 수준에 머무

르지 않고, 중급과 고급 수준으로 성장하도록 돕습니다. 그러나 성장은 저절로 일어나지 않습니다. 성장을 위해서는 험난한 과정을 지나야 합니다. 셀 수 없이 틀리고 오답 노트를 작성하고 바로잡는 과정을 반복하며 성장합니다. 수학, 영어, 음악 등 세상 학문을 배울 때도 기초를 배우고 연습하고 틀리면 바로잡는 과정을 반복하면서 성장합니다. 이와 같이 그리스도인도 하나님 아버지를 닮으려면 반드시 서로 권면하고 바로잡아 주는 훈육을 거쳐야 합니다.

결혼은 남편과 아내의 약함과 죄가 있는 그대로 보이는 현장입니다. 직장과 교회에서는 어느 정도 죄의 패턴과 상처를 감출 수 있지만, 결혼 현장에서는 숨길 수 없습니다. 서로 벌거벗은 모습 그대로를 보일 뿐입니다.

결혼은 서로의 죄가 부딪치며 갈등이 계속해서 반복되는 곳입니다. 그러나 결혼의 주인은 그리스도이십니다. 그리스도는 부부를 사랑하시며 그들의 죄를 용서하시고 그들이 죄에서 자유하기를 원하십니다. 주님은 두 사람의 죄를 바로잡아 성장하도록 인도하십니다. 부부는 주인이신 주님의 마음을 깨닫고 사랑 안에서 서로를 권면하며 함께 성장해야 합니다.

거만한 자를 책망하지 말라 그가 너를 미워할까 두려우니라 지혜 있는 자를 책망하라 그가 너를 사랑하리라 지혜 있는 자에게 교훈을 더하라 그가 더욱 지혜로워질 것이요 (잠 9:8-9)

훈계를 좋아하는 자는 지식을 좋아하거니와 징계를 싫어하는 자는 짐승과 같으니라 (잠 12:1)

솔로몬의 지혜를 들어 보십시오. 솔로몬은 모든 사람이 완전하지 않고 연약하며 평생 성장한다는 사실을 알았습니다. 사람들을 살펴보니 두 유형입니다. 거만한 사람과 지혜로운 사람입니다. 거만한 사람은 책망을 싫어합니다. 오히려 도와주는 사람을 미워하고 자신을 훈계하는 사람을 비웃으며 능욕합니다. 솔로몬은 훈계와 징계를 싫어하는 자는 짐승과 같다고 말합니다.

반면 지혜로운 사람은 어떻습니까? 그들은 하나님의 말씀으로 책망받는 것을 겸손하게 받아들입니다. 그들은 자신의 잘못된 행동과 태도를 바로잡아 주는 권면을 좋아합니다. 그들은 부모님의 책망과 선생님의 훈계를 받아들이고, 교훈을 듣고 자신을 바로잡으며 더욱 지혜로운 사람으로 성장합니다.

우리 육신의 아버지가 우리를 징계하여도 공경하였거든 하물며 모든 영의 아버지께 더욱 복종하며 살려 하지 않겠느냐 그들은 잠시 자기의 뜻대로 우리를 징계하였거니와 오직 하나님은 우리의 유익을 위하여 그의 거룩하심에 참여하게 하시느니라 (히 12:9-10)

여기 육신의 아버지와 하나님 아버지의 훈육법이 나옵니다. 육신의 아버지는 "자기의 뜻대로" 자녀를 훈육합니다. 좋은 동기로, 자녀가 잘되기를 바라며 꾸중하고 훈육하지만 육신의 부모는 인간이기에 한계가 있습니다. 그들은 사랑과 온유, 인내가 부족하며 때로는 이기심이나 감정을 조절하지 못하는 연약한 사람입니다.

때로 자녀에게 분노하고 비난하고 수치심을 주고 강압적으로 훈육하다가 상처를 주기도 합니다. 이와 같은 일이 있을 때, 부모는 복음의 열매인 죄 고백과 용서를 자녀들에게 실천해야 합니다.

하나님 아버지는 우리를 어떻게 훈육하십니까? 하나님은 "우리의 유익을 위하여" 사랑으로 양육하십니다. 하나님은 선하시기에 잘못을 바로잡을 때도 "이 불순종하는 나쁜 녀석!" 하고 화를 내시거나 감정을 조절하지 못하시는 분이 아닙니다. 하나님은 지혜롭고 선하십니다. 하나님은 자녀인 우리에게 어떤 훈육이 효과적인지 아십니다. 어느 정도의 채찍이 우리에게 좋은지 아십니다. 하나님의 채찍은 언제나 효과적이며, 동기는 항상 "우리의 유익"과 "거룩"입니다.

중요한 것은 육신의 아버지가 자녀의 잘못을 바로잡고 훈육하여 성장을 돕는 것처럼, 하나님 아버지도 결혼의 현장에서 남편과 아내의 죄와 약함을 바로잡고 성장하게 하신다는 것입니다. 그러므로 남편과 아내는 겸손하게 하나님의 훈육을 받으며, 서로를 권면하고 함께 성장해 가는 열매를 맺어야 합니다.

그러나 현실은 어떻습니까? 서로의 죄를 훈계하고 바로잡는 일은 열매를 맺기가 쉽지 않습니다. 우리의 본성이 훈육받는 것을 싫어하기 때문입니다. 우리는 누군가 나를 훈육하거나 고치려고 하면 저항합니다. 우리는 서로의 약함을 건드리지 않고 그럭저럭 잘 지내기를 원합니다. 하지만 남편과 아내가 짓는 죄의 패턴이 반복될 때마다 갈등의 골은 깊어지고 부부는 결혼 생활 내내 서로의 죄로 신음합니다.

그러나 결혼의 주인이신 그리스도는 자신의 피로 구원한 두 사람의 성장을 포기하지 않으십니다. 그러므로 두 사람도 서로를 권면하고 성장하는 일을 포기하지 말아야 합니다. 부부가 서로 권면하고 훈육하는 과정에서 두 가지를 기억해야 합니다.

첫째, 사랑 없는 사실만 말하는 것을 조심해야 합니다.

배우자에게 권면할 때 사랑 없이, 온유와 친절은 없고 서로의 약함과 잘못된 사실만 들추어내는 것은 위험합니다. "오늘 당신이 내 말을 듣지 않은 게 벌써 다섯 번째야. 나는 도저히 이해할 수 없어." "최근 한 달 동안 당신은 한 번도 나에게 미안하다는 말을 한 적이 없어요." 이처럼 사랑 없이 사실만을 쏟아낸다면 결혼은 진흙탕 싸움이 될 가능성이 높습니다.

둘째, 배우자의 약함과 죄의 습성을 내버려두는 것을 조심해야 합니다. 배우자가 계속 반복되는 잘못으로 고통을 당하고 있음에도, 사랑이라는 이유로 침묵하는 것은 문제 해결을 회피하는 것입니다. 사랑이란 단순히 침묵하고 문제를 덮어 두는 것이 아니라, 배우자가 더 나은 방향으로 성장하도록 돕는 것입니다.

결혼 현장에서 서로를 권면하는 일은 대부분 익숙하지 않고 서투릅니다. 그러나 서로를 권면하는 일에 열매 맺기를 원한다면 두 사람에게 겸손한 마음과 주님을 닮아 가고 싶은 열망이 있어야 합니다. 권면하다가 상처를 주기도 하고 갈등을 경험할 수도 있습니다. 하지만 결혼의 주인이신 그리스도께서 우리의 거룩한 성장을 위해 일하시기에, 서로 성급하게 변화를 재촉하지 않고 사랑으로 섬긴다면 두 사람은 주님을 더욱 알아 가고 함께 성장해 갈 것입니다.

복음의 열매 3 : 은혜의 증거를 찾아 격려하기

서로 격려하는 것은 초대교회 성도들의 생활 방식입니다.

> 서로 돌아보아 사랑과 선행을 격려하며 모이기를 폐하는 어떤 사람들의 습관과 같이 하지 말고 오직 권하여 그날이 가까움을 볼수록 더욱 그리하자 (히 10:24-25)

초대교회 성도들은 복음을 경험한 사람들입니다. 성령님은 초대교회의 각 사람 안에 일하고 계셨습니다. 하나님 아버지를 모시고 사는 한 가족인 그들은 모일 때마다 서로를 살피고 이웃의 부족함을 돌아보며 사랑과 선행으로 격려했습니다. 이 생활 방식은 예수님이 다시 오실 때까지, 성도들이 믿음의 길을 걷는 동안 지속되었습니다. 성도들은 때로는 부족하고 연약했지만, 사랑으로 격려하는 생활 방식을 행했습니다. 바울은 데살로니가 성도들에게 말합니다.

형제들아 너희를 권면하노니 게으른 자들을 권계하며 마음이 약한 자들을 격려하고 힘이 없는 자들을 붙들어 주며 모든 사람에게 오래 참으라 (살전 5:14)

격려는 단지 좋은 일이 생길 때만 하는 것이 아닙니다. 바울은 인생에서 좌절을 경험할 때, 마음이 약해졌을 때 서로 복음의 친구가 되어 격려하라고 합니다. 서로를 격려하는 열매는 성도의 열매일 뿐만 아니라, 결혼 생활에서도 남편과 아내가 복음을 삶에 적용할 때 맺는 열매입니다.

격려는 쉽지 않습니다. 인간의 본성은 비판과 흠을 잡는 데는 빠르지만, 칭찬과 격려를 하는 것은 고통스럽고 힘듭니다. 우리의 본성은 게으른 자를 보면 어리석어 보이고, 다른 사람에게 선한 말을 하기 어렵습니다. 결혼 생활에서도 마찬가지입니다. 배우자의 약점이나 부족함을 보면 격려의 말은 도저히 생각나지 않습니다. 그러나 복음의 진리는 무엇입니까? 결혼의 주인이신 그리스도는 우리와 함께 하시고, 마음이 약하고 힘이 없는 우리를 격려하시고 말씀으로 붙들어 주십니다. 우리는 그리스도의 격려로 일어나며, 그 격려의 은혜를 배우자에게 흘려보내야 합니다.

바울에게 배우는 격려의 원리

우리는 격려에 미숙한 자이기에 바울이 고린도교회를 어떻게 격려하는지 배우고자 합니다. 고린도교회에는 많은 문제가 있었습니다.

그들은 십자가의 복음을 잊어버리고 사람의 지혜를 좇았습니다. 4개의 파당으로 분열되어 있었고, 부도덕한 성적 범죄를 저질렀습니다. 성도끼리 법정 싸움을 벌이기도 했고, 성령의 은사를 오해하는 등 여러 문제가 있었습니다. 그럼에도 바울은 이렇게 격려합니다.

> 그리스도 예수 안에서 너희에게 주신 하나님의 은혜로 말미암아 내가 너희를 위하여 항상 하나님께 감사하노니 이는 너희가 그 안에서 모든 일 곧 모든 언변과 모든 지식에 풍족하므로 그리스도의 증거가 너희 중에 견고하게 되어 너희가 모든 은사에 부족함이 없이 … (고전 1:4-7)

바울은 어떻게 문제가 많은 교회를 격려할 수 있었을까요?

첫째, 바울은 하나님이 보시는 눈으로 성도들을 보았습니다. 세상 사람들이 고린도 성도들을 바라보면, 그들은 형편없는 단체입니다. 어디에도 칭찬할 구석이 없습니다. 고린도 성도들도 서로를 보며 '저 사람은 형편없구나. 저 사람은 세상 사람보다 더 망가졌구나. 우리는 칭찬할 구석이 없는 교회구나'라고 생각했을 수 있습니다. 그러나 바울은 고린도 성도들을 어떻게 봅니까? "고린도에 있는 하나님의 교회 곧 그리스도 예수 안에서 거룩하여지고 성도라 부르심을 받은 자들"(고전 1:2)이라 부릅니다. 바울은 이 복음의 관점으로 고린도 성도들을 봅니다.

둘째, 바울은 그리스도께서 성도의 삶에 신실하게 일하신다고 이야기합니다.

주께서 너희를 우리 주 예수 그리스도의 날에 책망할 것이 없는 자로 끝까지 견고하게 하시리라 너희를 불러 그의 아들 예수 그리스도 우리 주와 더불어 교제하게 하시는 하나님은 미쁘시도다 (고전 1:8-9)

바울이 문제 많은 고린도교회의 성도들을 격려할 수 있는 이유는 무엇인가요? 바울은 하나님이 아들의 피로 성도들을 불러내셨기에, 그들을 내버려두지 않고 날마다 그들과 교제하신다고 합니다. 분열되어 싸우고 도덕적으로 무너졌고 실망스러운 그들이지만, 바울은 비난하지 않고 복음의 관점으로 격려합니다.

그렇다면 남편과 아내는 어떻게 격려의 열매를 맺을 수 있을까요? 서로의 눈에 배우자의 부족함과 형편없는 행동이 보입니다. 두 사람은 자주 갈등하고 부딪칩니다. 그럼에도 불구하고 우리는 배우자를 하나님이 보시는 눈으로 바라보아야 합니다.

"이 사람은 그리스도의 보배로운 피로 거룩해진 자녀이며, 그리스도께서 불러내셨고 오늘도 주님과 교제하는 사람입니다. 오늘도 주님이 나와 배우자의 삶을 책망받을 것이 없는 자로 하나님 앞에 세우려고 신실하게 일하십니다."

이 복음을 기억할 때 우리는 배우자를 격려할 수 있습니다. 주님이 부부 안에서 신실하게 일하고 계심을 믿으며 서로의 변화된 증거와 성령의 열매를 찾아 감사하고 칭찬해야 합니다.

그러면 부부는 어떻게 서로를 격려할 수 있을까요? 한 가지 부탁을 드립니다. 거창한 것을 격려하기보다는 작은 것을 찾아 격려의 근육을 키우십시오. 일반적으로 사람들은 크고 놀라운 사건만 하나님의 일하심이라 생각합니다. 예를 들어, 암이 극적으로 치료되거나 어려운 프로젝트를 성공적으로 마쳤을 때만 하나님의 일하심이라고 찬양합니다. 그러나 이것은 우리가 하나님의 일하심을 너무 제한하는 것입니다. 하나님의 일하심은 일상과 삶의 현장에 숨어 있습니다.

 가족이 병원에 있는 동안, 원망이 아니라 감사하며 인내한다면 하나님의 일하심입니다. 이때가 격려의 시간입니다. 자녀가 지난주보다 더 성실히 공부한다면 격려할 시간입니다. 남편이 바쁜 일정 속에서도 가족과 시간을 보내려고 노력하고 있다면 하나님의 일하심이기에 격려해야 할 순간입니다. 아내가 자녀 양육에 지쳐 울상이던 몇 주 전과는 달리 "하나님, 도와주세요"라고 기도하면서 즐겁게 섬기고 있다면 격려의 시간입니다.

 조금만 주의 깊게 찾아보면 일상의 삶에서 그리스도께서 일하시는 열매를 곳곳에서 발견할 수 있습니다. 작은 감사의 말이나 작은 사랑의 말, 격려의 말은 메마른 마음에 생수와도 같습니다. 격려는 결혼의 현장에서 그리스도의 일하심을 찾는 강력한 복음의 열매입니다. 격려는 그리스도의 신실한 일하심을 찬양합니다.

날마다 복음의 빛이 흐르는 부부

영국의 카디프 대학의 피터 엘우드 교수 연구팀은 1979년에 성인 남성 2,500명을 대상으로 생활 습관과 건강에 관한 연구를 시작했습니다. 연구팀은 참가자들에게 다섯 가지 생활 규칙을 제시했습니다. 그것은 "잘 먹기, 운동하기, 금주하기, 체중 줄이기, 금연하기"였습니다. 이 생활 규칙을 35년 동안 지킨 사람은 연구 대상의 1%인 25명에 불과했습니다. 연구팀은 5년마다 참가자들의 건강 상태를 확인하고 당뇨, 심장질환, 발작 등을 검사했습니다.

그 결과, 80세가 되기까지 생활 규칙을 꾸준히 실천한 25명은 다른 사람보다 훨씬 건강했다고 합니다. 심장은 다른 사람들보다 12년 더 건강했고, 치매는 6년 뒤에 나타났다고 발표했습니다.[5] 이 연구는 사소한 일상이 건강의 비결이며 행복한 노후의 열쇠임을 입증합니다. 그러나 이 사소한 생활 규칙을 지킨 사람은 단 1%였습니다.

하나님은 예수 그리스도께서 완벽하게 행하신 구원으로 우리를 자녀로 불러 주시고 복음의 선물을 주셨습니다. "그리스도께서 너희를 용서하셨으니 너희도 서로 용서하라. 하나님의 말씀으로 서로 권면하며 성장하라. 그리스도께서 일하시니 서로 격려하라."

우리는 일상에서 이 세 가지 복음의 선물을 경험하고 열매 맺어야 합니다. 하지만 결혼 현장에 복음을 적용하는 일은 쉽지 않습니다. 육체의 건강을 위해 사소한 생활 규칙을 실천한 사람이 1%에 불과하듯, 결혼의 현장에서 복음으로 열매를 맺는 그리스도인은 많지 않습니다. 그리스도의 넘치는 사랑을 경험하고도 복음의 열매를 맺지 못한다면 슬픈 일입니다.

복음의 세 가지 열매인 죄 고백과 용서, 권면, 격려는 하루아침에 이루어지지 않습니다. 그러나 우리는 포기할 수 없습니다. 그 이유는 결혼이 하나님의 영광을 나타내는 현장이기 때문입니다. 결혼의 신비와 영광을 회복하기 위해서는 결혼에서 복음을 적용해야 합니다. 우리의 결혼은 그리스도와 교회의 깨어지지 않는 사랑의 언약을 세상에 보여 주는 장입니다. 부부가 날마다 그리스도의 사랑을 넘치게 경험하고, 이 복음의 은혜를 서로에게 흘려보내는 일은 결코 포기할 수 없습니다.

- 결혼은 그리스도의 사랑이 넘치는 장소이며, 복음의 영광을 세상에 나타내는 비밀스러운 현장이다.
- 결혼은 약함이 부딪치는 곳이지만, 부부는 그리스도의 복음을 기억하며 죄를 고백하고 서로를 용서해야 한다.
- 두 사람은 여전히 부족하지만, 하나님은 그들의 성장을 위해 신실하게 일하신다. 그러므로 부부는 서로 사랑 안에서 권면하고 격려해야 한다.

나눔과 적용을 위한 질문

1. 나의 결혼 생활에서 가장 행복했던 순간이나 기억을 소개해 주세요. 또는 결혼의 과정에서 부부가 경험한 힘든 골짜기를 나누어 주시고 어떻게 극복했는지 이야기해 주세요.

2. 바울은 결혼이 하나님의 비밀, 곧 그리스도와 교회에 대하여 말한다고 합니다. 하나님이 감추어 두신 결혼의 비밀은 무엇일까요?

3. 결혼 생활은 복음의 열매가 나타나는 현장입니다. 최근 부부가 죄를 고백하고 용서한 열매가 있다면 나누어 주세요. 실제 상황에서 죄를 고백하고 용서를 구한 사례를 이야기해 주세요.

4. 바울이 문제가 많았던 고린도교회를 격려할 수 있었던 이유는 하나님의 관점으로 성도를 바라보고, 하나님의 신실하심을 믿었기 때문입니다. 이것을 배우자에게 적용한다면 어떻게 격려해야 하는지 실습해 보세요.

5. 결혼의 주인은 그리스도이십니다. 부부가 1년 동안 성장한 열매는 무엇입니까? 앞으로 성장하고 싶은 열매는 무엇인지 나누어 보세요. 그리스도의 사랑이 넘치는 결혼 안에 복음의 세 가지 열매(죄 고백과 용서, 권면, 격려)가 있기를 함께 기도하세요.

복음이 빛나는 부부의 기도

하나님, 우리를 결혼 안에서 한 몸으로 불러 주셔서 감사합니다. 그러나 저의 부족함과 연약함으로 고통스러운 상황이 자주 반복됩니다. 저에게 복음을 기억할 수 있는 믿음을 주세요. 그리스도의 사랑이 제 안에 넘쳐흘러 먼저 저의 죄를 고백할 수 있는 은혜를 허락해 주세요. 성령께서 결혼 안에서 성실하게 일하시니, 우리 부부도 서로를 격려하며 함께 자라 가기를 원합니다. 예수님의 이름으로 기도드립니다. 아멘.

3장
남편을 향한 부르심

미국 기독교에 큰 영향을 끼친 존 파이퍼는 30년간의 목회 사역에서 가장 중요하게 여긴 열 가지를 주제로 설교한 바 있습니다. 그는 이 연속 설교에 '30년의 신학적 트레이드 마크(Thirty-Year Theological Trademark)'라는 제목을 붙였습니다. 이 열 가지 주제는 교회가 소중히 여겨야 하는 본질이라고 강조합니다.1)

여기에는 지존하시는 하나님, 하나님의 영광, 기독교 기쁨주의, 하나님의 주권, 선교, 그리스도의 복음 등이 포함됩니다. 이 주제들은 교회와 성도들에게 매우 중요한 가르침입니다. 그런데 그중 아주 낯선 주제가 있었는데 '성경에서 말하는 남성과 여성'입니다.

이것은 저에게 충격이었습니다. 이 주제는 한국 교회에서 거의 가르쳐지지 않았기 때문입니다. 저는 교회를 섬기는 동안 결혼이 고통의 현장인 것을 목격했습니다. 그리고 이것은 성도들이 하나님이 디자인하신 결혼이 무엇인지 알지 못하고, 남성과 여성의 역할을 제대로 알지 못했기 때문임노 깨달았습니나.

'성경에서 말하는 남성과 여성'은 교회와 성도들의 삶에 견고하게 뿌리내려야 하는 중요한 주제입니다. 우리는 누구도 하나님이 디자인하신 완전한 남성의 역할을 할 수 없고, 온전한 여성의 역할을 할 수 없습니다. 그러나 결혼 안에서 함께 배우며 성장해 간다면 건강한 가정과 교회 공동체를 세울 수 있습니다. 이를 위해 이번 장에서는 남자를 향한 하나님의 마음을 나누고자 합니다.

에덴동산, 아담의 부르심

남자 아담이 하나님께 받은 역할은 특별합니다. 아담은 영적 피조물이기에 하나님과 교제를 나누며 하나님이 맡기신 에덴동산을 '하나님의 대리자'로서 다스리고 정복하는 일, 청지기의 역할을 합니다.

아담은 만물을 다스리는 권위를 가진 지도자의 역할을 하면서, 동시에 왕이신 하나님을 섬기는 종의 역할을 하는 피조물입니다. 에덴의 남자인 아담은 이 사명을 어떻게 이루어 갑니까?

> 여호와 하나님이 그 사람을 이끌어 에덴동산에 두어 그것을 경작하며 지키게 하시고 (창 2:15)

아담이 해야 하는 일은 두 가지, '경작하고 지키는 일'입니다. 경작은 땅을 파고 가꾸며 일하는 것으로, 동산을 유지하고 열매를 맺는 것입니다. 아담이 경작하는 영역은 땅과 거기 사는 사람들입니다. 하나님이 맡기신 땅과 사람들을 위해 일하는 모든 것은 하나님께 영광이 됩니다. 여기서 '경작하다'는 말은 히브리어 '아바드(avad)'로 구약 성경에서 '일하다, 섬기다, 수고하다, 예배하다'라는 뜻이 있습니다. 아담의 임무는 하나님이 주신 땅에서 씨를 뿌리고 땅을 갈고 열매를 거두는 일로 하나님을 예배하고 영광을 돌리는 것입니다. 또한 아담은 하나님이 허락하신 배우자와 자녀, 사람들을 돌보고 섬기는 것으로 하나님을 예배합니다.

아담의 다른 임무는 지키는 것입니다. 이 말은 히브리어로 '샤마르(shamar)'입니다. 이 뜻은 '지키다, 보호하다, 보살피다'입니다. 하나님은 자기 백성을 지키고 보호하시는 분입니다. 하나님은 언약 백성을 환난으로부터 보호하시고 그들의 영혼을 지키시는 분입니다(시 121:4, 7-8). 아담은 하나님이 하시는 일을 대신해서, 땅과 거기 거하는 사람들을 보호하고 지키는 역할을 했습니다. 리처드 필립스는 다음과 같이 말합니다.

> 남자가 돌봐야 할 '동산'에는 일뿐만 아니라 사람들도 포함된다. … 남자의 보호 아래 있는 사람들—특히 아내와 자녀들—의 마음을 가꾸는 일도 땅을 경작하는 남자의 소명에 포함된다. 남자의 손은 인간의 마음이라는 토양을 능숙하게 다루어야 한다. 남자는 자신이 섬기고 사랑하는 사람들의 마음을 잘 가꾸어야 한다.[2]

아담의 사명을 통해 우리가 배우는 것은 무엇입니까? 아담이 하나님과 교제를 나누는 유일한 피조물로 창조된 것처럼, 복음을 경험한 남자는 그리스도와 영적 교제를 나누는 하나님의 자녀입니다. 남자의 인생에서 최고의 복은 '그리스도와의 사랑의 교제'입니다. 이 교제는 남자의 인생에서 행복의 근원이기에 포기할 수 없습니다. 남자는 하나님을 대신해 에덴을 경작하고 지키는 막중한 사명을 감당하면서 에덴의 주인이신 하나님과 날마다 교제하는 특권을 누립니다.

하나님이 남자에게 맡기신 피조 세계를 경작하고 지키는 일을 할 때, 이 모든 일은 하나님을 예배하는 것이며 하나님을 기쁘시게 한다는 것을 기억해야 합니다. 하나님은 남자를 동역자로 부르시고, 일터의 동산을 맡기셨습니다. 남자가 일터의 동산에서 가시덤불과 엉겅퀴를 제거하며 땀 흘려 일하며 지키는 삶은 하나님을 향한 예배입니다. 남자가 가정의 동산에서 배우자와 자녀들을 위하여 일하고 지키는 삶은 가장 아름다운 예배의 삶입니다.

남자가 살아가는 현장은 하나님 나라를 위해 일하고 지키는 장소입니다. 남자가 직장의 동산에서 하찮아 보이는 청소를 할지라도, 가정의 동산에서 자녀를 훈육하는 일을 할 때도 이 모든 일은 하나님 나라의 동산을 경작하고 지키는 일이기에 하나님께 영광이 됩니다.

남자의 역할이 무너지다

에덴의 남자, 아담의 사명은 하나님이 허락하신 동산에서 일하고 지키며 다스리는 것이었습니다. 그러나 오늘날 남자의 모습은 어떻습니까? 크리스토퍼 애쉬는 하나님이 설계하신 부부 관계의 허물어진 네 가지 모습을 설명하며 무너진 역할을 말합니다.[3] 그 내용은 다음과 같습니다.

포악한 남편

남편이 독재자처럼 자신의 권력을 휘두르는 경우입니다. "나는 이 가정의 대장이다. 이 집의 주인이다"라며 권력을 사용합니다. 겉으로는 강한 남자로 보이며 그의 말과 행동은 거칠고 강압적입니다. 아내를 무시하며 "내가 가정의 권위자이니 무조건 나에게 복종하라"고 강요합니다. 그러나 이것은 하나님의 형상을 닮은 남편의 모습이 아닙니다. 안타깝게도 우리나라는 전쟁과 가난의 역사 속에서 폭력적인 남편이나 아버지로 인하여 아내와 자녀들이 상처를 받은 경우가 많습니다. 또한 유교 문화의 영향으로 가부장의 권위가 남용되면서 제멋대로 권위를 행사하는 군림형 남편이 있습니다.

무조건 굴복하는 아내

남편이 강압적이고 폭군처럼 행동할 경우, 아내는 대체로 굴복하는 모습을 보입니다. 아내는 가정의 평화와 자녀들을 위해 남편이 시키는 대로 따르며 고분고분하게 행동합니다. 남편의 포악한 모습을 알면서도 아내는 묵묵히 지냅니다. 그러나 무조건 굴복하는 것이 돕는 배필의 모습이 아닙니다. 아내는 남편과 동등하며 존귀한 하나님의 자녀입니다. 아내는 남편을 존중하면서도 그의 죄와 미숙함을 권면하고 성장하도록 돕는 배필의 역할을 감당해야 합니다.

대장 노릇 하는 아내

에덴동산의 하와처럼 남편을 자기 뜻대로 조종하며, 남편 위에 서서 대장 노릇을 하는 아내들이 있습니다. 가정의 중요한 일을 결정한 후 남편을 자기 생각대로 끌고 갑니다. "나는 남편의 선택을 믿을 수 없어요. 남편은 어리고 미성숙해요. 내가 남편보다 더 지혜로우니 내가 선택하는 것이 옳아요"라고 말합니다. 아내는 가정의 인도자 위치에 있는 남편을 끌어내립니다. 남편을 격려하고 자라게 하는 아내가 아니라, 자기 뜻대로 남편을 조종하고 대장이 되려고 합니다. 이에 따라 아내는 가정의 무거운 짐을 스스로 지며 고통을 당합니다. 이것은 창세기 속 하와의 죄와 비슷하고 이 시대의 결혼 현장에 여전히 나타나는 문제입니다.

책임 회피형 남편

아내가 대장 노릇을 하고 조종하려고 할 때, 남편이 책임을 회피하는 경우가 많습니다. 아내가 대부분의 일을 혼자 선택하고 결정하기 때문에 남편은 자신의 역할을 가볍게 여기고 게으른 모습을 보입니다. 자녀 양육, 재정 관리, 이사 등 가정의 중요한 일도 "당신이 알아서 해"라며 아내에게 떠넘기고 도망갑니다. 이러한 남자들은 일을 핑계로 도망치거나, 스포츠나 취미 생활에 몰두하며 가정의 책임을 회피합니다. 이 남자의 태도는 창세기 3장에서 본 아담의 책임 회피 태도와 비슷합니다. 책임을 회피하는 남자들의 모습은 창조 이래로 지금까지 계속되고 있습니다.

한국 사회 남성의 모습

한국 사회 남자들의 모습은 어떠한지 몇 가지 생각해 봅시다.

한국 사회의 가난과 전쟁을 통과한 남자들

제 부모님은 1950년대의 전쟁과 가난을 겪으며 살아온 세대입니다. 한국 전쟁은 온 나라를 폐허로 만들었고, 이후 수십 년 동안 가난 속에서 살아남기 위해 몸부림쳤습니다. 부모 세대에게 가장 시급한 과제는 먹고사는 일이었습니다.

당시 남자들은 배우자와 자녀를 어떻게 사랑하고 돌보는지 잘 알지 못했습니다. "잘살아 보세"라는 구호 아래 새마을운동을 펼치고 부모 세대의 헌신으로 '한강의 기적'을 이루며 한국 경제가 성장했지만, 결혼과 가정의 건강한 모델을 보지 못했습니다. 많은 자녀 세대가 경험한 아버지는 전쟁의 상처 속에서 강압적이고 포악한 모습, 가부장적이고 권위적인 모습의 아버지였습니다. 이 아픔은 여진히 한국 사회에서 고통의 흔적으로 남아 있으며 다음 세대 가정까지 영향을 미치고 있습니다.

한국 사회의 바쁜 남자들

한국은 1961년 1인당 국민 소득이 93달러인, 세계의 가난한 나라 중 하나였습니다. 그러나 1962년부터 시작된 경제개발 5개년 계획과 그 이후 7차례의 실행으로 한국은 도시를 건설하고 산업을 육성했습니다. 그 결과 2018년에 1인당 국민 소득이 3만 달러를 초과하는 놀라운 기적을 이루었습니다. 다른 한편 한국 사회의 남자들은 가장 바쁘고 분주했기에, 가족을 돌보고 자녀들과 함께 시간을 보내기 어려웠습니다. 자녀 세대가 경험한 아버지는 가정에 무관심하거나 책임을 회피하는 모습이 많았습니다. 방관자의 모습을 보인 남편과 달리, 아내는 가난을 극복하는 길이 교육이라고 믿으며 자녀 양육으로 분주했습니다. 이러한 부모 세대의 땀과 헌신은 경제적 안정을 가져왔지만, 한국 사회에 바쁨의 그림자는 여러 상처로 남아 있습니다.

한국 교회의 고통받는 남자들

한국 교회는 경제 발전과 함께 급속도로 성장했습니다. 교회는 몰려오는 성도들을 수용하기 위해 건물을 짓고 다양한 프로그램을 만들며 교육했습니다. 남자들이 일터에서 분주하게 힘을 쏟을 때, 여자들은 온 힘을 다해 성경 공부와 기도와 전도로 교회를 섬겼습니다. 교회는 여성들의 적극적 참여와 헌신으로 성장해 왔지만, 남성들의 참여는 저조했고 어린아이 같은 신앙에 머물러 있었습니다. 남자가 일로 바빠질수록 가정에서 인도자의 책임을 회피하자, 가족에게 존중받지 못하고 가정에서 영향력을 잃어 갔습니다. 목회자들 또한 교회 성장을 위해 많은 설교와 프로그램에 집중하느라 성도들의 결혼과 가정을 섬세하게 돌아볼 여유가 없었습니다. 교회는 가정과 일상에서 어떻게 죄와 싸우며 열매 맺을지를 성경의 원리대로 가르치지 못했습니다. 또한 결혼 현장에서 어떻게 남자와 여자의 성경적 역할을 세워야 할지 알지 못했습니다.

"건강한 가정이 건강한 교회의 기초"라고 구호를 외쳤지만, 많은 가정의 모습은 신음하는 세상과 크게 다르지 않았습니다. 성도들은 가정을 건강하게 세우고 싶었지만, 세상의 방법론을 찾아다니며 혼란에 빠졌습니다. 결과적으로 성도의 결혼은 하나님의 영광을 세상에 보여 주지 못하고, 가시덤불이 가득한 현장이 되었습니다.

오늘날 한국 교회 남자들은 하나님이 주신 놀라운 사명, 동산을 일구고 지키는 일을 잊어버렸습니다. 이 위기의 시대에 우리는 어떻게 해야 합니까? 다시 성경으로 돌아가야 합니다. 남자를 향한 하나님의 마음을 성경에서 배우고 실천해야 합니다.

복음으로 사는 남편의 역할

남자는 복음으로 구원받은 하나님 자녀입니다. "모든 사람에게 구원을 주시는 하나님의 은혜가 나타나"(딛 2:11) 남자를 구원하셨습니다. 남자의 주인이신 예수님은 남자의 인생에 참여하시며 평생 함께 일하십니다. 예수님은 남자를 평생 은혜로 양육하십니다. "우리를 양육하시되 경건하지 않은 것과 이 세상 정욕을 다 버리고 신중함과 의로움과 경건함으로 이 세상에 살"게(딛 2:12) 하십니다. 남자를 향한 하나님의 양육은 예수 그리스도의 영광이 나타날 때까지(딛 2:13), 즉 평생 계속됩니다.

예수님은 인도자, 공급자, 보호자이시고 사랑으로 구원을 이루시는 분입니다. 남자는 이 은혜의 양육을 경험하면서, 가정을 인도하고 필요한 것을 공급하며 가족을 보호하고 사랑으로 섬기는 사명을 감당합니다. 남편의 역할은 네 가지 핵심 단어인 인도, 공급(양육), 보호, 사랑으로 표현됩니다. 남편의 이 역할은 자신의 힘에서 나오는 것이 아니라 주인이신 그리스도와의 사랑의 관계에서 흘러나오는 은혜의 열매입니다. 남편은 비록 제한적이지만 '그리스도를 대신하여' 그리스도로부터 경험한 은혜를 가정의 동산에 흘려보내는 청지기입니다.

그렇다면 '그리스도를 대신하여' 복음으로 사는 남편의 역할은 무엇입니까? 신약의 결혼에 대한 말씀 에베소서 5장 22-29절과 베드로전서 3장 7절을 통해 살펴보겠습니다.

남편은 가정의 인도자다

남편의 사명은 가정을 섬기는 인도자입니다. 바울은 "남편이 아내의 머리 됨이 그리스도께서 교회의 머리 됨과 같음이니 그가 바로 몸의 구주시니라"(엡 5:23)라고 말합니다. 바울은 로마 사회의 남성우월주의를 따라 "남편이 아내의 머리"라고 말하지 않습니다. 예수님이 남편을 가정의 머리로, 인도자로 세우셨다고 합니다. 남편의 성품과 능력 때문이 아닙니다. 하나님이 세우신 질서입니다(고전 11:3). 남편과 아내는 하나님의 형상으로 동등하지만, 그 역할이 다릅니다. 그리스도께서 가정을 다스릴 때 남편을 머리로, 아내는 돕는 배필로 세우셨습니다. 남편은 그리스도와 사랑의 관계를 통해 그리스도께 배우며 그리스도를 대신하여 섬기는 인도자 역할을 합니다.

가정의 모든 책임은 인도자인 남편에게 있습니다. 가정의 비전, 방향, 재정, 자녀 양육 등 주요 책임은 남편에게 있으며, 아내는 남편과 하나 되어 돕는 자로 섬깁니다. 이 시대는 남편의 머리 됨을 반대하고 남편과 아내의 평등을 강조합니다. 그러나 성경이 말하는 남편은 가정의 인도자이고 책임자입니다. 하나님이 주신 이 역할을 올바로 이해한다면 아내는 가정의 무거운 짐을 내려놓고, 남편이 인도자로서 설 수 있도록 격려하며 도와야 합니다. 동시에 남편은 하나님이 주신 영광스러운 인도자의 책임을 따라 기쁨으로 섬겨야 합니다. 리처드 필립스는 이렇게 말합니다.

> 남자에게 가정의 권한이 주어졌다고 남편이 무엇이든지 자기 뜻대로 할 수 있고 결정할 수 있다고 착각해서는 안 된다. 결혼 생활과 가정의 문제를 결정하고 계획할 때마다 남편은 항상 아내의 의견을 묻고 의논해야 한다. 아내의 의견은 매우 중요하다. 다만 가정의 모든 문제를 주관하고 관리하고 감독하는 권한이 남편에게 있을 뿐이다. … 아내는 남편을 존중해야 하고, 가정에서 그리스도의 종으로 일하는 남편이 그분의 뜻을 잘 이룰 수 있도록 도와야 한다.[4]

남편은 가정의 공급자다

남편의 역할을 이해하기 위하여, 그리스도께서 남편을 위해 무엇을 하셨는지 생각해 보아야 합니다. 바울은 에베소서에서 이렇게 말합니다.

이와 같이 남편들도 자기 아내 사랑하기를 자기 자신과 같이 할지니 자기 아내를 사랑하는 자는 자기를 사랑하는 것이라 누구든지 언제나 자기 육체를 미워하지 않고 오직 양육하여 보호하기를 그리스도께서 교회에게 함과 같이 하나니 우리는 그 몸의 지체임이라 (엡 5:28-30)

그리스도는 십자가에서 자신의 피로 교회를 낳으시고, 자기 몸인 교회를 사랑하여 "양육"하고 "보호"하십니다. 교회의 머리이신 그리스도는 자신의 몸, 남자를 사랑하셔서 평생 돌보십니다. 이처럼 공급과 보호 없이는 생명이 자라날 수 없습니다. 그리스도는 남자의 삶에 필요한 은혜의 양식을 공급하시고 인생의 위험한 골짜기에서 동행하시고 보호하십니다.

위의 말씀에서 "이와 같이"는 무슨 뜻입니까? 남편은 그리스도의 공급과 보호를 받은 것과 같이, 그리스도를 대신하여 아내와 자녀들을 양육하고 보호하는 역할을 합니다. 남편은 그리스도께서 맡기신 역할을 따라 공급하고 보호하는 주된 책임을 집니다. 그렇다면 남편은 어떻게 공급자의 역할을 해야 합니까?[5]

남편은 가정에 필요한 육의 양식을 공급하는 책임을 집니다. 가정에 필요한 먹을 것과 입을 것, 건강과 교육 등에 쓸 재정을 공급하기 위해 일합니다. 이 말은 아내는 직장을 다닐 수 없다는 말이 아닙니다. 남편과 아내 모두 일할 수 있습니다. 아내는 가정만 돌보아야 한다는 의미가 아니라, 남편이 가정 생계의 주된 책임을 진다는 뜻입니다. 어떤 경우 남편이 중병에 걸려 장애를 입거나 학업에 임해야 하는 등 특별한 상황이 있을 수 있습니다. 이때 아내는 공급의 책임을 주로 감당하며 돕는 배필의 역할을 해야 합니다. 그러나 남편의 마음은 언제나 가정의 공급자로서의 주된 책임성을 잃지 말아야 합니다.

또한 남편은 가정에 필요한 영의 양식을 공급하는 책임을 집니다. 남편에게 주신 말씀의 양식은 자신만의 것이 아닙니다. 남편이 가정의 인도자이기에 영의 양식은 반드시 가족에게 흘러가야 합니다. 만약 남편이 영적 공급자의 역할을 의도적으로 싫어하면, 가정은 하나님의 말씀이 아니라 세상의 문화와 가치관의 영향을 받아 위험에 빠질 수 있습니다.

한국의 많은 남자들은 육신의 공급에는 온 힘을 쏟지만, 영적 공급자의 책임은 회피하려는 경향이 있습니다. 남편들에게 부탁합니다. 당신은 가정의 영적 공급자입니다. 하나님이 당신에게 주신 말씀의 은혜를 헛되이 낭비하지 마십시오. 아내들에게 부탁합니다. 남편이 영적 공급자의 역할을 할 수 있도록 인내와 사랑으로 기다려 주십시오. 주일 말씀 나눔이나 가정 예배를 통해 남편이 가정의 제사장이 될 수 있도록 기도와 격려를 아끼지 마십시오.

남편은 가정의 보호자다

그리스도께서 교회를 어떻게 보호하셨습니까? 우리는 진노를 받아 죽을 수밖에 없었지만, 그리스도는 신부인 교회를 구출하시고 보호하셨습니다. 존 파이퍼는 이렇게 말합니다.

그리스도께서 우리 죄를 담당하셨고, 우리를 위하여 저주를 받은 바 되셨으며, 우리를 위하여 죽으셨습니다. 그리고 우리는 하나님과 화목하게 되었고 하나님의 진노에서 건짐받았습니다. 즉 우리는 보호 받았습니다. … 자기 신부를 구출하고 보호해 준 본보기가 있다면, 바로 이것이 아니겠습니까? 그러므로 바울이 남편에게 아내의 머리가 되라고 명령할 때의 의미는 어떤 대가를 치르고서라도 아내를 보호하는 것입니다.6)

그리스도는 연약한 남자를 평생 보호하십니다. 남자가 위험한 골짜기를 지날 때 보호하십니다. 또한 남자가 죄의 유혹과 악의 세력에 흔들릴 때, 그리스도의 선하심과 전능한 능력으로 그를 지키십니다. 남자는 그리스도의 이 보호를 경험하며 그리스도를 대신하여 가족들의 보호를 책임집니다.

아내와 자녀가 질병으로 고통을 당하거나 인생의 위기가 찾아올 때, 그들의 건강과 안전을 보호할 책임이 남성에게 있습니다. 남성은 하나님이 기뻐하시는 가정을 세우기 위해 세상의 문화로부터 가정을 보호해야 합니다. 오늘날 가정을 위협하는 수많은 세상의 문화적인 공격들이 있습니다. 혼란스러운 세상의 가치관들이 인터넷과 뉴스와 영상을 통해서 아무런 허락도 없이 가정에 침투하고 있습니다. 남성은 분별력을 가지고 이 모든 문화의 영향력에서 가정을 보호해야 합니다. 자녀들의 성장 과정에 따라 문화를 어떻게 소비할지, 핸드폰과 컴퓨터를 어떻게 사용할지를 선택하고 세상의 부패한 세계관으로부터 가족들을 보호하고 돌보아야 합니다.[7)]

남편은 특히 아내를 보호해야 합니다. 베드로는 남편들에게 아내를 어떻게 보호해야 하는지 실제적으로 가르칩니다.

남편들아 이와 같이 지식을 따라 너희 아내와 동거하고 그를 더 연약한 그릇이요 또 생명의 은혜를 함께 이어받을 자로 알아 귀히 여기라 이는 너희 기도가 막히지 아니하게 하려 함이라 (벧전 3:7)

베드로는 남편들에게 "지식을 따라 아내와 동거"하라고 합니다. 여기서 지식을 따라 동거하라는 말은 친밀하게 교제하라는 의미입니다. 아내가 어떤 사람인지 남편이 이해하고 알아야 한다는 의미입니다. 남편은 일에만 집중하지 말고 아내의 신체적, 정서적, 영적 영역에서 상단섬을 이해하며 친밀하게 지내야 합니다.

아내는 신체적으로 남편보다 약하며, 감정적으로도 작은 일에 상처받기 쉽습니다. 아내는 거친 말이나 분노에 깨지기 쉬운 연약한 그릇입니다. 그러므로 남편은 아내를 육체적으로 영적으로 보호할 책임이 있습니다. 아내는 생명의 은혜를 함께 받은 하나님의 딸이므로 소중하게 여겨야 합니다. 만일 남편이 아내를 소중히 여기지 않고 사랑으로 보호하지 않는다면 어떻게 될까요? 베드로는 남편의 기도가 막힌다고 말합니다(벧전 3:7). 그 이유는 남편의 주인이신 그리스도께서 그의 아내도 사랑하시기 때문입니다. 남편은 '생명의 유업을 함께 받은' 아내를 보호해야 합니다. 리처드 필립스는 이렇게 말합니다.

남자가 언약을 통해 여자의 머리가 되었지만 책임이 따릅니다. 아내는 결혼을 통해 남편에게 허락한 하나님의 딸입니다. 남편이 아내에 대한 언약의 책임을 무시한다면, 남편은 하나님이 약속하신 언약의 책임을 주장할 수 없습니다. 물론 아내를 사랑하는 남편은 구원받고, 아내를 무시하는 남편은 하나님께 버림받는다는 말은 결코 아닙니다. 그러나 남편의 영적 행복과 하나님과의 관계는 아내를 돌보고 보호하는 언약의 책임을 얼마나 잘 이행하느냐에 달려 있습니다. 왜냐하면 아내는 하늘에 계신 아버지의 귀한 딸이기 때문입니다.[8]

남편은 그리스도의 사랑을 경험하고 나타낸다

세상의 남편이 아내를 사랑한다는 것은 인간적인 착함과 도덕적인 힘 등으로 가능합니다. 그러나 하나님이 남편에게 하신 명령은 전혀 다릅니다. 우리는 먼저 그리스도께서 남자를 어떻게 사랑하셨는지 알아야 합니다.

남편들아 아내 사랑하기를 그리스도께서 교회를 사랑하시고 그 교회를 위하여 자신을 주심같이 하라 이는 곧 물로 씻어 말씀으로 깨끗하게 하사 거룩하게 하시고 자기 앞에 영광스러운 교회로 세우사 티나 주름 잡힌 것이나 이런 것들이 없이 거룩하고 흠이 없게 하려 하심이라 (엡 5:25-27)

바울은 교회를 향한 그리스도의 사랑을 말합니다. 그리스도께서 하나님 아버지의 보좌를 떠나, 사랑받을 가치가 없는 죄인들을 위해 생명을 주시고 그들을 영원한 신부로 삼으셨습니다. 그녀(교회)는 아름답지도 선하지도 않으며 죄로 인해 망가진 하나님의 원수였지만, 그리스도는 십자가에 죽기까지 모든 것을 주며 사랑하셨습니다. 그 이유는 신랑에게 계획이 있기 때문입니다.

신랑의 계획은 신부(교회)인 그녀를 미래의 영원한 나라에서 영광스러운 교회로, 흠도 티도 없는 신부로 거룩하게 세우는 것입니다. 그래서 신랑이신 그리스도는 현재 교회의 머리로 계시면서 어떻게 일하십니까? 그리스도는 자신의 신부인 교회(아내)를 날마다 인도하시고, 공급하시고, 보호하시고, 사랑하십니다.

비록 교회(아내)가 여전히 죄로 신음하지만, 그리스도는 말씀으로 교회를 날마다 깨끗하게 하시고 그리스도의 의로 옷 입히며 거룩하게 하십니다. 교회의 머리이신 그리스도는 자신의 신부(교회)가 영원한 나라에 거룩하게 설 때까지 선하심과 인자하심으로 사랑하십니다. 바울은 그리스도께서 교회를 어떻게 사랑하시는지를 설명하면서

"남편들아 아내 사랑하기를 그리스도께서 교회를 사랑하심과 같이 하라"고 선포합니다. 따라서 구원받은 남편은 그리스도와의 사랑의 교제를 경험하며 '그리스도를 대신하여' 아내를 사랑합니다.

성경이 말하는 남편의 역할은 아내의 행위와 성품에 상관없이 아내를 사랑하는 것입니다. 남자의 머리이신 그리스도가 날마다 부어 주신 사랑을 경험하였으니, '주님이 사랑하신 것처럼' 아내에게 사랑을 흘려보냅니다. 남편이 아내를 사랑하는 것은 남편의 힘과 노력, 의지에서 나온 사랑이 아니라, 남편과 그리스도와의 관계에서 경험한 사랑입니다.[9]

여기에 하나님이 디자인하신 결혼의 목적이 있습니다. 결혼의 목적은 단순히 두 사람의 로맨스와 행복, 자기만족이 아닙니다. 결혼의 진정한 목적은 남자와 여자가 영원한 신랑이신 그리스도 앞에 거룩하게 함께 서는 것입니다. 이를 위해 남편은 아내에게 하나님의 사랑을 공급하며, 그녀를 하나님 앞에 거룩한 신부로 세우는 사명을 부여받았습니다. 이것은 세상 그 누구도 할 수 없는 영광스러운 남편의 특권입니다.

베드로는 초대교회 성도들에게 아내를 "생명의 은혜를 함께 이어받을 자로 알아 귀히 여기라"(벧전 3:7)라고 말합니다. 세상의 남편들은 영원한 천국의 기업을 아내와 함께 상속받는다고 생각하지 않습니다. 단지 땅에서 아내와 함께 행복하기를 바랄 뿐입니다.

그러나 복음을 경험한 부부는 세상과는 다른 결혼의 목적이 있습니다. 남편은 아내와 함께 썩지 않고 쇠하지 않는 천국의 유업을 받을 때까지(벧전 1:4), 아내를 신랑이신 그리스도 앞에 거룩하게 세우는 사명을 감당합니다. 이것은 남편의 착함이나 노력만으로 불가능합니다. 남편은 오직 그리스도의 측량할 수 없는 사랑을 경험하고 배워야 합니다. 남편과 아내는 결혼 현장에서 서로의 죄로 신음하겠지만, 그리스도의 사랑이 크기에 함께 거룩하게 성장해 갑니다.

한 퀴즈 프로그램에 할아버지와 할머니가 함께 출연했습니다. 할아버지가 할머니에게 문제를 냈습니다. "당신과 나 사이를 무엇이라고 하지요? 네 글자로!" 정답은 '천생연분'이었습니다. 그러나 할머니는 이렇게 대답했습니다. "평생원수!" 이 장면을 보고 모두가 한바탕 웃었습니다.

하지만 곰곰이 생각해 보니, 이것은 실제 상황이었습니다. 할아버지와 할머니는 하나님 앞에 서게 될 것입니다. 그때 주님은 할머니에게 "너와 남편은 어떤 사이였니?" 물으실 것입니다.

마지막 날, 남편과 아내는 영광의 그리스도 앞에 설 것입니다. 그때 주님은 아내에게 물으실 것입니다. "너와 남편은 어떤 사이였니?" 그때 아내는 남편에 대해서 주님께 이렇게 간증힐 깃입니다.

"예수님, 당신이 저에게 허락해 주신 남편은 저와 천생연분이었습니다. 남편은 저를 인도했고 말씀으로 깨끗하게 씻어 주었고 거룩하게 했습니다. 당신이 나를 사랑하신 것처럼, 남편도 저를 사랑했습니다. 그 남자는 저의 영광이며 자랑입니다." 아내의 이야기를 들은 남편은 "그 사랑은 주님의 사랑이었습니다"라고 고백할 것입니다.

그리스도께 배우는 남자

결혼한 지 10년이 되었을 무렵, 남편인 저는 일 중독자였습니다. 새벽 4시 40분에 집을 나와 밤늦게까지 성경 공부와 심방 등으로 교회를 섬기기 위해 분주했습니다. 그러나 저는 성경이 말하는 남편의 역할이 무엇인지, 두 아들의 아버지로 어떻게 살아야 하는지 몰랐습니다. 처음에는 어디서부터 시작해야 할지 몰라 당황했습니다. 주변을 둘러보며 남자로서 건강한 모델이나 지혜로운 조언자가 있는지 찾아보았지만 쉽지 않았습니다. 저뿐 아니라 제 주변의 남자들도 일터에서 분주한 삶을 살고 있었습니다. 성경의 원리를 따라 가정과 결혼을 세우는 모델이 없어서 많은 시간을 우왕좌왕하며 헤맸습니다.

우리 시대의 결혼과 가정의 혼란과 고통은 하루아침에 일어난 것이 아니었습니다. 사사 시대처럼, 하나님을 모르는 세대가 나타난 이유는 하나님의 은혜를 경험한 앞 세대가 다음 세대에게 복음을 전수하지 못했기 때문이었습니다. 우리나라도 경제 성장으로 부유한 나라가 되었지만, 복음으로 살아 내는 가정과 결혼의 모델을 다음 세대에 보여 주지 못했습니다. 이 고통과 아픔은 교회와 성도들의 삶에 깊숙이 남아 있습니다.

이제 우리는 겸손히 다시 그리스도께 배워야 합니다. 특히 남성들은 그리스도께서 어떻게 우리를 사랑하시며 인도하시는지 경험하며 성숙한 남자로 성장해야 합니다. 교회는 하나님이 에덴동산의 아담에게 주신 남자의 사명을 가르쳐야 합니다. 목회자는 죄로 망가진 남자의 모습을 회개하도록 돕고, 세상과 다른 성경적 남성성을 선포해야 합니다. 남자들은 하나님이 주신 영광스런 부르심을 기억하며, 일상의 삶에서 거룩한 싸움을 해야 합니다. 성숙한 남자들이 세워지는 것이 부흥입니다. 하나님이 맡기신 동산에서 일하고 지키는 사명을 기쁘게 감당하는 것이 하나님께 영광이기 때문입니다.

- 남자를 향한 부르심은 하나님이 맡기신 동산과 사람들을 경작하고 지키는 것이다. 이 사명은 곧 예배이며, 하나님께 영광이 된다.
- 복음으로 살아가는 남성은 그리스도의 인도하심, 공급하심, 보호하심, 사랑을 경험하며 점점 성장해 간다.
- 남자는 그리스도를 대신하여 가정의 인도자, 공급자, 보호자로 살아가며 그리스도의 사랑을 흘려보낸다.

나눔과 적용을 위한 질문

1. 남편으로서 내가 중요하게 여기는 것은 무엇인가요? 또는 아버지로서 자녀들을 위해 포기하지 않고 실천하는 습관은 무엇인가요?

2. 부부의 허물어진 네 가지 모습(포악한 남편, 무조건 굴복하는 아내, 대장 노릇하는 아내, 책임 회피형 남편)을 살펴보았습니다. 우리 부부의 모습은 어떠한가요?

3. 예수님은 우리 인생의 인도자, 공급자, 보호자가 되시고 사랑으로 우리와 함께 하십니다. 하나님은 예수님을 대신하는 가정의 책임자로 남편을 세우셨습니다. 그리스도를 대신하는 남편의 역할 네 가지를 설명해 주세요.

4. 남편의 역할 네 가지 중에서 최근 6개월 동안 성장하고 있는 영역은 무엇인가요? 앞으로 6개월 동안 자라기 원하는 영역은 무엇인지 나누어 주세요.

5. 남편으로서 현재 나의 모습을 사계절(봄, 여름, 가을, 겨울) 중 하나로 표현해 주세요. 그리고 이 장을 마치며 남편으로서 내 삶에 적용할 수 있는 점 두세 가지는 무엇인지 나누세요.

복음이 빛나는 부부의 기도

하나님, 저는 남성으로 살아가는 기쁨과 그 부르심의 의미를 알지 못했습니다. 이제 저의 눈을 열어 주셔서, 저를 남자로 불러 주신 하나님의 영광스러운 부르심을 깨닫게 해주십시오. 세상에서 성공하는 남자가 아니라, 그리스도께 배우며 자라는 남자가 되고 싶습니다. 하나님이 맡겨 주신 가정과 직장의 동산을 인도하고, 온 힘을 다해 사랑하며 섬기는 예배자가 되게 하소서. 예수님의 이름으로 기도드립니다. 아멘.

4장
아내를 향한 부르심

초등학교 6학년, 말괄량이 소녀였던 저(길미란)는 교실 뒤편의 학급문고에서 위인전을 읽다가 모든 위대한 인물 뒤에는 현명한 어머니나 지혜로운 아내가 있다는 것을 발견했습니다. 남편과 자녀가 훌륭한 사람이 되도록 돕는 그녀들의 삶은 어린 저의 눈에 매력적으로 보였습니다. 그때부터 저의 꿈은 현모양처가 되었습니다. 시간이 흘러 그 꿈을 이룰 기회가 찾아왔습니다. 결혼하고 아이가 태어나자, 일을 그만두고 집에 머물며 가사에 전념했습니다.

그러나 예상과는 달리 기쁘지 않았습니다. 오히려 제 안에서 끊임없이 들려오는 목소리가 있었습니다. "넌 지금 썩고 있어. 친구들 좀 봐. 경력을 쌓고 이름을 알려야지. 여기서 멈출 수는 없어. 아내와 엄마로 사는 것보다 더 가치 있는 인생을 살아야 해!"

저는 어릴 때부터 교회 안에서 자랐고 신학대학원도 다녔습니다. 그러나 교회에서도, 신학교에서도 그리스도인 여성으로서 '아내'와 '엄마'로 살아가는 삶에 대해 배운 적이 없습니다. 직업으로 말하면 이 역할이 인생에서 가장 긴 시간을 수행해야 하는 것임에도 불구하고 교육을 받아 본 적이 없습니다. 그 결과, 세상이 슬며시 저를 제자 삼았고 저의 꿈은 슬그머니 사라졌습니다. 그러던 중 우연히 참석한 한 콘퍼런스에서 '성경이 말하는 아내의 역할'에 대해 듣게 되었고 그 내용은 저에게 큰 충격을 안겨 주었습니다.

'돕는 배필, 복종, 존경, 이것이 아내의 역할이라니!' 불편한 감정이 들었습니다. '수없이 성경을 읽어 왔는데, 왜 내 눈에 이 단어들이 스쳐 지나갔을까? 성경이 여성들에게 직접 명령한 이 단어들에 대해 왜 깊이 생각해 보지 않았을까? 왜 교회는 이것을 가르치지 않았을까?' 의문이 꼬리에 꼬리를 물었습니다.

그 후 자녀들과 홈스쿨을 시작하며 한국에 기독교 홈스쿨을 도와주러 잠시 오신 미국 선교사님 사모님들과 교제할 기회가 있었습니다. 또 남편의 유학으로 미국에 머물면서는 말씀대로 살아가는 경건한 여성들의 믿음의 본을 보았습니다. 그들의 모습은 흠모할 만큼 아름다웠습니다. 그들과 교제하며 저는 성경이 말하는 아내의 역할에 대해 깊이 고민하기 시작했습니다. 바바라 휴즈는 이렇게 말합니다.

요즘 젊은 부부들은 과거에 비해 경제적으로 더 풍요롭고, 교육 수준도 더 높을 뿐 아니라, 책이나 비디오와 같은 결혼 생활에 관한 자료도 많고, 언제라도 손쉽게 상담이나 조언을 들을 수 있다. 하지만 성공적인 결혼 생활을 위한 가장 중요한 요소가 부족한 경우가 왕왕 발견된다. 성공적인 결혼 생활을 위해서는 남편과 아내의 역할에 대한 성경의 가르침을 이해하는 것이 절대적으로 필요하다. 많은 세월이 흘렀지만, 성경이 가르치는 남편과 아내의 역할은 예나 지금이나 변함이 없다. 불행히도, 교회에서 이런 점을 분명하게 가르치지 않기 때문에 결혼한 부부들이 혼란에 빠지곤 한다.1)

이 장에서는 하나님의 영광을 위해 그분의 목적대로 살아가기 위해 어떤 아내가 되어야 할지, 성경이 말하는 아내의 역할에 대해 함께 고민해 보려고 합니다.

돕는 배필, 아내의 부르심

여호와 하나님이 이르시되 사람이 혼자 사는 것이 좋지 아니하니 내가 그를 위하여 돕는 배필을 지으리라 하시니라 (창 2:18)

하나님은 여자를 '돕는 자'로 창조하셨습니다. 창세기 2장 18절은 하나님이 여자를 만드신 목적을 분명히 보여 줍니다. 현대의 문화는 돕는 일을 열등하고 하찮은 일로 여기는 경향이 있습니다. 그러나 성경에서 돕는 자를 지칭하는 히브리어 '에제르(Ezer)'는 하나님이 자신의 백성을 도우실 때 사용되는 단어입니다.

내 아버지의 하나님이 나를 도우사 바로의 칼에서 구원하셨다 함이더라 (출 18:4)

성소에서 너를 도와주시고 시온에서 너를 붙드시며 (시 20:2)

주는 나의 도움이시요 나를 건지시는 이시오니 (시 70:5)

여호와여 주는 나를 돕고 위로하시는 이시니이다 (시 86:17)

위의 말씀처럼 하나님을 '돕는 분'으로 묘사할 때, 우리는 그분을 연약한 분이라고 생각하지 않습니다. 하나님은 자기 백성을 강한 능력으로 구원하시는 분입니다. 보혜사 성령님도 '돕는 자'(Another Helper)이십니다(요 14:16).

이것은 돕는다는 것이 결코 낮은 지위나 열등한 것이 아님을 말합니다. 하나님은 연약하고 하찮은 일을 여자들에게 맡기지 않으셨습니다. 하나님이 하시는 일, 양육하고 보호하고 위로하고 돌보는 '생명을 살리는 사역'을 여자들에게 맡기셨습니다.

돕는 배필로서 아내의 역할은 하나님을 닮은 영예로운 일입니다. 성령님을 본받아 돕는 배필로서 책임을 다할 때, 여성의 권위와 아름다움이 가장 밝게 빛납니다.[2]

디도서 2장과 에베소서 5장은 아내가 돕는 배필로서 어떻게 살아가야 하는지를 구체적으로 보여 줍니다.

그들로 젊은 여자들을 교훈하되 그 남편과 자녀를 사랑하며 (딛 2:4)

아내들이여 자기 남편에게 복종하기를 주께 하듯 하라 이는 남편이 아내의 머리 됨이 그리스도께서 교회의 머리 됨과 같음이니 그가 바로 몸의 구주시니라 그러므로 교회가 그리스도에게 하듯 아내들도 범사에 자기 남편에게 복종할지니라 … 아내도 자기 남편을 존경하라 (엡 5:22-24, 33)

하나님은 아내들에게 남편이 하나님께 받은 사명(인도, 공급, 보호, 사랑)을 완수하도록 돕는 역할을 주셨습니다. 이 역할은 남편을 사랑하고 존경하고 그에게 복종하는 것으로 나타납니다.

복종과 존경이라는 개념은 시대에 뒤떨어진 것처럼 보일 수 있습니다. '남편을 사랑하는 것은 이해가 되지만, 복종과 존경은 말도 안 돼!'라고 생각할 수 있습니다. 그러나 이것은 성경이 말하는 하나님의 권위 체계를 이해하지 못한 결과입니다(롬 13:1-7).

성경의 관점으로 아내의 역할을 이해하고 실천하면, 이 명령이 여자들을 고통스럽게 하는 것이 아니라 오히려 자유롭게 하고 결혼의 기쁨을 누리게 하는 하나님의 선한 질서인 것을 발견하게 됩니다.

그 아내의 역할을 자세히 살펴보겠습니다.

남편을 사랑하기

디도서 2장 4-5절에는 늙은 여자가 젊은 여자를 훈련해야 하는 일곱 가지 목록이 나열되어 있습니다. 첫 번째가 남편 사랑하기입니다.

계속해서 디도서를 읽어 나가면 아내가 남편을 사랑하는 목적이 가정의 평화나 행복만이 아니라 하나님의 말씀이 비방을 받지 않고 우리 구주 하나님의 교훈인, 복음을 빛나게 하려는 것임을 알게 됩니다(딛 2:5, 8, 10). 하나님이 세우신 결혼은 세상이 하나님을 인정하든 하지 않든 그리스도와 교회의 사랑을 보여 주며, 이를 통해 복음으로 이끌도록 의도되었습니다(엡 5:32).

그렇다면 실제로 당신의 결혼은 어떻습니까? 한때 백마 탄 왕자님으로 바라보았던 그 남자를 여전히 사랑하고 있습니까? 혹시 그에게 실망하여 상처와 미움으로 힘든 시간을 보내고 있지는 않습니까? 미지근하게 그저 정으로 살아가고 있지는 않습니까?

결혼 생활에서 남편을 사랑하는 것에 퇴보되었거나 성장이 멈추었다면, 우리는 세상에 그리스도와 교회의 아름다운 사랑을 보여 줄 수 없기에 남편을 사랑하는 열정과 기쁨을 다시 배워야 합니다.

필레오 사랑

디도서 2장 4절의 남편 사랑에서 언급한 사랑은 헬라어로 '필레오'입니다. 오늘날 세상 사람들이 결혼 안에서 가장 중요하게 여기는 사랑은 에로스, 즉 로맨틱하고 성적인 사랑입니다. 물론 성경도 부부 사이의 로맨틱한 감정과 성적인 사랑의 중요성을 인정합니다(아가서, 고전 7장). 그러나 바울이 디도서 2장에서 부부 사이에 있어야 한다고 강조한 사랑은 '필레오'입니다.

필레오 사랑은 아주 절친한 친구 간의 사랑, 다정하고 열정이 넘치는 친밀한 관계적인 사랑을 말합니다. 바울은 왜 아내들에게 남편을 사랑하라고 말하면서 '필레오'라는 단어를 사용했을까요?

일반적으로 아내들은 남편에 대한 애정과 존중이 부족하더라도 빨래하고 밥을 해주고 청소를 해줍니다. 우리는 이런 상황을 익히 알고 있습니다. 바울은 아내들이 희생적인 사랑은 잘 실천하지만 애정과 열정, 존경을 기반으로 한 필레오의 사랑이 약한 경향이 있기 때문에 이런 사랑이 자라도록 가르치라고 합니다.

어쩌면 우리 중 누군가는 '사랑은 자연스러운 감정이 아닌가? 어떻게 이것을 훈련하고 가르칠 수 있을까?'라는 의문이 들 수 있습니다. 하나님이 처음 세상을 창조하셨을 때, 필레오의 사랑은 자연스러운 감정이었습니다. 그러나 인간의 타락과 함께 죄와 이기심, 교만이 이 사랑을 망가뜨렸습니다. 그래서인지 대부분의 아내는 남편의 장점보다 단점을 더 많이 봅니다. 하지만 남편에 대한 사랑은 절대 저절로 생기지 않습니다.3)

그렇지만 좋은 소식이 있습니다. 늙은 여자가 젊은 여자를 가르치라는 말씀에서 우리는 남편을 사랑하는 법을 배울 수 있다는 것을 알게 됩니다. 하나님이 우리에게 은혜를 부어 주셔서 남편을 사랑하는 데 성장할 수 있도록 도우십니다.

사랑에는 예외가 없다

필레오의 사랑을 배워 가는 여정 속에서 우리가 주목해야 할 것은 이 사랑에는 예외 조항이 없다는 것입니다. 디도서 2장은 아내들에게 남편의 성품이 좋거나 사랑받을 만하면 사랑하라고 가르치지 않습니다. 남편의 어떤 모습과 상관없이, 다정하게 애정을 가지고 최선을 다해 사랑하라고 합니다.

제 주변에 어려운 결혼 생활을 감당하는 자매들이 있습니다. 음란물을 보는 남편, 일에만 몰두하고 돈은 가져다주지만 아내와 자녀를 돌보지 않는 남편, 말과 행동이 거친 남편, 믿음이 없는 남편, 무관심한 남편 등등. 하나님은 이런 남편들도 존중하며 사랑하기를 기대하실까요?

이 모든 상황은 복음 이야기를 떠올리게 합니다. 우리가 하나님을 사랑하게 된 것은 그분이 먼저 우리를 사랑하셨기 때문입니다(요일 4:19). 돕는 배필로서 첫 번째 아내의 역할인 남편 사랑하기를 시작하려면, 아내는 먼저 주님께 받은 복음의 사랑을 기억해야 합니다. 매일 우리가 받은 한량없는 복음의 은혜를 기억하고 그 사랑이 남편에게 흘러가도록 기도해야 합니다. 주님은 우리의 기도를 들으시고 어려운 시기에도 온유하고 따뜻한 필레오의 사랑으로 남편을 사랑하도록 도우실 것입니다. 그렇다면 어떻게 남편을 사랑하는 일에 자라 갈 수 있을까요?

필레오 사랑에서 자라 가기

남편을 사랑하는 것에 자라 가려면 먼저, 부부가 모두 죄인인 것을 기억해야 합니다. 우리는 원하지 않지만, 서로에게 상처를 주고 죄를 짓습니다(롬 7:19). 결혼 생활의 수많은 갈등은 '내가 너보다 좀 더 나은 죄인이야'라고 생각하는 도토리 키 재기로 시작됩니다. 우리는 둘 다 흙으로 지어진 연약한 존재입니다. 먼지에게 무엇을 기대합니까? 주님은 우리가 먼지임을 아시고 오늘도 우리를 기다리시고 그분의 긍휼과 자비를 아끼지 않으십니다. 주님이 죄인인 우리를 대하시는 것처럼 우리도 죄인인 남편에게 긍휼과 자비를 베풀어야 합니다.

물론 아내는 남편의 죄가 보이면 그 죄를 직면하도록 도와야 합니다. 마태복음 7장 5절은 남의 죄(티끌)를 다루기 전에 자신의 죄(들보)를 먼저 보라고 말합니다. 남편의 죄를 바라보기 전에 나에게도 동일한 죄가 없는지 점검해야 합니다. 큰 들보가 나의 눈을 가로막아 남편이 보이지 않는데도 날카로운 집게로 그의 티끌을 제거하려고 한다고 상상해 보십시오. 참혹한 결과를 초래할 수 있습니다.

성경은 사랑 안에서 진리를 말하라고 권면합니다(엡 4:15). 우리 자신이 죄인임을 기억할 때 우리는 더 겸손하게 사랑 안에서 남편이 죄를 직면하도록 도울 수 있습니다. 만약 남편을 향한 애정과 존경이 사라져 가거나 식어 간다면 아내는 다른 데서 원인을 찾기보다 자신의 마음을 점검해야 합니다.

잠언 4장 23절은 우리가 마음을 지켜야 할 이유를 설명합니다.

모든 지킬 만한 것 중에 더욱 네 마음을 지키라 생명의 근원이 이에서 남이니라 (잠 4:23)

한번은 남편과 사소한 문제로 갈등이 생겼습니다. 밤새 뒤척이다가 남편이 잠들어 있을 때 집을 나서서 교회로 갔습니다. 하나님 앞에 저의 마음을 쏟아 놓고 기도하며, 복잡하고 혼란한 제 마음의 상태들을 종이에 적어 나가기 시작했습니다.
'왜 내 마음이 이렇게 힘든 걸까? 내 안에 어떤 죄가 있는가? 두려움과 염려는 무엇인가? 남편에게 쓴 마음이 있는가? 이기적인 마음이 있는가? 나의 의를 주장하고 있는가? 남편에게 직접 묻지 않고 추측하고 판단하고 있지는 않은가? 내가 섬기는 우상은 무엇인가?'
저의 마음의 상태들을 적어 놓고 살펴보니 정신이 번쩍 들었습니다. 곧바로 집으로 돌아가 남편에게 용서를 구했습니다. 하나님의 은혜로 제 마음을 지키고 남편과 사랑의 관계를 회복할 수 있었습니다.

남편에게 복종하기

두 번째로, 남편을 돕는 아내의 역할은 '복종'입니다.

아내들이여 자기 남편에게 복종하기를 주께 하듯 하라 이는 남편이 아내의 머리 됨이 그리스도께서 교회의 머리 됨과 같음이니 그가 바로 몸의 구주시니라 그러므로 교회가 그리스도에게 하듯 아내들도 범사에 자기 남편에게 복종할지니라 (엡 5:22-24)

아내들아 남편에게 복종하라 이는 주 안에서 마땅하니라 (골 3:18)

아내들아 이와 같이 자기 남편에게 순종하라 이는 혹 말씀을 순종하지 않는 자라도 말로 말미암지 않고 그 아내의 행실로 말미암아 구원을 받게 하려 함이니 (벧전 3:1)

신약 성경에서 아내의 역할을 언급하는 모든 본문은 복종을 말하고 있습니다. 심지어 믿지 않는 남편에게도 복종하라고 가르칩니다. 이 구절들을 보면 성경이 복종을 얼마나 중요한 가치로 여기는지 알 수 있습니다. 이 주제는 지금 시대의 문화 속에서 가장 간과되고, 심지어 구시대적인 개념으로 여기도 합니다. 특히 남편의 권위에 대한 아내의 복종은 많은 여성에게 불편한 주제일 수 있습니다.

"남편에게 주께 하듯 복종하라고? 너무 지나치지 않아?" 또는 "이것은 성경이 기록된 당시 문화에만 적용되는 말이지 않나?"라고 쉽게 치부할 수도 있습니다. 그러나 그리스도인 여성은 문화가 자신의 행동을 결정짓도록 내버려두어서는 안 됩니다. 하나님의 말씀은 문화를 초월하며 우리의 결정과 행동에 최종 권위를 가집니다.

성경이 말하는 복종의 의미를 명확하게 이해하기 위해, 먼저 복종에 대한 몇 가지 오해를 살펴보겠습니다.

복종은 열등함을 의미하는 것이 아니다

복종은 굴종이 아닙니다. 예수님이 하나님께 복종하신다고 해서 그분이 열등하신 것이 아닙니다. 하나님이 남편에게 복종하라고 하신 것은 남편이 아내보다 우월해서가 아닙니다. 하나님이 창조하신 세상에는 질서가 있습니다.

베드로는 인간의 모든 제도에 주님을 위해 순종하라고 우리에게 가르칩니다(벧전 2:13). 나라, 사회, 교회, 가정 등 모든 영역에서 누군가는 이끌고 누군가는 그 인도를 따르며 돕고 지원해야 합니다. 하나님은 결혼 안에서 남편이 가정을 이끌고 아내가 돕는 역할을 하도록 정하셨습니다.

복종은 약함을 의미하는 것이 아니다

아내의 복종은 자녀에게 요구하는 순종과는 본질적으로 다릅니다. 복종을 뜻하는 헬라어 '후포타소(hupotasso)'는 자발적으로 다른 사람의 권위 아래 자신을 두는 것을 의미합니다.

우리의 본성은 타인의 권위 아래 놓이는 것을 싫어하고, 스스로의 권위를 주장하려 합니다. 자기중심적이고 독립적인 태도가 우리에게는 자연스럽습니다. 이기심과 교만은 아무 노력이 필요 없지만, 복종은 속사람이 강해야 가능합니다.

남편의 권위를 인정하고 자발적으로 권위에 순종하는 것은, 그리스도께서 교회의 머리가 되신 것처럼 남편이 가정의 머리임을 받아들이는 의지적 선택입니다.

이것은 단순히 남편에게 하는 것이 아니라, 하나님의 명령에 순종하는 믿음의 표현이자 영적인 강인함을 드러냅니다. 그래서 복종은 단순한 굴복이 아니라, 성숙한 신앙과 믿음에서 나오는 결단입니다.

복종은 남편이 독재적이어도 된다는 의미가 아니다

하나님은 아내를 향해 남편에게 순종하라고 하셨을 뿐만 아니라, 남편에게는 아내를 자기 자신처럼 사랑하고, 희생적이며 이타적인 사랑으로 섬기라고 명령하셨습니다(엡 5:22-23). 그러므로 아내는 남편의 폭력적인 행동이나 불의한 대우를 묵인하고 순종해서는 안 됩니다. 반대로 남편을 비난하거나 감정을 악화시키는 행동도 피해야 합니다. 이러한 상황에서는 신속히 자리를 떠나 도움을 구해야 합니다.

복종은 무조건적으로 남편을 따르는 것이 아니다

아내는 남편을 돕는 배필로 창조되었습니다(창 2:18). 아내가 무조건 남편을 따라야 한다면, 하나님이 돕는 배필로 여자를 만드실 이유가 없습니다. 아내는 자신의 은사를 활용하여 남편과 소통하고 지혜롭게 분별해야 합니다. 부부 사이에 의견 차이가 있을 때, 아내가 존중과 사랑으로 겸손히 생각을 표현했으나 조율에 이르지 못했을 때, 남편은 최종 결정을 내릴 권위를 부여받은 사람입니다.

이때 아내는 남편의 결정을 따르고 그 결과를 하나님께 맡겨야 합니다. 단, 남편이 하나님의 법에 어긋나거나 비도덕적인 일을 요구할 때, 아내는 하나님의 말씀에 따라 행동해야 합니다.

세상이 말하는 소리와 달리 성경은 복종하는 여자를 나약한 여자가 아니라 현숙한 여자, 하나님을 아는 여자, 하나님을 경외하는 여자라고 말합니다(잠 31장, 벧전 3장). 이런 아내는 남편에게 복종하는 거룩한 임무를 감당하며 하나님께 영광을 돌립니다.

문제는 복종이 쉽지 않다는 것입니다. 아내가 남편에게 복종하기 가장 어려운 이유는 두려움에서 비롯됩니다. 남편이 내린 결정이 가정을 어려운 상황으로 이끌지 않을까 하는 걱정이 복종을 어렵게 합니다. 믿지 않는 남편, 자기중심적인 남편, 일에만 몰두하는 남편, 가정을 우선순위에 두지 않는 남편, 영적으로 인도하지 않는 남편, 심지어 때로는 나보다 더 큰 죄를 짓는 것처럼 보이는 남편에게 어떻게 복종할 수 있을지 자연스럽게 의문이 생깁니다.

복종은 하나님께 소망을 두어야 가능하다

베드로전서 3장 5절은 하나님께 소망을 두었던 거룩한 여성들이 남편에게 순종함으로 자신을 단장했다고 기록하고 있습니다. 베드로는 복종의 힘이 하나님께 두는 소망에 달려 있다고 가르칩니다.

하나님은 우리를 영원한 죄와 저주에서 구원하셨으며, 우리의 선을 위해 모든 일을 합력하여 이루는 주권자이십니다. 하나님의 성품, 선하심, 신실하심을 아는 사람은 하나님께 소망을 두고 그분을 신뢰함으로 남편에게 복종할 수 있습니다. 결국, 복종은 하나님이 모든 상황을 주권적으로 다스리시며 우리의 유익과 그분의 선을 위해 일하신다는 믿음에서 비롯됩니다(롬 8:28).

이 세상에 완벽한 남편은 없습니다. 남편에게는 돕는 배필이 필요합니다. 아내가 남편 곁에 있는 것은 하나님이 주신 은혜의 증거입니다. 남편을 바꾸려 하지 마십시오. 사람을 변화시키는 분은 하나님이십니다. 남편과 아내는 둘 다 죄인입니다. 우리는 모두 복음이 필요하고, 변화의 과정에서 인내가 요구됩니다. 모든 사람은 천천히, 더디게 변합니다. 감사하게도 우리에게 하나님이 계십니다. 성령님이 각 사람 안에서 부지런히 일하고 계시며, 하나님이 당신을 변화시키셨듯이 남편도 그분의 때에 변화시키실 것입니다. 결국 복종은 남편의 완전함 때문이 아니라, 하나님의 신실하심 때문에 가능합니다.

만약 아내가 남편에게 복종하지 않는다면 무슨 일이 벌어질까요? 아내가 자주 자신의 의견을 고집하고 남편을 무시하면, 남편은 가정을 인도하는 역할에 좌절감을 느낄 수 있습니다. 이는 남편이 더 이상 주도하려고 노력하지 않게 만들 수 있고, 결국 모든 결정의 책임은 아내에게 돌아가게 됩니다. 대부분의 남편은 갈등이나 논쟁을 피하고 싶어 합니다. 아내와 부딪히기보다는 이니기 원하는 대로 하게 두는 편을 선택합니다. 남편이 가정에서 리더십을 발휘하려 하지 않는다고 불평하기 전에, 아내는 자신의 마음을 주의 깊게 살펴보아야 합니다. 남편의 판단을 정말로 신뢰하고 있습니까? 그의 결정을 따를 준비가 되어 있습니까? 물론 남편이 리더십을 발휘하지 않는 것이 아내의 잘못 때문은 아닙니다. 그러나 이렇게 질문을 던지며 자신의 태도를 살펴보는 것은 아내의 몫입니다. 그렇다면 하나님을 신뢰함으로 남편에게 복종할 때 어떤 일이 일어날까요?

복종은 믿지 않는 남편의 회심을 촉진시킨다

믿지 않는 남편은 늘 아내를 주의 깊게 관찰합니다. 어떤 상황에서든지 아내가 말뿐만 아니라 선을 행하는 모습을 본다면, 남편은 점점 궁금해질 것입니다. 시간이 지나면서 남편은 아내의 행동이 하나님을 경외하는 믿음에서 비롯된 것임을 깨닫게 됩니다. 결국 아내의 복종은 믿지 않는 남편에게 선하신 하나님을 보여 주는 통로가 됩니다.

제 친구 부부는 한때 위기의 부부였습니다. 결혼 전 남편이 함께 교회에 나가기로 약속했지만, 결혼 후 그 약속을 지키지 않아 아내는 쓴 마음이 가득했습니다. 어려운 시간을 보내던 중 아내는 돕는 배필로서의 소명을 배우고, 모든 일에 남편을 중심에 두고 존경하고 복종하기로 결심했습니다. 그녀는 마음이 흔들릴 때마다 하나님의 도우심을 구하면서 자신의 역할을 성실히 감당하려 애썼습니다.

수년이 지난 어느 날, 남편은 주변 동료들의 가정이 대부분 깨어진 것을 보며, 자신을 기다려 준 아내를 돌아보게 되었습니다. 그때 그는 아내에게서 하나님의 사랑과 인내를 발견했고, 하나님의 은혜가 아니었다면 자신의 가정도 무너졌을 것이라 고백했습니다. 아내의 헌신적이고 꾸준한 복종과 존경은 남편의 마음을 하나님께로 이끌었습니다.

복종은 믿는 남편에게는 변화를 가져온다

하나님을 신뢰하는 아내의 복종은 남편이 리더십을 더 잘 발휘하도록 돕는 환경을 조성합니다. 남편이 인도하고 아내가 복종하는 하나님의 질서 속에 평안을 경험한 남편은 하나님이 요구하시는 남편의 역할을 더 열심히 감당하려는 마음을 갖게 됩니다.

실제로 제 주변의 자매들이 이렇게 고백하곤 합니다. "남편에게 순종하며 기다렸더니 남편이 자연스럽게 가정을 인도하기 시작했어요. 덕분에 집안에 질서가 생기고, 가족이 더 행복해졌습니다. 남편과의 관계도 훨씬 좋아졌어요." 아내가 남편을 직접적으로 변화시킬 수는 없지만, 변화의 도구가 될 수는 있습니다. 잔소리보다는 복종이 남편의 변화에 큰 영향을 끼칩니다.

복종은 아내의 내적 아름다움이 자라게 한다

세상은 외모를 기준으로 아름다움을 판단하지만, 성경은 복종으로 단장한 여자가 아름답다고 말합니다.

> 너희의 단장은 머리를 꾸미고 금을 차고 아름다운 옷을 입는 외모로 하지 말고 오직 마음에 숨은 사람을 온유하고 안정한 심령의 썩지 아니할 것으로 하라 이는 하나님 앞에 값진 것이니라 전에 하나님께

소망을 두었던 거룩한 부녀들도 이와 같이 자기 남편에게 순종함으로 자기를 단장하였나니 (벧전 3:3-5)

아내가 복종하는 것은 남편이 아닌, 그 명령을 주신 하나님께 하는 것입니다. 온 세상을 창조하시고 다스리시는 하나님을 신뢰하며 그분께 순종하는 여성은 하나님의 신실하심을 알기에 고요하고 안정된 심령을 갖게 됩니다. 이 믿음이 그녀를 더욱 아름답게 하며, 하나님 앞에 값진 여성으로 서게 합니다. 성경은 복종의 미덕을 영원하고도 참된 아름다움을 얻는 비결로 제시합니다.[4]

남편을 존경하기

세 번째로 아내의 역할은 존경입니다. 에베소서 5장 33절은 남편을 존경하라고 말합니다. 여기서 '존경'의 헬라어 포베오(phobeo)는 '경외하다, 두려워하다, 누군가를 특별하게 대하다'라는 의미를 담고 있습니다. 아내들이여, 이 정의대로 남편을 대합니까? 말과 행동에서 남편을 향한 존경심이 드러나고 있습니까?

한번은 형제들에게 물었습니다. "아내가 여러분을 '사랑한다'고 말하는 것과 '존경한다'고 말하는 것 중 어떤 말을 듣고 싶습니까?" 그때 모든 남성은 '존경'이라고 답했습니다. 불완전한 남편을 존경하는 일은 아내들에게는 가장 어려운 일이지만, 남편들에게는 가장 필요한 일입니다. 그런데 왜 이렇게 존경이 어려울까요? 우리는 보통 누군가를 존경하려면 그가 '존경받을 만한' 행동을 해야 한다고 생각합니다. 그러나 하나님이 남편들에게 아내를 사랑하라고 명령하셨을 때, 조건을 붙이지 않으셨습니다. 아내들은 항상 사랑받을 자격이 있습니까? 아내도 이기적인 죄인입니다. 조건을 따지기 시작하면 우리 중에 누가 사랑받을 자격이 있을까요? 아내는 남편의 약점을 가장 잘 아는 사람입니다. 그래서 남편을 가장 존경하지 않는 사람이 아내일 수 있습니다. 남편에게 가장 무례한 행동을 하는 사람도 아내일 수 있습니다.

남편을 존경하라는 말씀은 하나님이 남편을 존경이 필요한 존재로 만드셨다는 이야기입니다. 성경은 남편이 경건하거나 성숙할 때 존경하라고 하지 않습니다. 남편은 자신의 행위 때문이 아니라, 하나님이 가정의 머리로 세우신 지위 때문에 존경받아야 합니다(엡 5:23).

하나님은 남편들에게 목숨을 내어 줄 만큼 아내를 희생적으로 사랑하고 보호하며 공급하라고 명령하셨습니다. 또한 가정을 이끌 모든 책임을 부여하셨습니다. 남편이 이러한 역할을 하려면 아내의 격려와 지지, 감사와 존경이 필요합니다.

하지만 아내가 남편을 존경하기가 너무 어려워 존경을 표현하지 않는다면 어떻게 될까요? 남편에게 아내의 존경은 공기와 같습니다. 집 안에 공기가 없으면 남편은 숨 쉬기 힘듭니다. 만약 직장에서 더 많은 존경과 인정을 받는다면, 남편은 점점 가정에서는 마음을 닫고 존경받는 곳으로 향할 위험이 커집니다.

일반적으로 아내들은 남편이 충분한 사랑을 주지 않기 때문에 그를 존중하지 않게 됩니다. 남편도 아내가 자기를 무시하기에 더욱더 사랑을 주지 않습니다.[5]

이 감정은 말과 행동으로 나타납니다. 남편과 아내 둘 중 누군가는 이 악순환의 고리를 끊어야 합니다. 누가 해야 할까요? 조용히 주님께 여쭈십시오. 그리고 주님을 더 사랑하는 분이 먼저 하세요. 그렇다면 어떻게 해야 남편을 존경하는 일에서 자라 갈 수 있을까요?

남편을 첫 자리에 두기

먼저 하나님과의 관계 다음으로 남편을 첫 자리에 두십시오. 하나님은 세상을 창조하실 때 남편의 돕는 배필로 아내를 세우셨지, 자녀들의 엄마로 먼저 세우지 않으셨습니다. 물론 아이들을 돌보는 일은 중요합니다. 그러나 남편은 자녀보다 더 우선순위에 있어야 합니다. 아이들은 늘 손을 바쁘게 하지만, 남편이 퇴근할 때 온 가족이 함께 반갑게 맞아 주십시오. 식탁을 준비할 때도 아이의 반찬만이 아니라 남편을 위한 음식을 염두에 두십시오. 남편과 함께 시간을 보내기 위해 자녀를 일찍 잠자리에 들게 하는 것도 남편을 최고의 우선순위로 두는 방법입니다.

남편의 말에 귀를 기울이기

아침에 남편이 출근하며 "오늘 책 좀 주문해 줘요. 면도기를 하나

사야 하는데 찾아봐 줘요. ○○에게 연락 부탁해요"라고 말한다면, 저는 그 말을 잊지 않고 최선을 다해 필요를 채워 주려고 합니다. 때로 제가 읽는 책에서 남편의 설교 준비에 도움이 될 만한 내용을 발견하면 그 책을 남편에게 건넵니다. 남편의 필요는 각기 다를 수 있습니다. 가정이나 교회, 직장에서 도움이 필요한 것을 물어보고 도와주십시오. 그러면 남편은 자신이 존중받고 있다고 느낄 것입니다. 이런 작은 살핌이 부부 사이를 더욱 돈독하게 만듭니다.

다른 사람 앞에서 남편을 존중하기

다른 사람 앞에서 남편을 무시하거나 그의 결정을 불신하는 모습을 보이면 남편은 상처를 매우 깊게 받을 수 있습니다. 아내는 농담으로 무심코 말할 수 있지만, 남편은 굴욕감과 열등감을 느낄 수 있습니다. 남편은 아내가 다른 사람들과 함께 있을 때 자신의 편이 되어 주기를 기대합니다. 아내가 남편을 세워 주고 칭찬해 주면, 남편은 자신이 존경받고 있다는 느낌을 받고 아내에게 더욱 감사하게 됩니다.

남편을 격려하기

저는 사이가 좋지 않은 부모님 아래서 자라며 더 나은 결혼 생활을 소망했습니다. 결혼 후 『준비된 결혼, 준비된 배우자』라는 책을 통해 격려의 중요성에 대해 배웠습니다. 남편을 격려하고 싶은데 처음에는 입이 떨어지지 않았습니다. 그때 저에게 격려의 근육이 없다는 것을 깨닫고 하루에 한 번은 남편을 격려하기로 목표를 정하고 기도하기 시작했습니다. "하나님, 매일 격려하는 것을 잊지 않게 해주시고, 격려할 영역을 보게 해주시고 격려할 말을 가르쳐 주십시오." 이렇게 기도하며 실천했습니다. 3년이 지난 어느 날, 남편은 제가 매일 의도적으로 자신을 격려하고 있음을 발견했습니다. 그때부터 부메랑처럼 격려가 저에게 돌아오기 시작했습니다. 이제는 역전되었습니다.

게리 토마스는 배우자의 약점에 집착하는 우리의 본성과 싸우고, 감사할 것에 집중하라고 권합니다. 약점을 다룰 수 있을 때가 오는데, 그 일은 우리가 사랑과 격려의 기초를 든든히 놓은 후에야 가능하다고 말합니다.[6]

남편은 약점을 가진 죄인이지만, 아내가 남편에게 감사를 표현하는 것에 집중한다면 그것이 최고의 격려가 되어 남편의 약점도 돕게 됩니다. 지혜로운 여인은 자기 집을 세우지만, 미련한 여인은 자신의 손으로 자신의 집을 무너뜨립니다(잠 14:1). 아내는 남편을 세울 수도 있고 무너뜨릴 수도 있습니다.

아내의 존경은 남편의 모든 분야에 긍정적인 영향을 끼치고 그들을 세웁니다. 남편을 존경하지 않으면, 남편은 아내를 기쁘게 섬기려는 마음을 잃게 될 수 있습니다.

남편을 존경하는 일은 남편만을 위한 것이 아니라 아내 자신을 위해서도 필요합니다. 남편을 존경하는 것은 가정을 강건하게 만들고 하나님께 영광을 돌리는 방법입니다.

복음을 빛나게 하는 아내

우연히 참석한 콘퍼런스에서 아내의 역할을 배우기 시작한 지 어느덧 21년이 흘렀습니다. 남편을 돕는 배필로서, 사랑하고 복종하며 존경하라는 부르심을 깨닫고 실천하는 데는 많은 시간이 필요했습니다. 작심삼일로 흔들릴 때도 많았고, 넘어지고 쓰러지는 순간도 많았지만, 그 모든 여정 속에서 주님의 은혜로 조금씩 성장할 수 있었습니다.

현대를 살아가는 여성들은 고귀한 아내의 부르심을 배우기에는 더욱 쉽지 않은 문화 속에 놓여 있습니다. 그러나 그리스도께서 세상을 이기셨고 그분의 영이 우리와 함께하시기에 우리는 이 길을 걸을 수 있습니다. 돕는 배필로서 아내의 역할은 예수 그리스도와의 관계와 밀접하게 연관이 있습니다. 아내가 주께 하듯 남편에게 복종하는 것은 신랑 되신 예수 그리스도께 복종하는 것과 같습니다. 아내는 그리스도 안에 머물며, 그분이 자신의 전부를 우리에게 내어 주시고 베푸신 사랑을 매일 누립니다. 그리고 그 사랑 안에서 남편을 사랑하는 법을 배워 갑니다(요 15:5).

그리스도께서 이 땅에 오셨을 때, 자신의 뜻이 아닌 하나님의 뜻을 따르며 기뻐하셨습니다. 그분은 죽기까지 복종하셨고, 그 순종으로 믿는 자들에게 구원의 선물을 주셨습니다. 아내는 이 순종을 깊이 이해하며, 그리스도를 신뢰하는 마음으로 남편에게 복종하는 법을 배웁니다(빌 2:8). 또한 그리스도께서 자신을 신부로 삼으시고 보배롭게 여기며 존중해 주신다는 것을 알아 갈수록, 남편을 더욱 존경하는 법을 배우며 자라 갑니다.

결국 예수 그리스도를 알고 그분이 나를 위해 행하신 일들을 기억할 때, 남편을 사랑하고 복종하며 존경하는 아내의 역할을 감당하는 것이 기쁨이 됩니다. 복음의 능력이 아내를 통해 빛나며, 가정 안에서 질서를 이루고 아내의 역할을 온전히 이룰 수 있게 하기 때문입니다. 이 길이 쉽지 않지만, 신실하게 이 부르심을 감당할 때 아내들은 그들을 변화시키신 주님께 영광을 돌릴 수 있습니다. 복음을 빛나게 하는 아내로 살아갈 수 있음이 얼마나 감사한지요!

- 돕는 배필로서 아내의 역할은 하나님을 닮은 영예로운 일이다.
- 아내를 향한 부르심인 사랑, 복종, 존경은 그리스도와의 관계와 깊은 연관이 있다.
- 복음의 은혜를 기억할 때, 아내는 남편을 사랑하고 복종하며 존경하라는 부르심을 기쁨으로 감당할 수 있다.

나눔과 적용을 위한 질문

1. 어렸을 때 당신의 장래 희망은 무엇이었나요? 그 꿈이 이루어졌나요? 지금 당신의 자리에 만족하나요?

2. 하나님은 여자를 돕는 배필로 창조하셨습니다(창 2:18). 구약 성경에 나타난 '돕는 자(에제르)' 하나님의 모습을 묵상해 보세요. 하나님이 여자들에게 기대하시는 '돕는 자'는 어떤 모습일까요?

3. 디도서 2장은 남편을 사랑하는 일에 조건이 없다고 말합니다. 남편을 사랑하기 어려운 시기에 남편에게 조건 없는 사랑을 보여 주기 위해 아내가 할 수 있는 일은 무엇인가요? 이번 장의 내용에서 답을 찾아보세요.

4. 이제까지 우리가 가졌던 복종에 대한 오해는 무엇이었습니까? 남편에게 복종하는 것에 자라 가기 위해 어떤 변화가 필요할까요? 성령님께 진지하게 묻고 이야기해 주세요.

5. 성경은 돕는 배필로서 아내의 역할을 사랑, 복종, 존경, 이 세 단어로 말합니다. 이 세 가지 중에서 아내인 내가 가장 잘하고 있는 것은 무엇이고 자라야 할 것은 무엇입니까? 남편에게도 동일한 질문을 해보세요.

복음이 빛나는 부부의 기도

하나님, 저를 여자로 창조하시고, 돕는 자로 불러 주셔서 감사합니다. 아내를 향한 부르심대로 남편을 사랑하고 그를 존경하며 그에게 복종하며 격려하는 삶을 살아가게 해주세요. 이 모든 일들이 복음 때문임을 기억하게 하시고, 복음의 빛을 비추는 아내로 살도록 도와주세요. 예수님의 이름으로 기도드립니다. 아멘.

5장

하나님 나라를 세우는 결혼

빌 게이츠는 자신의 블로그에 〈세계에서 가장 위험한 동물〉이라는 글을 공개했습니다. 이 글은 인간의 목숨을 가장 많이 빼앗는 동물을 순위별로 다루고 있습니다. 일반적으로 사람들은 가장 위험한 동물은 크고 무서운 사자나 악어라고 생각하지만, 실제 통계는 다릅니다. 사자는 매년 100명 정도 사람의 생명을 빼앗고 악어는 약 1,000명의 생명을 해롭게 합니다. 오히려 개가 4위로 2만 5천 명이고, 뱀이 3위로 5만 명의 생명을 죽인다고 합니다. 2위는 다소 충격적이게도 사람입니다. 전쟁과 살인 등으로 매년 약 47만 5천 명이 인간에 의해 목숨을 잃습니다. 그렇다면 지구상에서 인간의 생명을 가장 많이 위협하는 것은 무엇일까요? 바로 모기입니다. 모기는 말라리아와 같은 치명적인 질병을 옮기며 매년 약 72만 5천 명을 죽인다고 합니다. 빌 게이츠 보고서는 이 작은 모기가 인류의 절반을 위협하고 사람들의 생명을 빼앗는 동물이라고 발표했습니다.[1]

그리스도인의 결혼은 하나님 나라를 세우는 현장입니다. 그러나 이 현장을 위협하는 것이 있습니다. 작은 모기가 인간을 위협하는 것과는 비교할 수 없을 정도로, 우리의 삶을 어지럽히고 행복을 빼앗는 괴물이 있습니다. 바로, 바쁨입니다. 마치 작은 모기가 사람을 물어 생명을 위협하듯이, 바쁨이 왜 결혼을 혼란하게 하는지 먼저 살피겠습니다. 그리고 이어서 결혼의 목적은 자아 만족과 성공이 아니라 하나님 나라를 세우는 현장임을 나누고자 합니다. 마지막으로 하나님 사랑과 이웃 사랑으로 하나님 나라를 세우는 전략을 살피겠습니다.

바쁨의 위험성

바쁨은 기쁨을 빼앗아 간다

한국은 '빨리빨리 문화'가 깊게 자리 잡은 나라입니다. 1950년 한국 전쟁 이후 가난한 나라에서 경제 대국으로 급속히 발전하면서, '빨리빨리'는 국민의 생활 방식이 되었습니다. 한국 사람들은 유치원생부터 성인까지 대부분 바쁘게 살아갑니다. 어린이들은 유치원을 다니면서 미술, 태권도 등 여러 활동을 병행합니다. 초등학생들은 학교 수업을 마치면 수학과 영어 학원 등으로 바쁘게 지냅니다. 중고등학생은 어떻습니까? 대학 입시를 위해서 아침부터 밤늦은 시간까지 빽빽한 학업 스케줄에 시달립니다. 성인이 되면 직장에서 과도한 업무와 씨름하며 가족과 함께할 시간이 부족합니다.

이처럼 바쁜 일상은 사람들을 피로하게 만들고 삶의 기쁨을 빼앗아 갑니다. 디지털 기술의 발전은 우리를 더욱 바쁘게 합니다. 아이폰이 세상에 출시된 이후 페이스북, 유튜브, 인스타그램 같은 혁신적인 기술이 일상의 삶에 밀려왔습니다. 20년도 채 안 되는 짧은 세월에 문화는 급격히 변화했습니다. 버스나 지하철을 타 보면 대부분의 사람이 스마트폰을 손에 들고 있습니다. 손가락 몇 번의 터치로 뉴스를 확인하고 온라인 게임을 하고 스포츠와 영화를 봅니다. 스마트폰으로 원하는 옷을 구매하고 은행 업무를 보고 주식 투자를 합니다. 지구 반대편의 친구에게 편지를 보내고 영상 통화를 합니다. 사람들은 하루 종일 손에서 이 신기한 기계를 붙잡고는 항상 바쁩니다. 디지털 혁명 기술로 우리는 너무도 편리해졌고 빨라졌지만, 이 바쁨은 일상의 기쁨을 빼앗아 가고 스트레스를 받게 합니다.

많은 심리학자와 전문가는 '조급증'과 '바쁨'이 현대인의 질병이라고 지적합니다. 조급증은 '계속해서 급하게 뛰어다니고 불안해하는 행동 패턴'입니다. 조급하고 정신없이 바쁘면 사람의 마음은 불안해지고 쉽게 분노하고 짜증을 냅니다. 바쁨은 삶의 기쁨을 삼키는 괴물입니다. 그러므로 우리는 바쁨을 내버려두지 말고 싸워야 합니다. 우리를 분주하게 하는 습관들과 맞서 싸워서 마음의 기쁨을 회복해야 합니다.

바쁨은 마음의 부패를 감춘다

오늘날 세상은 소비주의 시대입니다. 과거에는 신문 몇 가지를 보았지만, 지금은 수십 종의 인터넷 신문을 봅니다. 예전에는 KBS, MBC 공영 방송을 보았지만 지금은 YTN, JTBC, 스포츠, 영화, 홈

쇼핑 등 수백 종류의 채널을 보며 소비합니다. 또한 소유의 시대입니다. 과거 부모 세대가 중고등학생일 때 가방 속 소지품은 교과서, 노트, 볼펜이 전부였습니다. 지금 중고등학생의 가방에는 무엇이 있을까요? 교과서와 노트, 볼펜뿐 아니라 태블릿 PC와 스마트폰이 있습니다. 그리고 이메일, 카카오톡, 인스타그램 계정이 있습니다. 학생들은 공부와 학원으로도 바쁘지만 SNS 계정을 관리하기 위해서도 정말 바쁩니다. 물건을 소유하는 것은 비난받을 일이 아닙니다. 문제는 소유한 것을 관리할 일이 많아졌고 더욱 바빠졌다는 것입니다.

지구상에서 가장 스트레스를 많이 받는 나라는 가장 풍요로운 국가, 미국이라고 합니다. 그 이유는 많이 소유했기 때문입니다. 그들은 큰 집과 여러 대의 차를 소유합니다. 캠핑 장비와 보트와 별장을 소유하고, 2년마다 바뀌는 아이패드와 새 컴퓨터를 소유합니다. 그들은 소유를 유지하고 관리하기 위해 분주합니다. 이 많은 소유물은 염려와 스트레스를 증가시키고, 중요한 일을 방해하며 사람의 마음을 빼앗아 갑니다.

성도들이 이 '바쁨의 괴물'에 사로잡히면 주일 말씀을 차분히 묵상할 시간조차 갖기 어렵습니다. 바쁨으로 인해 염려의 가시가 마음을 찌르면 성도들은 어떻게 살아야 하는지 조용히 생각할 시간도 없이 혼란스러워집니다. 중요한 일은 하지 않고 바쁘기만 한 것은 위험합니다. 사람들이 '나는 이 정도로 바쁜 사람이니 가치 있는 사람이야'

라며 안정감을 느낀다는 뜻은 자기 마음의 부패를 숨기고 있는 것입니다. 케빈 드영은 이렇게 말합니다.

> 우리의 삶이 극도로 바쁘다는 것은 우리에게 더 큰 문제가 있음을 나타내는 것일 수 있다. 자꾸만 사람을 기쁘게 하려는 마음, 끊임없는 야망, 삶이 무의미해질까 봐 생기는 불안감 등과 같은 문제들 말이다. 당신의 삶이 바쁘다는 것이 곧 당신이 신실하며 열매 맺는 삶을 사는 그리스도인이라는 뜻은 아니다. 그것은 단지 당신이 바쁘다는 뜻이다. 또한 다른 사람과 마찬가지로 당신의 기쁨, 당신의 마음과 영혼이 위험에 처해 있다는 뜻이다. ⋯ 지나친 일정으로 병든 우리의 영혼을 치유해 줄 수 있는 성경적 지혜가 필요하다.[2]

바쁨은 관계를 깨뜨린다

바쁨은 기쁨을 빼앗아 가고 마음의 부패를 숨깁니다. 바쁨은 소중한 관계를 깨뜨립니다. 바쁜 삶 때문에 사랑하는 가족들과 친밀한 대화를 나누지 못하고, 이웃과도 깊은 관계를 나누지 못합니다. 손가락을 분주히 움직이며 스마트폰을 사용하지만, 정작 서로를 위로하고 격려하는 따뜻한 손길은 없습니다.

쉴 새 없이 정보를 내려받지만 식탁에 함께 앉은 가족들과 마음 깊은 대화는 주고받지 못합니다. 인스타그램이나 페이스북에서 '좋아요', '최고예요' 같은 반응은 늘어나지만, 정작 내 마음의 아픔을 아는 사람은 거의 없습니다.

더욱 심각한 문제는 이 바쁨의 괴물 때문에 자신의 영혼이 얼마나 병들었는지를 돌아볼 여유가 없다는 것입니다. 바쁨의 병이 심하면 하나님과의 관계가 얼마나 망가졌는지 알 수 없습니다. 이처럼 바쁨의 괴물은 소중한 관계를 파괴하는 무서운 힘을 가지고 있습니다. 웨인 멀러는 이렇게 말합니다.

성공적인 바쁜 삶은 폭력적인 일이 되어 버렸다. 이제 우리는 자신의 몸과 전쟁을 벌여 몸을 한계까지 밀어붙인다. 자녀와도 전쟁을 벌인다. 자녀가 상처를 입고 두려움에 떨어도 그들과 함께할 시간을 내지 못한다. 자신의 영혼과도 전쟁을 벌인다. 엉뚱한 것들에 정신이 팔려서 영혼을 살찌우고 회복시키라는 작은 음성에 귀를 기울이지 못한다. 몸담은 공동체와도 전쟁을 벌인다. 두려움 때문에 가진 것을 움켜잡고 친절히 베풀 만큼 안전을 느끼지 못한다. 이 땅과도 전쟁을 벌인다. 땅을 밟고 거기서 힘을 얻고 땅이 주는 복들을 맛보며 감사할 시간을 내지 못한다.[3]

바쁨은 우리를 고통스럽게 하는 괴물입니다. 이 괴물이 우리를 사로잡으면 의욕을 잃고 기쁨을 빼앗깁니다. 우리의 마음은 세상의 소유와 욕심으로 가득 차 염려가 늘어 가며 더욱 바빠지고, 결국 마음과 영혼이 망가집니다. 바쁨이 우리를 사로잡으면 하나님이 누구신지 깊이 생각하지 못하고, 하나님의 말씀이 마음속에 뿌리내리지 못해 열매를 맺기도 어렵습니다.

한 남자의 바쁨은 한 사람만의 고통이 아닙니다. 그가 한 가정의 남편이고 아버지라면, 그 가정은 바쁨의 괴물로 인해 신음합니다. 넓은 집과 물질적 풍요가 삶을 조금은 윤택하게 만들 수 있지만, 가족 간의 대화가 사라지고 관계가 삐걱거리기 시작합니다.

바쁜 부모 세대로 인해 다음 세대는 그리스도의 복음을 알지 못합니다. 분주한 성도들이 모인 교회는 비틀거리고 허약합니다. 교회는 세상에 하나님 나라를 세우려고 구호를 외치지만, 균형을 잃은 모습입니다. 작은 모기가 인간을 위협하는 것처럼 바쁨이라는 괴물은 우리의 일상과 영적 삶을 위협하는 위험한 적입니다.

결혼, 하나님 나라를 세우는 현장

결혼의 목적은 자아 만족과 성공이 아니라 하나님 나라를 세우는 현장입니다. 통계청이 2024년에 발표한 결혼 인식 조사에 따르면[4] '결혼을 해야 한다'고 응답한 비율이 48%였으며, '결혼을 해도 좋고 하지 않아도 좋다'고 답한 비율은 45%로 나타났습니다. 남성의 60%는 결혼을 필수로 여기지만, 여성은 55%가 결혼을 선택으로 보고 있습니다. 60대 이상은 70%가 결혼을 필수, 40대 이하는 과반이 결혼을 선택으로 봅니다.

주로 여성과 젊은 세대는 결혼이 선택이라는 인식이 주를 이룹니다. 특히 30대 여성의 63%는 '결혼을 해도 좋고 하지 않아도 된다'는 입장이 강한 편이었습니다. 미혼 응답자에게 결혼을 하지 않은 이유를 물었을 때, 가장 중요한 두 가지 이유로 '경제적으로 여유가 없기 때문에'(49%)와 '적당한 상대를 아직 만나지 못했기 때문에'(41%)라고 답했습니다.

이 조사 결과는 현대 사회에서 개인의 행복을 위해 결혼을 선택할 수 있다는 인식을 보여 줍니다. 특히 젊은 세대는 경제적 안정을 이루지 못하고 자신을 행복하게 해줄 사람이 없다면 결혼을 하지 않을 수 있다고 말합니다. 물론 결혼 안에서 행복과 만족을 추구하는 것은 잘못된 일이 아닙니다. 그러나 그리스도 안에서 결혼을 바라보는 성도에게 '개인의 행복'이라는 목표는 너무 '작은 목표'입니다.

결혼은 하나님이 만드셨습니다. 1장에서 살펴본 것처럼 하나님이 세우신 결혼의 목적은 두 사람이 한 몸 되어 하나님의 영광을 나타내고, 하나님 나라를 함께 섬기는 것입니다. 결혼은 하나님의 영광을 나타내고 하나님 나라를 섬기는 현장입니다. 바울은 결혼이 그리스도와 교회의 언약을 세상에 나타내는 비밀이라고 합니다(엡 5:32). 그리스도인의 결혼은 그리스도의 사랑의 비밀을 날마다 생생하게 보여 주는 현장입니다.

하나님은 복음을 통해 우리를 구원하시고 두 사람을 결혼으로 한 몸 되게 하셨습니다. 그리스도를 사랑하는 남자와 여자가 세상 사람들이 추구하는 자기 행복의 면류관을 쌓아 가는 것은 너무 작은 목표입니다. 세상의 드라마나 문화가 말하는 결혼을 따라 사는 것은 하나님이 주신 결혼의 비전을 무시하고 우왕좌왕하는 가볍고 초라한 삶입니다. 우리는 그리스도의 보혈로 구원받은 자녀입니다. 우리의 결혼은 하나님의 영광을 세상에 나타내고 그 나라를 위해 섬기는 현장이어야 합니다.

한 사람이 여러 개의 저글링 공을 던지고 있다고 생각해 보십시오. 하나는 직장의 공이고, 다른 공은 가정에서 남편이나 아내로서의 공, 아버지나 어머니로서의 공, 그리고 교회에서 섬기는 공입니다. 그는 4개의 공을 쉴 새 없이 분주하게 돌립니다. 이 사람은 모든 공을 안전하고 조화롭게 던질 수 있을까요? 아니면, 어떤 공은 실패해도 괜찮을까요? 한 율법사와 예수님의 대화에서 그 답을 찾아보겠습니다.

> 선생님 율법 중에서 어느 계명이 크니이까 예수께서 이르시되 네 마음을 다하고 목숨을 다하고 뜻을 다하여 주 너의 하나님을 사랑하라 하셨으니 이것이 크고 첫째 되는 계명이요 둘째도 그와 같으니 네 이웃을 네 자신같이 사랑하라 하셨으니 이 두 계명이 온 율법과 선지자의 강령이니라 (마 22:36-40)

예수님은 구약의 말씀에서 가장 중요한 계명, 두 가지를 가르쳐 주셨습니다. "하나님을 온 힘과 뜻을 다해 사랑하고 그와 같이 동일하게 이웃을 사랑하라." 예수님은 하나님만 사랑하고 가까운 이웃, 배우자와 자녀들이나 교회 친구들, 직장 동료들을 사랑하는 것은 포기해도 된다고 말씀하지 않으셨습니다.

역사 속에서 훌륭한 업적을 남긴 인물, 몇 사람을 소개합니다. 계몽주의 사상가이고 사회학자인 루소(1712-1778)는 모유 수유와 유아 교육 이론을 창시한 교육학자입니다. 그러나 루소는 5명의 자녀를 모두 고아원에 보낸 비정한 아버지였습니다. 양육할 돈이 없었는지, 공부에 방해가 되어서였는지 알 수 없지만 자녀를 버린 잔인한 아버지였습니다.

『노인과 바다』, 『무기여 잘 있거라』, 『누구를 위하여 종은 울리나』 등의 작품을 쓴 어니스트 헤밍웨이(1899-1961)는 노벨 문학상을 받은 위대한 작가이지만 가정은 비참했습니다. 그는 4번 결혼했고 3명의 자녀가 있었습니다. 둘째 아들 그레고리 헤밍웨이는 4번 결혼하고 이혼한 뒤 성전환 수술을 했고 아버지의 사랑을 받지 못한 결핍을 고백했습니다. 그는 61세에 스스로 목숨을 끊었습니다.

영국 수상을 2번 지내고 노벨 문학상을 수상하였으며 세계 제2차 대전에서 영국을 승리로 이끈 윈스턴 처칠(1874-1965)의 가정사도 비극적입니다. 처칠은 아내 클레멘타인 여사와 사이가 좋지 않았습니다. 처칠의 장남 랜돌프는 낭비가 심했고 폭음과 폭식을 일삼다 이혼하고 알코올 중독으로 사망했습니다. 딸 다이애나는 자살했고, 딸 사라도 이혼 후에 알코올 중독으로 사망했습니다.

이들은 모두 문학과 세계사에 이름을 남긴 위대한 인물입니다. 그러나 그들의 소중한 가족과의 관계는 깨어졌습니다. 그들의 작품과 업적은 최고의 찬사를 받았지만, 그들의 가족은 비참한 비극을 당했습니다.

하나님 자녀로서의 첫 번째 임무는 온 마음과 힘을 다해 하나님을 사랑하는 것입니다. 두 번째 임무는 가정, 교회, 일터에서 만나는 이웃을 온 힘을 다해 사랑하는 것입니다.

우리는 일생을 하나님과 교제하며 사랑해야 하고, 하나님이 우리에게 맡겨 주신 세 가지 영역(가정, 교회, 일터)에서 이웃을 사랑해야 합니다. 가정에서는 하나님의 자녀로서 첫 번째 이웃인 배우자와 자녀를 사랑해야 합니다. 교회에서는 한 형제요 자매인 그리스도인을 사랑해야 합니다. 일터에서는 동료 이웃을 사랑해야 합니다.

하나님은 우리에게 불가능한 임무를 맡기시고 골탕 먹이는 잔인한 분이 아니십니다. 하나님은 우리에게 이웃을 내 몸처럼 사랑하라는 최고의 사명을 주셨습니다. 복음을 경험한 성도는 날마다 왕이신 하나님과 사랑을 경험하면서, 이 사랑을 가정과 교회와 일터에 흘려보냅니다. 우리가 살아가는 세 영역인 가정, 교회, 일터는 죄가 넘치고 갈등과 경쟁으로 신음하는 현장입니다. 그 현장에서 우리가 사랑으로 섬길 때, 하나님이 다스리시는 나라가 세워집니다.

세상 사람과 그리스도인은 모두 다 저글링 공을 던지며 살아갑니다. 세상 사람들도 가정과 일터에서 바쁘게 저글링 공을 돌립니다. 그러나 그들은 하나님을 믿지 않고 하나님을 주인으로 섬기지도 않습니다. 그들은 행복과 성공을 추구하며 저글링 공을 바쁘게 돌립니다. 높은 연봉을 받고 진급을 하는 더 나은 윤택한 삶을 위해 분주합니다. 자녀들을 좋은 학교에 보내고 집을 넓히는 일을 위하여 바쁘게 살아갑니다. 그러나 그리스도인은 다릅니다. 우리는 인생을 내 마음대로 살지 않고 왕이신 하나님의 말씀을 따라 살아갑니다.

우리가 공을 저글링하는 목표는 세상과 다릅니다. 그리스도인은 자기 행복과 만족 정도의 작은 목표가 아니라 하나님 나라를 위해서 살아갑니다. 그리스도인은 일생 하나님과 사랑의 교제를 경험하면서 왕이 맡기신 가정, 교회, 일터에서 말씀의 원리를 따라 하나님 나라를 함께 세워 갑니다.

하나님 나라를 세우는 전략

두 나라 시민으로 살기

예레미야는 바벨론에 포로로 잡혀간 백성에게 이렇게 말합니다.

만군의 여호와 이스라엘의 하나님께서 예루살렘에서 바벨론으로 사로잡혀 가게 한 모든 포로에게 이와 같이 말씀하시니라 너희는 집을 짓고 거기에 살며 텃밭을 만들고 그 열매를 먹으라 아내를 맞이하여 자녀를 낳으며 너희 아들이 아내를 맞이하며 너희 딸이 남편을 맞아 그들로 자녀를 낳게 하여 너희가 거기에서 번성하고 줄어들지 아니하게 하라 너희는 내가 사로잡혀 가게 한 그 성읍의 평안을 구하고 그를 위하여 여호와께 기도하라 이는 그 성읍이 평안함으로 너희도 평안할 것임이라 (렘 29:4-7)

이스라엘 백성은 바벨론에서 두 가지 정체성으로 살았습니다. 그들은 하나님의 언약 백성인 동시에, 바벨론 나라의 식민지 백성이었습니다. 하나님은 두 나라 시민으로 사는 이스라엘에게 인생의 전략을 말씀하십니다. 이스라엘의 한 젊은이가 바벨론에서 포로로 살아간다고 생각해 보십시오. 그가 바벨론에서 하나님의 언약 백성으로 사는 전략은 첫째, 가정을 이루고 자식을 낳아 견고한 가정을 세우고 번성하며 사는 것입니다. 둘째, 바벨론 땅에서 열심히 일하고 텃밭을 만들고 노동의 열매를 맺는 것입니다. 셋째, 바벨론 성읍의 평안을 하나님께 구하며 살아가는 것입니다.

바벨론에서 포로로 사는 이스라엘은 하나님이 예레미야에게 말씀하신 대로 70년의 포로 생활이 끝나면 예루살렘으로 돌아갈 것입니다. 이스라엘 백성은 이 약속의 말씀을 신뢰함으로 하나님이 주신 전략대로 바벨론 땅에서 가정과 일터에서 온 힘을 다해 살아야 합니다. 또한 하나님의 언약 공동체로 함께 모여 말씀을 배우고 하나님께 기도하며 바벨론 성읍의 평안을 구하며 살아야 합니다.

그리스도인은 두 나라 시민으로 살아갑니다. 우리는 복음의 언약으로 하나님의 자녀라는 신분과 한국 정부의 시민으로 살아갑니다. 바울은 "그가 우리를 흑암의 권세에서 건져 내사 그의 사랑의 아들의 나라로 옮기셨으니"(골 1:13)라고 합니다. 예수님은 십자가에서 흑암의 권세를 깨뜨려 우리를 구원하시고 의의 옷을 입혀 하나님 나라에 옮겨 살게 하셨습니다. 우리의 왕은 예수님이시고 우리는 그분의 백성입니다. 하나님 나라는 이미 시작되었습니다. 그러나 아직 완성된 것은 아닙니다. 하나님 나라는 예수님이 재림하실 때 완성됩니다. 그리스도인은 왕이신 예수님의 통치 아래에서 인생의 네 가지 영역에서 살아가는 하나님 자녀입니다. 그리스도인은 맡기신 영역-개인, 가정, 교회, 일터-에서 말씀에 순종함으로 하나님 나라를 세워야 합니다. 이것을 더 자세히 살펴보겠습니다.

개인

사람은 아기로 태어나 부모의 양육을 받으며 성장합니다. 그는 청년이 되면 결혼하여 배우자와 함께 가정을 이룹니다. 그는 가정에서 부모의 역할을 맡아 다음 세대 자녀를 양육하고 말씀으로 제자 삼는 사명을 감당합니다. 또한 가정에서 하나님 말씀을 가르치고 복음의 열매를 맺으며, 직장과 교회에서 이웃을 섬기며 성장합니다. 그가 살아가는 모든 삶은 하나님 나라를 세우는 현장입니다.

그러므로 부모는 어릴 때부터 자녀에게 하나님이 누구신지와 예수 그리스도의 복음을 가르쳐야 합니다. 어린 시절은 하나님 말씀의 소중함을 알아 가는 시간입니다. 청소년기에는 하나님 중심의 세계관을 배우고 세상을 섬기는 사람으로 훈련받습니다. 자녀들은 부모에게 순종하며 왕이신 예수 그리스도께 순종하는 제자로 성장합니다.

부모는 하나님의 말씀이 세상의 그 어떤 세계관보다 가장 중요한 진리인 것을 자녀에게 알려 주어야 합니다. 하나님의 말씀이 진리라고 말하면서 학교 공부보다 덜 중요하게 여기지 말아야 합니다. 말이 아니라 부모의 삶이 모델이 되어 가르쳐야 합니다.

가정

하나님의 말씀이 진리인 것을 부모의 삶을 통해 배운 자녀들은 부모를 떠나 결혼하고 새로운 가정을 이룹니다. 그들은 한 번도 경험해 본 적 없는 남편과 아내의 역할을 행합니다. 남편은 왕이신 그리스도께서 주신 가정의 머리 됨과 인도자의 역할을 배우며 가족들을 위해 공급하고 보호하고 사랑하는 역할에 순종합니다. 아내는 왕이신 그리스도께 순종하며 남편을 존경하고 순종하며 돕는 배필의 역할을 감당합니다.

남자와 여자는 한 번도 경험해 본 적 없는 아버지와 어머니로서의 삶, 하나님이 맡기신 부르심을 따라 가정을 하나님 나라로 세워 갑니다. 때로는 부모로 불러 주신 영광스러운 부르심을 경험하며 성장해 갑니다. 그들은 남편과 아내의 역할, 아버지와 어머니의 역할에 순종하면서 자신들이 죄인이라는 사실을 깊이 발견합니다. 자신들의 힘과 노력으로는 배우자와 자녀를 변화시킬 수 없는 연약한 죄인인 것을 깨닫게 됩니다.

남자와 여자는 가정의 주인이신 그리스도와 사랑의 교제를 경험하며 죄 사함과 의롭게 됨의 복음을 적용하며, 마음의 우상을 제거하고 주님을 닮아 갑니다.

작고 하찮아 보이는 모든 일, 밥하고 빨래하고 아이를 가르치고 훈육하고 대화하는 일 등은 하나님 나라를 위한 소중한 일이고 그 어떤 일보다 위대하다는 사실을 기억해야 합니다. 가정을 섬기는 영광스러운 책임인 남편과 아내로의 부르심, 부모로의 부르심에 순종하지 않고, 다른 데 마음을 빼앗기는 것을 조심해야 합니다. 남자들은 직장과 물질에 마음을 빼앗기고, 여자들은 자녀나 다른 우상에 마음을 빼앗기는 것을 조심해야 합니다.

만일 가정을 섬기는 역할에 충실하지 못하면 어떻게 될까요? 그리스도께서 왕으로 다스리는 가정의 영역에서 '삐그덕!' 갈등이 생깁니다. 가정 안에 복음의 빛은 희미해집니다. 하나님의 미래인 다음 세대를 말씀으로 준비시키지 못하면 '삐그덕!' 소동이 일어납니다.
주인이신 그리스도께 순종하지 않은 사람이 교회 안에서 중요한 리더가 되면, 다른 가정을 복음으로 양육하기 어렵습니다. 그 결과 교회는 가정을 어떻게 하나님 나라로 세우는지 알지 못하고 많은 가정이 '삐그덕!' 혼란을 경험하게 됩니다. 예수님은 말씀하셨습니다.

너희는 세상의 빛이라 … 너희 빛이 사람 앞에 비치게 하여 그들로 너희 착한 행실을 보고 하늘에 계신 너희 아버지께 영광을 돌리게 하라 (마 5:14, 16)

그리스도인의 결혼은 복음의 빛을 사람 앞에 비추는 현장입니다.

한 가정이 예수 그리스도의 복음을 적용하는 "착한 행실"은 세상 사람들에게 복음의 빛을 비추는 것입니다. 바벨론에서 포로로 살아가는 이스라엘 가정이 하나님의 말씀을 따라 빛을 비출 때, 바벨론 성읍에 평안이 임합니다.

만일 교회와 성도의 가정이 복음의 빛을 비추지 못하고, 삐그덕거리는 소리를 낸다면 세상은 하나님의 영광을 볼 수 없습니다. 그러므로 부부가 행하는 모든 일은 작은 일조차 하나님 나라의 빛을 밝히는 아름다운 행실입니다.

교회

하나님이 맡기신 남편과 아내의 역할, 부모의 역할을 성실히 감당한 삶의 열매는 주님께 순종한 열매입니다. 이 열매는 단지 한 가정만의 행복이 아닙니다. 그 사람이 속한 교회 공동체에 선한 영향력을 미칩니다.

교회 안에는 복음을 믿어 구원받은 성도들과 젊은이들이 있습니다. 그들은 복음을 적용하는 실제의 삶이 어떤 모습인지 궁금해합니다. 많은 성도가 가정에서 남편과 아내의 역할, 부모의 역할을 감당하며 숱한 죄와 싸우다가 때로는 낙심합니다.

그들은 가정과 결혼 안에 밀려오는 갈등과 골짜기를 어떻게 복음으로 이겨 내는지 배우고 싶어 합니다. 이때, 복음을 적용하며 착한 행실의 열매를 맺은 한 가정의 행복은 교회에 선한 본보기가 됩니다. 그 가정은 교회의 연약한 가정을 돌보고, 젊은 세대에게 모델이 될 수 있습니다. 그 가정은 갈등으로 신음하는 부부를 화해시킬 수 있습니다. 고난의 골짜기를 신음하며 걷는 가족들을 도울 수 있습니다. 인생의 이해되지 않는 풍파 속에서 절망하는 친구들에게 하나님의 주권을 어떻게 신뢰하는지 보여 주는 모델이 될 수 있습니다. 이처럼 복음의 진리 위에 든든히 서 있는 가정은 교회의 다른 가정을 양육하고 함께 하나님 나라를 세웁니다.

여기서 조심할 점은 교회의 하나 됨을 깨뜨리지 않는 것입니다. 먼저 복음의 열매를 경험한 가정은 약한 사람을 비판하지 않고 자신을 자랑하지 않아야 합니다. 자신도 주님을 닮아 가는 과정 중에 있는 부족한 죄인임을 겸손히 고백해야 합니다. 주님이 우리를 용납하고 양육하시는 것처럼, 우리가 이웃을 사랑하고 섬길 때 교회는 하나님 나라의 기쁨을 더욱 경험합니다.

일터 / 도시의 시민

그리스도인은 예수님이 맡기신 네 가지 영역에서 살아갑니다. 그는 날마다 왕이신 예수님과 교제하며 배우고 순종하는 제자입니다. 그는 가정의 주인이신 그리스도께 순종하며 착한 행실로 복음의 빛을 비추는 사람입니다. 그는 자신이 경험한 복음의 열매로 교회를 섬기며 다른 가족들과 함께 주님을 닮아 갑니다.

이제 그는 도시를 섬깁니다. 바벨론의 포로 신분인 이스라엘 사람들이 하나님의 말씀으로 살아 낸 열매로 바벨론 성읍에 평안을 구한 것처럼, 복음을 경험한 그 사람도 복음의 열매로 도시에 평안을 전합니다. 자신이 경험한 하나님의 사랑과 지혜로 이웃을 섬깁니다. 직장의 동료나 이웃은 그 사람의 지혜와 열매를 배우고 싶어 합니다. 도시 사람들은 그에게 질문합니다.

"당신은 어떻게 고난 속에서도 일어났습니까? 당신은 어떻게 결혼의 골짜기 속에서 하나가 되었습니까? 당신은 어떻게 풀리지 않는 이웃과의 갈등에서 화해했습니까?"

도시 사람들은 다양한 질문을 품고 그 사람을 찾아옵니다. 복음을 경험한 사람은 교회뿐만 아니라, 세상 사람들에게 착한 행실의 빛을 비추며 이웃을 평안으로 인도합니다. 그는 직장의 약한 자를 돕는 일에 참여합니다. 그는 도시의 신음하는 사람들을 돌보고 섬기며 도시의 정책을 세우는 일에 참여합니다. 그 사람은 도시의 고통당하는 이웃을 사랑하며 하나님 나라를 세웁니다.

하나님 나라가 땅에서도 이루어지도록

그러므로 너희는 이렇게 기도하라 하늘에 계신 우리 아버지여 이름이 거룩히 여김을 받으시오며 나라가 임하시오며 뜻이 하늘에서 이루어진 것같이 땅에서도 이루어지이다 (마 6:9-10)

주님은 우리에게 하나님 나라가 땅에서도 이루어지도록 기도하라고 하십니다. 우리는 하나님 나라 백성으로 땅에서 살아가는 동안,

하나님이 맡기신 네 가지 영역(개인, 가정, 교회, 일터)에서 하나님 나라가 이루어지도록 기도해야 합니다.

주님은 모든 영역에서 왕께 순종하며 살라고 명령하십니다. 축구 선수는 90분 동안 운동장에서 승리를 위해 온 힘을 다합니다. 선수들은 무작정 뛰어다니지 않습니다. 그들은 자신에게 맡겨진 역할을 충실히 감당합니다. 어떤 사람은 공격수로, 어떤 사람은 수비수로 최선을 다합니다. 공격수의 슛이 허공을 날기도 하고, 수비수의 태클이 엉성해서 넘어지기도 하지만, 모든 선수는 팀의 승리를 위해 헌신하고 수고합니다.

이처럼 그리스도인도 하나님 나라를 세우기 위해 무작정 분주하게 뛰어다니지 않습니다. 하나님이 맡기신 네 가지 영역에서 왕이신 그리스도께 순종하며 하나님 나라를 세웁니다. 우리도 때로 바쁨의 괴물에 사로잡혀 마음이 부패하기도 하고 기쁨 없이 신음하기도 합니다. 그러나 우리는 왕이신 주님의 통치 아래서 가정과 교회, 일터에서 하나님 나라를 세워 갑니다.

우리는 "하늘에 계신 아버지! 내가 사는 땅, 가정과 교회와 일터에 하나님 나라를 세우소서"라고 기도합니까? 우리는 어디서부터 시작해야 할까요? 먼저, 하나님과 인격적인 사랑의 교제에서 시작해야 합니다. 또한 하나님 나라를 세우는 중요한 영역인 결혼의 현장에서 하나님의 큰 비밀과 그리스도의 사랑을 나타내야 합니다. 부모 세대를 통해 다음 세대에게 복음의 빛을 비추어야 합니다.

우리의 결혼이 세상의 행복과 자아실현을 위해 바쁘게 달려왔다면 회개해야 합니다. 자기 왕국을 세우기 위해 공을 바쁘게 저글링하고 있다면, 하나님이 주신 성도의 비전을 다시 붙잡아야 합니다. 그리스도인의 결혼은 하나님 나라를 세우는 현장입니다. 왕이신 그리스도께 날마다 순종하며, 하나님 나라를 세우는 이 특권의 자리에 우리를 초대해 주신 하나님께 기쁨으로 반응하는 복음이 빛나는 부부이기를 소망합니다.

- 바쁨은 위험하다. 바쁨은 우리의 기쁨을 빼앗고, 마음의 부패를 감추며 소중한 관계를 깨뜨린다.
- 결혼은 단순히 개인의 행복과 만족이라는 작은 목표가 아니라, 하나님을 사랑하고 이웃을 사랑함으로 하나님 나라를 세우는 사명이다.
- 하나님 나라를 세우기 위해 예수님의 제자로 가정과 교회와 일터에서 복음의 삶을 실천해야 한다.

나눔과 적용을 위한 질문

1. 나의 인생에서 3년 안에 하고 싶은 일이 있다면 무엇입니까? 만일 5년이라는 소중한 시간이 주어진다면 무슨 일을 이루고 싶은지, 자신의 소망을 나누어 주세요.

2. 바쁨의 위험성 세 가지는 무엇입니까? 바쁨의 괴물이 나의 인생과 가정을 괴롭힐 때 무슨 위험이 있는지 나누어 주세요. 나는 바쁨의 위험성을 어떻게 이겨 내고 있는지도 이야기해 보세요.

3. 우리는 4개의 공(남편/아내, 아빠/엄마, 일터, 교회)을 저글링하듯 던지고 있습니다. 나의 공은 균형 있게 잘 돌아가고 있습니까? 현재 떨어질 위기에 있는 공은 무엇입니까?

4. 그리스도인이 결혼하는 목적은 하나님 나라를 섬기기 위함입니다. 개인의 행복과 자아 만족은 작은 목표일 뿐입니다. 우리의 결혼이 가정, 일터, 교회라는 세 영역에서 어떻게 성장해야 할까요?

· 가정에서

· 일터에서

· 교회에서

5. 이 장에서 내가 새롭게 배운 것, 도전이 되는 것은 무엇입니까? 부부가 실천할 수 있는 일 한두 가지를 나누어 주세요. 가정이 하나님 나라를 세워 가도록 격려하며 함께 기도하세요.

복음이 빛나는 부부의 기도

하나님, 저는 바쁨이라는 괴물에 붙잡혀 삶이 엉켜버렸고, 기쁨을 잃어버렸으며, 관계가 흔들리고 있습니다. 하나님의 선하심과 긍휼로 저를 도와주시고, 우리를 회복시켜 주세요. 우리의 결혼이 이 땅의 작은 목표를 좇는 삶이 아니라 하나님 나라를 세우는 삶이 되게 하시고, 우리의 착한 행실을 통해 복음의 빛을 비추게 하소서. 예수님의 이름으로 기도드립니다. 아멘.

2부

결혼은 복음의 은혜가
나타나는 현장이다

6장
갈등,
어떻게 할 것인가?

결혼 3주년이 되는 날이었습니다. 아내와 함께 결혼을 축하해야 하는 날이었지만 제 마음은 불편했습니다. 아내의 작은 습관들이 저와 너무 달라서 쌓인 감정의 쓰레기들이 저를 힘들게 했습니다. 결혼의 기쁨을 감사해야 할 날이었지만, 저는 밀려오는 감정을 비밀 노트에 쏟아 냈습니다. "왜 아내는 집을 정리하지 않을까? 왜 아내는 자주 물건을 잃어버릴까? 왜 아내의 생각과 말의 속도는 이렇게 빠를까?" 그날, 아내는 우연히 저의 비밀 노트를 발견했고 충격을 받았습니다. 결혼 3주년의 기쁜 날이 끔찍한 전쟁의 날로 변했습니다. 저의 눈에 아내를 사랑하지 못하게 만드는 무서운 장애물이 있다는 것을 깨달을 때까지 우리는 혼란의 시간을 보냈습니다.

결혼은 두 사람의 갈등이 부딪치는 현장입니다. 누구도 결혼 생활에서 갈등을 피할 수는 없습니다. 두 사람은 연약하고 부족한 존재이기에 때로는 숨 막히는 갈등으로 끔찍한 날을 보내기도 합니다. 그러나 갈등은 힘들기만 하지 않습니다. 부부는 함께 갈등을 통과하면서 서로를 더욱 깊이 알아 가고 성장합니다. 이번 주제는 '갈등을 어떻게 다룰 것인가?'입니다. 우리는 먼저 결혼 안에 갈등이 항상 있는 이유가 무엇인지 살펴보겠습니다. 그리고 갈등에 어떻게 성경의 원리로 반응할 것인지, 마지막으로 부부가 갈등 안에서 어떻게 성장해 갈 것인지를 나눌 것입니다.

갈등의 이유

나와 배우자는 너무도 다르다

남자와 여자는 얼마나 다를까요? 『화성에서 온 남자 금성에서 온 여자』라는 책이 있을 정도로 남자와 여자는 신체적, 생리적, 정서적으로 많은 차이를 지닙니다. 생각의 속도도 다르고, 성격도 서로 다릅니다. 자라 온 환경과 삶의 방식이 다르므로 갈등의 요인 역시 셀 수 없이 많습니다. 그러나 남자와 여자가 다르다는 사실 자체는 죄도 아니고, 옳고 그름의 문제도 아닙니다. 다만 서로의 차이를 이해하지 못하면 각자 원하는 대로 상대를 통제하거나 지배하려 하기에, 그것이 죄로 이어질 수 있습니다.

저희 부부의 갈등을 예로 들겠습니다. 저는 고기와 밀가루 음식을 좋아합니다. 즐겨 먹는 음식은 만두, 튀김, 떡볶이, 라면입니다. 아내는 신선한 채소와 샐러드, 생선을 좋아합니다. 저희 부부는 무엇을 먹어야 할까요? 자신이 좋아하는 음식만 주장하면 식사 시간은 갈등의 연속일 것입니다. 저는 시골에서 4남매의 장남으로 자랐고, 아내는 도시에서 딸만 6명인 가정의 장녀로 성장했습니다. 두 사람의 가정 배경과 생활 방식이 너무도 다르기에 충돌은 피할 수 없습니다. 저는 액션과 스릴러 영화를 좋아하고 아내는 감동 실화나 로맨스를 좋아합니다. 우리는 무슨 영화를 보아야 할까요? 서로 좋아하는 것을 양보하지 않으면 두 사람은 자주 부딪칩니다. 또한 저는 내성적이고 신중하며 결정 속도가 느리고 생각의 속도가 시속 10킬로미터입니다. 반면 아내는 외향적이고 직관적이며 판단도 빠르고 생각의 속도는 시속 100킬로미터로 질주합니다. 이렇게나 다른 두 사람이 결혼 생활을 함께하다 보면 갈등이 생기는 것은 어쩌면 당연한 일입니다.

두 사람은 죄인이기에 갈등이 있다

우리는 완벽한 사람과 결혼하지 않았습니다. 결혼이 갈등의 연속인 이유는 남자도 죄인이고, 여자도 죄인이기 때문입니다. 결혼은 있는 모습 그대로의 자신을 배우자에게 보여 주는 곳입니다. 결혼 전에는 서로 사랑에 빠져 어떤 어려움도 이겨 낼 수 있을 것이라 확신했습니다. 내가 사랑하는 이 사람이 나를 행복하게 해줄 것이라 믿었습니다. 그러나 이 환상은 오래가지 못했습니다. 나의 부족한 모습을 배우자에게 숨길 수 없습니다. 결혼 전에는 멀리서 보기에 나의 아픔과 약점들을 감출 수 있었지만, 결혼은 가까운 거리에서 서로의 상처와 망가진 모습을 생생히 드러냅니다. 마음속에 감춰 두었던 상처와 까칠한 말과 행동은 모두 들통납니다. 나의 이기적인 모습을 배우자에게 그대로 보이고, 배우자의 연약함 역시 내 눈에 드러나기에 결혼의 갈등은 계속됩니다.

결혼 초기, 저는 아침마다 이불을 정리하며 짜증이 났습니다. "왜 나만 이불을 정리해야 하지? 이건 불공평해!"라는 불평이 나왔습니다. "왜 나만 쓰레기를 버려야 해? 초등학생 아들은 손이 없나? 이건 교육이 잘못되었어." 남편으로서 가족을 섬겨야 했지만, 이기적인 마음이 올라올 때마다 제 표정은 일그러졌고 입이 삐죽거렸습니다. 아빠로서 자녀들을 즐거이 섬겨야 했지만, 찡그리는 표정과 퉁명스러운 말은 가정의 분위기를 무겁게 만들었습니다. 사랑을 약속하고 부부가 되었지만 자기중심적인 죄 때문에 갈등을 피할 수 없었습니다.

이러한 죄성과 이기심은 결혼이 시작될 때부터 부부의 삶 한복판에 자리 잡은 무서운 세력입니다. 이처럼 결혼은 남편과 아내의 죄와 약함을 귀로만 듣지 않고 눈으로 보고 온몸으로 경험하는 현장입니다. 심지어 두 사람의 죄만 보이는 것이 아니라 죄인인 자녀들이 쏟아 내는 죄의 오물, 분노, 이기심들로 혼란해집니다.

타락한 세상이기에 갈등이 있다

우리는 타락한 세상에서 살아가기에 결혼은 항상 행복한 로맨스만이 아니라 예측 불가능한 일, 계획하지 않은 풍파가 밀려오는 곳입니다. 창세기 속 믿음의 인물들을 생각해 보겠습니다. 첫 사람 아담의 가정에 아들 가인이 그의 동생 아벨을 죽이는 예기치 못한 일이 있었습니다. 아브라함의 결혼 생활에는 수십 년 동안 자녀가 없었습니다. 이것은 그들이 전혀 계획하지 않은 일입니다. 하나님은 아브라함에게 고향과 친척과 아비 집을 떠나라고 하십니다. 이것은 아브라함 가정에 상상하기 힘든 일이었습니다. 자녀를 주신다고 약속하셨지만, 아브라함은 100세가 되기까지 그 약속을 기다리는 동안 예상하지 못한 풍파를 겪어야 했습니다.

이삭의 결혼은 어떻습니까? 이삭의 둘째 아들 야곱은 아버지를 속이고 장자권을 도둑질했습니다. 아버지 이삭은 아들 야곱과 이별해야 하는, 그의 인생에서 한 번도 계획하지 않은 일을 경험했습니다. 야곱의 인생은 어떻습니까? 야곱은 부모의 집을 떠나 삼촌을 만났지만 20년 동안 고통을 당했습니다. 삼촌 라반은 야곱의 품삯을 10번이나 바꾸고 거짓말을 했습니다. 야곱은 사랑하는 아내 라헬이 먼저 죽는 슬픈 일을 경험했습니다. 야곱의 딸 디나는 세겜 사람들에게 강간을 당했습니다. 야곱의 아들들은 요셉을 미워했고, 요셉이 짐승에게 죽었다며 아버지에게 거짓말을 했습니다. 이와 같이 야곱 인생에는 예측할 수 없던 많은 사건이 있었습니다.

우리의 결혼도 세상의 한가운데 있습니다. 주변을 둘러보십시오. 결혼 생활 중에 사랑과 행복도 있지만 예측할 수 없는 풍파와 골짜기가 있지 않습니까? 갑자기 찾아온 질병의 고통과 실직 등은 우리가 계획하지 않은 풍파입니다. 세상의 쾌락과 문화에 빠져 무서운 갈등의 골짜기를 통과하기도 합니다. 때로는 부부의 성격 차이로 인한 주도권 전쟁은 원망과 상처로 이어지고 결혼의 위기를 가져옵니다. 타락한 세상에서 살아가는 두 사람의 결혼 현장은 우리의 지혜로 해결하기 벅찬 갈등의 연속입니다.

갈등에 어떻게 반응해야 할까?

갈등은 결혼 생활에 자주 찾아오는 손님과 같습니다. 부부가 갈등에 어떻게 반응하느냐는 중요합니다. 서로가 어떻게 반응하느냐에 따라 죄가 되기도 하고, 더욱 성장하는 기회가 되기도 합니다. 켄 산데는 갈등에 대한 사람들의 반응을 세 가지로 설명합니다.

갈등에 대한 사람들의 반응에는 세 가지 기본 형태가 있다. 이 반응들은 언덕 모양의 경사면으로 그릴 수 있다. 언덕의 왼쪽 경사면에는 갈등에 대한 회피적인 반응이 있다. 오른쪽 경사면에는 공격적인 반응이 있고, 경사면 중앙에는 화해하는 반응이 있다. 이 언덕이 얼음으로 덮여 있다고 생각해 보자. 당신이 오른쪽이나 왼쪽으로 갈수록 발판을 잃어버리고 경사면 아래로 미끄러질 것이다. 마찬가지로 갈등이 일어나면 방어적이 되거나 공격적이 되기 쉬운데, 양쪽 모두 문제를 악화시키고 극단적인 반응을 초래할 수 있다. … 갈등에 부딪쳤을 때 회피 또는 공격을 억제하는 법을 배우고 화해 반응을 사용하는 능력을 개발해야 한다.1)

회피 반응은 부부 사이에 갈등이 있을 때, '아닌 척' 문제를 외면하는 것입니다. 여전히 마음에 분노가 있지만 '괜찮은 척' 드러내지 않고 문제를 모른 척합니다. 회피 반응은 일시적으로 안도감을 주지만 내면에 갈등을 쌓아 두게 됩니다. 남편들은 자주 갈등을 피해 도망갑니다. 아내와의 대화를 힘들어하며 바쁘다는 핑계로 의도적으로 퇴근을 늦게 하기도 합니다. 회피 반응은 갈등을 해결하는 것이 아니라 더욱 냉랭하게 만듭니다.

공격 반응은 갈등 상황에서 자기주장을 강하게 드러내며 상대를 공격하는 태도입니다. 이 반응은 종종 언어적 폭력으로 나타나며 배우자를 비난하거나 조롱하는 말을 쏟아 내게 됩니다. 이러한 공격 반응은 자녀 앞에서도 발생할 수 있으며 심하면 때리고 물건을 집어던지는 폭력으로 확대되기도 합니다. 결혼 생활에서 공격 반응이 거세지면 관계는 더욱 악화되고 헤어질 결심을 하게 됩니다. 갈등 상황에서 회피와 공격 반응은 두 사람을 더욱 멀어지게 하고 고통을 받게 합니다.

갈등 상황에서 건강한 반응은 화해입니다. 상대방의 잘못이나 죄를 덮고 용서와 사랑을 선택하는 것입니다. 베드로는 "무엇보다도 뜨겁게 서로 사랑할지니 사랑은 허다한 죄를 덮느니라"(벧전 4:8)라고 말합니다. 나를 사랑하신 주님이 내 죄를 덮어 주신 것처럼, 우리도 배우자를 사랑하기에 허다한 죄를 덮어 줄 때 화해를 이룹니다.

또한 화해를 위해 서로 대화해야 합니다. 상대방의 마음이 무엇인지 경청하고 자신의 잘못을 진솔하게 고백하고 용서를 구하는 것이 가정을 하나 되게 합니다. 만일 두 사람의 대화로도 화해가 어렵다면 다른 사람의 도움을 얻는 것도 좋은 방법입니다. 두 사람을 잘 아는 가까운 사람들이나 교회의 리더를 찾아가서 겸손하게 대화한다면, 화해에 큰 도움을 받을 수 있습니다.

여러분은 갈등에 대해 어떻게 반응합니까? 부끄러운 고백이지만 저는 결혼 생활 초기에 주로 회피 반응을 보였습니다. 결혼 3년 동안 비밀 노트에 여과되지 않은 감정을 쏟아 내며 나만의 동굴로 도망갔습니다. 아내와의 갈등의 골짜기를 지날 때 저는 회피하고 도망가는 행동을 반복했습니다. 하지만 갈등은 회피한다고 사라지는 것이 아니었습니다. 어떤 날은 마음에 쌓아 둔 갈등을 밖으로 쏟아 내다가 더 심해지기도 했습니다. 복음으로 새로운 피조물이 되었지만, 날마다 우리 곁에 있는 갈등을 화해로 변화시키는 데는 많은 시간이 필요했습니다.

그러나 갈등이 있을지라도 선하신 하나님 아버지께서 함께하십니다. 하나님이 우리에게 화평을 부탁하셨습니다(고후 5:18-19). 두 사람이 성경의 원리를 삶에 적용한다면, 갈등은 더 깊은 사랑과 성장의 기회가 될 것입니다. 보통의 부부는 서로 갈등으로 힘들어할 때 자주 이렇게 말합니다. "당신이 그렇게 했기 때문에 내가 그렇게 한 거야. 이 문제의 원인은 당신 때문이에요."

그러나 성경은 반대의 이야기를 합니다.

너희 중에 싸움이 어디로부터 다툼이 어디로부터 나느냐 너희 지체 중에서 싸우는 정욕으로부터 나는 것이 아니냐 (약 4:1)

야고보 사도는 성도들 안에 시기와 다툼, 싸움의 원인이 외부의 사람이나 상황 때문이 아니라 "너희 지체", 즉 마음의 "정욕"에서 비롯된다고 말합니다. 부부의 갈등과 다툼의 원인도 외부의 환경이 아니라 우리 마음의 정욕에서 시작됩니다. 이것을 기억하는 것이 성경적 원리의 출발입니다.

우리 마음의 왕은 하나님이십니다. 그러나 우리 마음에는 여전히 다양한 욕구가 존재합니다. 마음에 존재하는 이 욕구는 자연스러운 본성입니다. 우리의 본성은 일하고 돌아오면 쉬고 싶은 욕구가 있습니다. 배가 고프면 먹고 싶은 욕구가 있고, 선한 행동을 하면 인정받고 싶은 욕구가 있습니다. 이것은 누구에게나 자연스러운 욕구입니다. 부모로서 자녀들에게 존경을 받고 싶은 욕구는 정상적인 본성입니다.

그러나 우리 마음의 자연스러운 욕구가 우리를 지배하려 하고 권리를 행사하려 할 때 갈등이 자주 발생합니다. 욕구가 점점 커지면서 우리를 지배하려 할 때, 왕이신 하나님을 몰아내고 자기 왕국을 세우려 할 때 마음의 전쟁이 일어납니다.

바울은 갈라디아 성도들에게 "너희는 성령을 따라 행하라 그리하면 육체의 욕심을 이루지 아니하리라 육체의 소욕은 성령을 거스르고 성령은 육체를 거스르나니 이 둘이 서로 대적함으로 너희가 원하는 것을 하지 못하게 하려 함이니라"(갈 5:16-17)라고 말합니다. 성도가 성령을 따라 살지 않고 육체의 욕심에 지배될 때, 부부가 밖으로 쏟아 내는 말과 행동은 갈등을 일으키고 다툼을 만듭니다.

결혼 초창기였습니다. 하루 일을 마치고 집으로 돌아가면서 '이제 쉴 수 있다!' 하는 행복한 상상을 했습니다. 그러나 집에 도착하니 현실은 달랐습니다. 싱크대에는 그릇이 쌓여 있고, 세탁기에는 꺼내지 않은 옷들로 가득했습니다. 두 아들은 제멋대로 뛰어다니고 있었습니다. 그 순간, 마음에 불평이 밀려왔습니다.

분주하게 집안일을 하던 아내는 "여보! 설거지 도와주세요"라고 말합니다. 저는 쉬고 싶은 마음의 욕구를 누르고 그릇들을 씻었습니다. 하지만 불편한 감정을 숨기지 못했습니다. 그릇들이 서로 부딪치며 소리를 냈습니다. 설거지가 끝나는 모습을 본 아내는 "여보! 세탁기 안의 옷을 꺼내 널어 주세요"라고 합니다. 저의 마음은 순간 짜증이 크게 밀려옵니다. '나는 하루 종일 일하고 왔는데, 당신은 염치도 없다!' 하고 마음속에서 외쳤습니다. 찡그린 얼굴로 세탁기에 들어 있던 옷을 들고 베란다로 갔습니다. 제 입은 삐죽거렸고 혼자 독한 말을 쏟아 내고 있었습니다. 제 손은 옷을 털며 화풀이를 하고 있었습니다. 이 무너진 날을 잊을 수 없습니다.

하나님은 남자인 저를 남편과 아버지로 세우시고, 아내와 자녀들을 사랑으로 섬기라고 부르셨습니다. 그러나 제 마음은 쉬고 싶은 욕구가 지배하며 권리를 주장했습니다. 이 욕구가 저를 지배하자, 제 마음에 전쟁이 일어났습니다.

하나님은 저를 남편과 아버지로 부르시고 온유와 친절로 섬기라고 말씀하셨지만, 육체의 욕심은 짜증과 분노와 독한 말로 저를 압도했습니다. 이것이 날마다 우리가 결혼 생활에서 경험하는 마음의 전쟁입니다.

먼저 자신을 살피라

복음을 믿어 거듭난 성도는 먼저 자신을 살펴야 합니다. 바울은 말합니다.

> 형제들아 사람이 만일 무슨 범죄한 일이 드러나거든 신령한 너희는 온유한 심령으로 그러한 자를 바로잡고 너 자신을 살펴보아 너도 시험을 받을까 두려워하라 (갈 6:1)

성도는 성령 하나님이 함께하시는 신령한 자입니다. 성도는 성령의 인도하심을 따라 사는 동안 다른 지체들의 죄가 드러날 때, 온유한 심령으로 바로잡아 주어야 합니다. 그러나 먼저, 자신을 살펴야 합니다. 서로를 권면하기 전에 먼저 자신을 살펴야 합니다. 예수님의 말씀입니다.

비판을 받지 아니하려거든 비판하지 말라 너희가 비판하는 그 비판 으로 너희가 비판을 받을 것이요 (마 7:1-2)

예수님은 "비판은 무조건 안 된다, 다른 사람의 잘못과 죄를 지적하는 것은 잘못이다"라고 하신 걸까요? 예수님이 하신 말씀의 핵심은 우리가 판단하고 비판할 때 마음대로 쏟아 내고 아무 책임도 지지 않아도 된다는 것이 아니라, 반드시 하나님 앞에서 책임을 져야 한다는 의미입니다.

예수님은 우리가 비판하는 그 비판으로 궁극적 재판관이신 하나님께 비판을 받는다고 하십니다. 그래서 예수님의 가르침은 다른 사람의 죄를 바로잡아 주기 전에, 먼저 자신의 죄를 살펴보라는 뜻입니다 (마 7:5). 예수님은 자기를 돌아보지 않고 다른 사람을 정죄하고 스스로 의롭다고 하는 자들의 위험성을 경고하신 것입니다.

우리는 먼저 자신의 말과 행동, 태도와 동기를 살펴야 합니다. 내가 선택해서 쏟아 낸 말과 행동은 나의 선택이며 책임이기 때문입니다. 상대방이 나에게 어떤 잘못을 했거나 죄를 지었든지 상관없이 내가 한 말과 행동의 반응은 재판관이신 하나님 앞에서 내가 100% 책임져야 합니다.

상대방이 나에게 독한 말을 퍼부은 것은 상대방의 잘못입니다. 상대방이 나에게 상처를 준 것, 나를 모욕한 것은 상대방의 100% 책임입니다. 그러나 상대방에게 화를 낸 나의 반응은 나의 책임입니다.

사람들은 종종 상대방의 나쁜 말과 행동이 원인이 되어서 내가 그 사람을 험담하고 상처를 주었다고 말합니다. 하지만 내가 쏟아 낸 말과 행동은 재판장이신 하나님 앞에서 내가 100% 책임져야 합니다. 나의 말과 행동, 태도와 동기를 살펴볼수록 나도 얼마나 처절한 죄인인가를 발견합니다. 예수님은 계속해서 말씀하십니다.

> 어찌하여 형제의 눈 속에 있는 티는 보고 네 눈 속에 있는 들보는 깨닫지 못하느냐 보라 네 눈 속에 들보가 있는데 어찌하여 형제에게 말하기를 나로 네 눈 속에 있는 티를 빼게 하라 하겠느냐 외식하는 자여 먼저 네 눈 속에서 들보를 빼어라 그 후에야 밝히 보고 형제의 눈 속에서 티를 빼리라 (마 7:3-5)

저는 아내에게 자주 이렇게 말했습니다. "왜 자꾸 물건을 잃어버려요? 당신은 너무 빨라요. 신중하게 생각하고 천천히 해요." 하지만 저는 이렇게 말한 것입니다. "내 눈에는 티가 있고, 당신 눈에 커다란 들보가 있어요. 나의 잘못은 10%이고, 당신이 90% 잘못이에요."

예수님은 이러한 저를 마태복음 7장 말씀으로 꾸짖으셨습니다. "네 눈에 들보가 있다. 너에게 아내를 사랑하지 못하는 커다란 들보가 있다. 아내의 눈에 티가 있을 뿐이다."

저는 자녀를 양육하는 동안 "아들들, 너희 눈에 거대한 들보가 있다"라고 주장했습니다. 자녀들이 90% 잘못했고, 저는 10%만 잘못했다고 자주 말했습니다. 그러나 하나님은 제 마음에 거대한 우상, 존경, 안락, 보답이라는 거대한 들보가 있다는 것을 깨닫게 해주셨습니다. 제리 브리지스는 이렇게 말합니다.

우리 눈 속의 들보가 심각한 이유는 형제를 비판한 데 있다기보다는 내가 감히 하나님이 해야 하는 역할을 침해했기 때문이다. … 성경 말씀에 따라 비판하면서도 여전히 죄를 지을 수가 있다. 자기 의에 빠진 태도로 비판한다면, 너무 가혹하게 혹은 검열관이나 된 듯한 자세로 비판한다면 그것은 죄다. 누군가가 아무리 명백한 죄를 지었더라도, 우리 자신도 하나님 앞에서 죄인이라는 사실을 인정하지 않은 채 비난한다면 그것 역시 죄다.[2]

우리는 죽을 수밖에 없는 죄인이며 하나님의 용서와 사랑을 받은 존재임을 성령님이 깨닫게 하셔야 합니다. 또한 자신을 먼저 살피는 지혜와 온유한 심령으로 다른 사람을 섬겨야 합니다.

서로 죄를 고백하고 용서하라

부부가 갈등이 있을 때 먼저 해야 할 일은 배우자의 말을 바르게 경청하는 것입니다. 자신이 말하기 전에 상대방의 말을 바로 듣는 것은 어렵습니다. 대화를 했다고 생각하지만, 상대방이 한 말이 무슨 뜻인지 이해하지 못할 때가 종종 있습니다. 이런 우리에게 잠언은 지혜를 가르칩니다.

미련한 자는 명철을 기뻐하지 아니하고 자기의 의사를 드러내기만 기뻐하느니라 (잠 18:2)

사연을 듣기 전에 대답하는 자는 미련하여 욕을 당하느니라 (잠 18:13)

우리는 상대방의 말을 잘 이해했는지 서로에게 질문해야 합니다. "내가 한 이 말 때문에 당신의 감정이 상한 건가요? 내 행동 때문에 마음이 힘들고 고통스러웠나요?"라고 겸손하게 물어야 합니다. 상대방의 말을 바르게 경청할 때 자신의 죄가 무엇인지 명확히 알 수 있습니다. 상대방의 말을 듣고 이해했다면, 우리의 몫은 자기 죄를 고백하는 것입니다. 폴 트립은 이렇게 말합니다.

부부는 같은 행동을 반복하는 사이클에 갇혀서 같은 오해를 반복합니다. 같은 말다툼을 반복합니다. 같은 잘못을 거듭합니다. 문제는 해결되지 않습니다. 매일 밤 화해하지 않은 채 잠자리에 들고, 좋지 않은 순간을 기억하며 깹니다. 그 사이클은 반복됩니다. 예측 가능하며 절망적입니다. 달라지기를 바라지만 어떻게 거기서 벗어나야 할지 모르는 것 같고, 변화를 가능하게 할 한 가지, 곧 고백을 기꺼이 하려는 마음이 없습니다.[3]

우리는 같은 행동을 반복하고 같은 말다툼을 반복하고 갈등의 사이클을 반복합니다. 이것을 멈출 방법은 회피나 공격이 아니라 고백입니다. 이 고백에 힘이 있는 것은 복음의 은혜 때문입니다. 예수님이 십자가 위에서 우리의 죄의 증서를 다 찢어 버리셨기 때문입니다. 하나님의 아들이 두 사람의 죄에 대한 형벌을 다 끝내셨기 때문입니다(골 3:12-14). 이 복음을 갈등의 현장에서 기억하고 자신의 죄를 고백할 때, 서로를 용서하는 복음의 능력을 경험합니다.

남자와 여자는 평생 죄인이지만 날마다 "그리스도께서 우리의 죄 리스트를 찢으셨다. 우리는 더 이상 죄가 없다!"는 놀라운 복음을 적용해야 합니다. 두 사람은 평생 의롭지 않은 모습을 발견하겠지만, 날마다 "하나님이 그리스도의 완전한 의의 옷을 우리에게 입혀 주셨다!"는 복음을 서로에게 선포해야 합니다.

서로의 짐을 지고 사랑하라

남자와 여자는 각각 자신의 짐을 가지고 있습니다. 겸손하게 모든 짐을 하나님께 맡길 뿐만 아니라, 서로의 짐을 함께 질 때 "그리스도의 법"을 성취해 갑니다.

> 너희가 짐을 서로 지라 그리하여 그리스도의 법을 성취하라 (갈 6:2)

무엇이 그리스도의 법입니까? "새 계명을 너희에게 주노니 서로 사랑하라 내가 너희를 사랑한 것같이 너희도 서로 사랑하라"(요 13:34)라는 주님이 주신 새 계명이 그리스도의 법입니다. 바울은 "온 율법은 네 이웃 사랑하기를 네 자신같이 하라 하신 한 말씀에서 이루어졌나니"(갈 5:14)라고 합니다. 이웃을 사랑하는 것이 율법을 성취하는 것입니다. 눈에 보이는 이웃을 사랑하는 것이 하나님을 사랑하는 것입니다. 눈에 보이는 배우자를 사랑하는 것, 배우자의 무거운 짐을 져 주는 것이 하나님을 사랑하는 것입니다.

어떤 사람은 이렇게 말합니다. "배우자를 사랑하기에 그 사람의 짐(약함과 죄)을 권면하지 않고 그냥 침묵하는 것이 더 편합니다." 하지만 이것이 지혜로운 방법일까요? 만일 자녀가 게임을 너무 좋아해 공부는 소홀히 하고 하루에 서너 시간씩 게임을 한다면, 부모로서 자녀가 좋아하는 것을 하도록 내버려두는 것이 사랑일까요? 진정한 사랑은 그냥 내버려두는 것이 아니라, 온유한 마음으로 바로잡는 것입니다.

기억할 점은 서로의 짐을 지고 사랑으로 바로잡아 주는 과정이 결코 쉽지 않다는 것입니다. 우리도 죄인이고, 상대방도 죄인이기 때문에 서로의 짐을 지고 돌볼 때 자주 갈등이 생깁니다. 바울은 갈라디아서 5장 14절에서 "네 이웃 사랑하기를 네 자신같이 하라"고 말한 후에 15절에서 "만일 서로 물고 먹으면 피차 멸망할까 조심하라"고 합니다. 이웃을 사랑하는 과정에서 죄의 욕심에 넘어지면, 서로 헐뜯으며 극심하게 싸울 수 있습니다.

부부는 온유와 진실로 서로의 짐을 지려 노력하지만, 때로는 지치고 절망하며 상대의 죄로 상처받고 갈등이 더 심해지기도 합니다. 이런 어려움은 부부 사이에서 정상적인 일입니다. 저희 부부도 자주 수

많은 죄와 부딪치고 갈등의 사이클에 갇혀 고생했습니다. 그 과정에서 우리가 얼마나 망가진 죄인인지 깨달았습니다. 우리 안에 서로를 사랑할 힘이 없음을 고백했습니다. 그때마다 십자가에 죽기까지 우리를 사랑하신 그리스도의 사랑을 깨달으며, 우리의 좁은 마음을 찢어 넓혀 주시기를 하나님께 기도했습니다.

나누고 싶은 핵심은 이것입니다. 우리는 서로 짐을 지고 섬기다가도 죄인이기에 갈등의 사이클에 넘어질 수 있습니다. 그러나 그리스도께서 우리를 여전히 사랑하시기에, 그 은혜를 힘입어 배우자를 다시 사랑할 수 있습니다.

갈등 안에서 성장하는 부부

날마다 복음의 벽돌을 쌓으라

결혼의 행복은 한 번의 결심이나 단 한 번의 변화로 찾아오는 것이 아닙니다. 한 번의 갈등을 해결한다고 행복이 오지 않습니다. 결혼의 행복은 벽돌을 쌓아 올리듯이 복음의 약속을 매일 쌓아 올리는 생활 방식으로 찾아옵니다.

우리는 죄인이기에 결혼 생활에서 위험하고 파괴적인 갈등은 때로 20년, 30년, 평생 지속될 수 있습니다. 가시 돋친 말, 분노, 완고한 고집과 같은 습관들은 하루 이틀 만에 사라지지 않습니다. 이러한 죄의 모습은 어떤 때는 얌전하게, 어떤 때는 치명적이고 거칠게 찾아오는 차이일 뿐이지 반복해서 찾아옵니다. 그러기에 결혼의 행복은 단한 번의 갈등을 해결했다고 곧바로 찾아오지 않습니다. 복음의 약속을 따라 서로 용서하고 용납하고 격려하는 생활 방식이 자리 잡을 때 비로소 행복을 경험하게 됩니다.

결혼은 사소한 순간이 중요합니다. 하나님이 허락하신 인생은 거대한 사건의 연속이 아니라, 대부분 작고 사소한 순간들의 연속입니다. 인생은 결혼하고 아기를 낳고 집을 장만하고 직장에서 승진하는 큰 사건들이 계속 이어지는 것이 아닙니다. 대부분의 삶은 밥 먹고 일어나고 자고 일하고 놀고 쉬는, 작고 사소한 일상의 순간들로 구성되어 있습니다.

인생은 하루하루 작은 벽돌을 쌓습니다. 말의 벽돌, 행동의 벽돌, 사소한 생각의 벽돌, 작은 표정의 벽돌, 작은 갈등의 벽돌들이 하나씩 쌓여 결혼이라는 건물이 세워집니다. 오늘 쌓아 올리는 사소한 복음의 벽돌들이 우리의 인생과 결혼의 행복을 결정합니다. 그러므로 사소한 일상에서 성도의 정체성, 용서받음, 의롭게 됨 같은 복음의 벽돌을 쌓아 올리는 것이 중요합니다.

당신은 싱크대에 그릇들이 쌓여 있는 것을 보고 섬길 기회를 놓친 채, 사소한 불평의 벽돌을 쌓습니까? 당신은 배우자와 사소한 말다툼을 하고 침대로 회피하고 죄책감의 벽돌을 쌓지 않습니까? 까칠한 말을 하고도 용서를 구하지 않는다면 마음에 나쁜 감정이 쌓입니다. 작은 결정을 혼자 내리는 습관이 반복되면 무관심의 벽돌이 쌓입니다. 감사와 격려의 말을 잊어버리면 서운함과 미움의 감정이 쌓입니다. 작은 스킨십과 사소한 격려의 말이 줄어들면 마음은 메말라 갑니다.

부부 사이는 한순간에 나빠지지 않습니다. 하나의 큰 사건으로 와르르 무너지지 않습니다. 사소한 순간이 쌓여 점진적으로 나빠집니다. 우리는 사소한 것을 가볍게 여기지 않고 소중히 여겨야 합니다. 그러므로 사소한 벽돌을 신중하게, 지혜롭게 성령의 도우심으로 쌓아 가야 합니다. 행복은 하늘에서 저절로 떨어지는 선물이 아닙니다. 결혼의 행복은 날마다 복음의 약속을 따라, 일상의 순간에 복음의 벽돌을 쌓아 갈 때 하나님이 주시는 선물입니다.

그리스도께 나아가 배우라

결혼 생활의 갈등은 무거운 짐입니다. 이 짐은 누구도 피해 갈 수 없습니다. 그러나 예수님의 초대는 우리에게 기쁜 소식이 됩니다.

> 수고하고 무거운 짐 진 자들아 다 내게로 오라 내가 너희를 쉬게 하리라 나는 마음이 온유하고 겸손하니 나의 멍에를 메고 내게 배우라 그리하면 너희 마음이 쉼을 얻으리니 (마 11:28-29)

결혼이라는 무거운 짐을 진 우리를 초대한 분은 누구십니까? 이웃집 아저씨가 아닙니다. 학교 선생님이 아닙니다. 하늘과 땅의 주인이신 아버지의 아들입니다(마 11:25). 예수님의 초대는 참으로 놀랍습니다. 똑똑한 사람이나 힘 있는 사람이 아니라, 무거운 짐을 진 사람들을 초대하셨습니다. 결혼 생활의 무거운 짐에 짓눌려 위험한 갈등의 줄타기를 하는 우리를 초대하십니다. 부부가 서로의 성격 차이로 신음하든지, 마음의 상처로 갈등의 탑을 쌓았든지 예수님은 그 무거운 짐을 가지고 "내게로 오라"고 하십니다. 예수님은 그 무거운 짐 그대로, 해결되지 않은 갈등과 죄의 짐을 진 그대로 "내게로 오라" 초대하십니다.

부부가 갈등의 골짜기를 지날 때, 결혼의 주인이신 예수님께 나아가야 합니다. 예수님은 모든 지혜와 능력으로 갈등을 해결할 전문가이시기 때문입니다. 십자가에서 죄의 짐을 우리 대신 지신 분이기 때문입니다. 끔찍한 갈등으로 안식 없는 전쟁을 하는 우리에게 진정한 안식을 주시는 분이기 때문입니다. 주님은 결혼의 무거운 짐을 지시는 우리의 짐꾼이십니다.

그리고 예수님은 우리의 짐을 내려놓고 쉬라고만 말씀하시지 않고 배우라고 하십니다. 예수님께 배운다는 것은 예수님의 다스림을 받고 예수님을 닮는 것입니다. 우리는 매일 예수님의 멍에 안에 들어가서 왕의 사역에 동참하면서 예수님의 가르침과 다스림을 받으며 예수님을 평생 배우는 자로 초대되었습니다. 이것은 결혼한 부부에게 주신 복된 초대이고 최고의 목표입니다.

세상의 모든 부부도 많은 것을 배웁니다. 부부 대화법, 성공적인 자녀 양육법, 감정 코칭 등 행복을 위해 열심히 배웁니다. 사람들은 잘 배우기 위해서 최고의 스승을 찾아 헤맵니다. 그리스도인 부부는 왕이신 예수님을 배우는 자리에 초대되었습니다. 세상의 부부들이 자기 행복과 성공을 위해 배우기를 쉬지 않는 것처럼, 그리스도인 부부들은 주님의 겸손과 온유, 주님의 마음 배우기를 평생 계속합니다.

형통한 날이든, 실패한 날이든 모든 날이 예수님을 배우는 시간입니다. 결혼의 위기는 갈등이 찾아올 때가 아니라 부부가 예수님을 배우는 멍에 안에 들어와 있다는 진리를 잊어버릴 때 찾아옵니다.

갈등은 결혼 생활에 손님처럼 찾아오지만, 부부는 결혼의 주인이신 예수님께 모든 짐을 맡기고 배우며 함께 성장해 갑니다. 갈등은 예수님께 배우는 시간이며, 예수님을 닮아 가는 특별한 수업입니다.

- 갈등은 결혼 생활에 찾아오는 손님과 같다. 부부는 서로 너무도 다르고, 죄인이며, 세상 속에서 살아가기에 갈등이 생긴다.
- 갈등 속에는 성장의 지혜가 있다. 먼저 자신을 돌아보고, 내 안의 들보가 무엇인지 살펴 죄를 고백하고 서로 용서하자. 그리고 서로의 짐을 함께 지자.
- 갈등을 두려워하지 말라. 부부가 그리스도께 나아가 짐을 맡기고, 그분께 배우자.

나눔과 적용을 위한 질문

1. 결혼 생활 몇 년 차인가요? 나와 배우자의 다른 점(성격, 취미, 생활 방식 등)은 무엇인가요? 결혼 생활 중에서 부부의 차이로 인해 자주 부딪친 갈등은 무엇이었나요?

2. 갈등의 세 가지 반응은 ①회피 ②공격 ③화해입니다. 우리 부부는 갈등이 생길 때 각각 어떤 반응을 주로 보이나요? 지난 3년 동안 부부의 반응이 화해로 가까워졌나요? 갈등 안에서 서로 배우는 점은 무엇인가요?

3. 예수님의 말씀, 마태복음 7장 1-5절을 읽어 보세요. 결혼 생활에서 나의 주된 들보는 무엇인가요? 배우자에게서 제거하려고 했던 티는 무엇인가요? 이 말씀이 나에게 어떤 깨달음을 주는지 대화해 보세요.

4. 결혼 생활에서 갈등이 생길 때, 배우자의 말을 바르게 경청하나요? 또한 자신의 죄를 고백하고 용서의 복음을 경험하고 있나요? 최근의 사례를 들어 설명해 보세요.

5. 부부가 지금까지 쌓아 올린 복음의 벽돌은 무엇인가요? 앞으로 결혼 안에서 쌓아 올리고 싶은 벽돌은 무엇인가요? 결혼의 주인이신 그리스도께 배우고 싶은 성품을 나누어 보세요. 이를 고백하며 부부가 서로를 위해 기도해 주세요.

복음이 빛나는 부부의 기도

하나님, 결혼 안에서 반복되는 갈등이 저를 힘겹고 지치게 합니다. 그러나 결혼의 주인이신 그리스도께서 갈등의 골짜기 가운데 함께하시니 다시 힘을 얻습니다. 서로의 죄를 탓하지 않도록 우리에게 은혜를 부어 주시고, 죄를 고백하고 용서할 수 있는 힘을 주십시오. 우리를 사랑하시는 주님, 우리의 무거운 짐을 주님께 맡기며 주님을 더욱 깊이 배우기 원합니다. 예수님의 이름으로 기도드립니다. 아멘.

7장
대화, 어떻게 할 것인가?

저희 부부는 매우 다른 대화 방식을 가지고 있습니다. 남편은 내성적인 성격으로 깊이 생각하고 천천히 말하는 사람입니다. 아내는 매우 외향적이어서 생각이 떠오르면 즉시 말로 표현합니다. 남편은 생각이 정리된 후에야 말을 꺼내지만, 아내는 말하면서 생각을 정리하는 스타일입니다. 아내는 생각의 속도가 더딘 남편이 때로는 답답했고 남편은 쏟아 내는 아내의 이야기들을 듣느라 인내심이 많이 필요했습니다. 이렇게 서로 다른 대화 습관을 지닌 두 사람이 만나 결혼했으니 얼마나 많은 인내와 노력이 필요했을까요? 성경에서 말하는 대화를 배우고 그것을 토대로 성장하는 데 긴 시간이 걸렸습니다.

사람은 하루에 평균 2만 5천 마디의 말을 한다고 합니다. 우리는 매일 어마어마한 양의 말을 쏟아 냅니다. 그래서 우리의 말은 많은 문제를 일으킵니다. 결혼한 부부도 예외가 아닙니다. 성경은 "무슨 일을 하든지 하나님의 영광을 위해 하라"고 말합니다. 부부는 하나님의 영광을 위해 서로에게 말해야 합니다. 이 장에서는 부부가 서로에게 건네는 말의 힘과 영향을 돌아보려고 합니다. 부부가 대화로 하나님께 영광을 돌리고자 할 때, 어떤 점을 기억해야 할까요? 행복한 부부 대화를 위해 우리는 무엇을 배워야 할까요?

말의 힘과 영향력

부부가 대화할 때 사용하는 말의 힘과 영향력은 엄청납니다. 야고보서 3장은 우리의 지체 중에 작은 혀가 얼마나 큰 영향력을 미치는지 설명합니다.

> 우리가 다 실수가 많으니 만일 말에 실수가 없는 자라면 곧 온전한 사람이라 능히 온몸도 굴레 씌우리라 우리가 말들의 입에 재갈 물리는 것은 우리에게 순종하게 하려고 그 온몸을 제어하는 것이라 또 배를 보라 그렇게 크고 광풍에 밀려가는 것들을 지극히 작은 키로써 사공의 뜻대로 운행하나니 (약 3:2-4)

첫째, 혀는 삶과 관계의 방향을 결정하는 강력한 조종 장치입니다. 키, 재갈, 혀, 이 세 가지의 중요한 공통점은 작지만 엄청난 통제력을 가지고 있다는 것입니다. 키는 거대한 배, 재갈은 사나운 말, 혀는 우리의 삶과 관계를 통제하는 힘을 가집니다.

이를 잘 설명하는 사례가 있습니다. 2000년 9월 26일, 한 그리스 여객선 선장이 배를 자율 조종 모드로 두고 선실에서 잠이 들었습니다. 항구에 접근하기 전, 2해리(약 3.7km) 동안에는 조종실에 있어야 했지만 이것을 어겼습니다. 그 사이 일등 항해사와 다른 선원들은 축구 경기를 보러 자리를 비웠습니다. 아무도 감독하지 않는 상황에서 배는 악천후를 만나 항로를 이탈해 암초와 충돌했고, 결국 침몰하여 82명의 생명을 앗아 갔습니다. 선장과 선원들은 살인, 직무 태만, 해상법 위반 혐의로 기소되었습니다. '자동 모드'에 의존하고 주의를 기울이지 않아 통제권을 잃고 비극적인 결과를 초래한 것입니다.1)

이와 같이 우리도 때때로 혀를 자동 모드에 두고 무심코 말하거나 절제 없이 말할 때가 있습니다. 사공이 작은 키를 조종하여 강풍 속에서도 거대한 배를 원하는 방향으로 이끄는 것처럼, 우리는 혀를 조정하는 일에 책임을 져야 합니다. 우리의 말과 상황에 대한 반응은 모두 우리의 책임입니다. 남편의 무심한 행동이 아내로 하여금 못되게 말하게 만든 것이 아닙니다. 아내가 자신의 혀를 그렇게 사용하기로 결정한 것입니다. 마찬가지로 아내의 잔소리가 남편을 날카롭게 말하게 만든 것도 아닙니다. 남편이 자신의 혀를 그렇게 사용하기로 선택한 것입니다.

우리의 혀는 우리가 사공입니다. 부부의 말은 그들의 관계와 결혼 생활의 방향을 결정합니다. 혀를 자동 모드에 두고 마음 내키는 대로 말하게 두면 관계에 해를 끼칠 위험이 큽니다. 우리는 하나님의 말씀에 따라 혀를 신중하게 다스리며, 하나님의 뜻에 따라 사용하도록 노력해야 합니다.

둘째, 혀는 엄청난 힘을 가지고 있습니다. 야고보는 혀의 힘을 "작은 불"에 비유합니다.

> 이와 같이 혀도 작은 지체로되 큰 것을 자랑하도다 보라 얼마나 작은 불이 얼마나 많은 나무를 태우는가 혀는 곧 불이요 불의의 세계라 혀는 우리 지체 중에서 온몸을 더럽히고 삶의 수레바퀴를 불사르나니 그 사르는 것이 지옥 불에서 나느니라 여러 종류의 짐승과 새와 벌레와 바다의 생물은 다 사람이 길들일 수 있고 길들여 왔거니와 혀는 능히 길들일 사람이 없나니 쉬지 아니하는 악이요 죽이는 독이 가득한 것이라 (약 3:5-8)

무심코 뱉은 말의 작은 불씨가 결혼의 숲을 태워 버릴 수 있습니다. 언약으로 묶인 결혼의 온몸을 오염시킬 뿐 아니라, 결혼의 수레바퀴를 불사릅니다. 혀는 결혼 생활에서 통제할 수 없는 악이 되어 치명적인 독을 품을 수 있으며, 결혼의 운명을 좌우할 수 있습니다. 잠언 18장 21절은 "죽고 사는 것이 혀의 힘에 달렸나니 혀를 쓰기 좋아하는 자는 혀의 열매를 먹으리라"라고 말합니다.

혀의 힘은 엄청납니다. 우리의 말은 생명을 주거나 파괴할 수 있습니다. 배우자를 낙심시키거나 세울 수 있고, 치유하거나 상처를 줄 수 있습니다. 결혼 생활을 유지하거나 무너뜨릴 수도 있으며, 평화를 가져오거나 갈등을 일으킬 수도 있습니다. 생각 없이 내뱉은 말이 파괴적인 말이라면 우리는 결혼 생활에서 쓴 열매를 거두게 됩니다. 구약을 읽다 보면 출애굽 후 이스라엘 백성이 반복적으로 하나님께 원망하며 불평하는 것을 봅니다. 그들은 하나님의 큰 은혜를 입었지만 얼마 가지 못해 받은 은혜를 잊어버리고 불평합니다. 그들은 자신들이 광야에서 죽게 될 것이라 말합니다(출 14:12). 그러자 하나님은 이렇게 말씀하셨습니다.

그들에게 이르기를 여호와의 말씀에 내 삶을 두고 맹세하노라 너희 말이 내 귀에 들린 대로 내가 너희에게 행하리니 (민 14:28)

이스라엘 백성 가운데 20세 이상 계수된 모든 세대가 광야에서 죽었습니다. 이는 하나님이 원하신 결과가 아니라, 이스라엘 백성이 한 믿음 없는 말의 결과였습니다.

셋째, 혀는 우리의 내면과 마음의 상태를 드러냅니다. 말은 마음과 연결되어 있습니다. 어떤 사람은 종교적으로 흠잡을 데 없을지도 모릅니다. 그는 매일 아침 성경을 읽고, 경건의 시간을 가지며 기도하고, 성경 공부에 참여하고 매주 교회에서 봉사합니다. 그러나 그의 진정한 모습은 배우자와 자녀, 부모, 동료, 이웃과 친구, 심지어 자신에게 악한 말을 하는 사람과 어떻게 대화하는지로 드러납니다. 예수님은 우리가 마음에 쌓은 것으로 말하게 된다고 하셨습니다(마 12:34-35). 악한 마음은 악한 말을 하게 합니다. 배우자에 대해 비판적인 마음을 품고 있다면 비판적인 말을 하게 되고, 용서하지 못하는 마음이 있다면 비열하고 불친절한 말을 하게 됩니다. 교만한 마음은 교만한 말을, 사랑이 없는 마음은 차가운 말을, 분노로 가득 찬 마음은 분노를 쏟아 내게 합니다. 불평하는 마음은 끊임없는 불만으로 이어집니다. 반대로 값없이 받은 은혜를 아는 마음은 겸손의 말을 하게 합니다. 자신이 용서받은 자임을 아는 마음은 용서를 말하게 하고, 범사에 감사하는 마음은 감사의 말을 낳습니다. 하나님을 경외하는 지혜로운 마음은 지혜로운 말을 하게 합니다. 하나님을 향한 뜨거운 마음은 일상 속에서 그분에 대해 더 많이 이야기하게 합니다.

우리의 말은 마음과 연결되어 있으며, 실제로 말은 마음의 상태를 보여 주는 온도계입니다. 그래서 말은 우리의 영적인 상태, 즉 영적 성숙함의 지표가 됩니다. 부부의 말이 날카롭고 불친절하며 참을성이 없고 비판적이며 비꼬거나 속이거나 무례하다면, 그것은 마음의 문제를 보여 줍니다. 성장과 변화가 필요하다는 신호입니다. 부부 대화의 문제는 상황이나 환경에서 출발하는 것이 아니라 마음에서부터 출발해야 합니다.

부부 대화에서 기억해야 할 세 가지

이제 부부 대화의 세 가지 핵심 요소를 살펴보고, 피해야 할 비성경적인 말들을 확인하며, 그런 말들이 누구를 섬기는지를 생각해 보겠습니다. 부부의 건강한 의사소통을 위해서는 대화의 세 가지 핵심 영역을 고려해야 합니다. 말의 내용, 어조, 신체 언어, 이 세 가지는 대화의 상호작용에 중요한 역할을 합니다.

바른 말을 잘 선택하라

우리의 말은 단순한 소리가 아니라 상처를 주거나 치유할 수 있는 강력한 도구입니다. 함부로 내뱉은 말은 상대방을 칼로 찌르듯이 깊은 상처를 줄 수 있습니다. 반대로 지혜롭고 은혜로운 말은 배우자를 세우고 치유하며 회복시킬 수 있습니다.

> 칼로 찌름같이 함부로 말하는 자가 있거니와 지혜로운 자의 혀는 양약과 같으니라 (잠 12:18)

어려운 결혼 생활을 하고 있는 한 자매에게 '30일 동안 남편 격려하기' 도전을 제안했습니다. 그녀는 관계의 변화를 꿈꾸며 남편을 격려해 보려고 했지만, 입이 떨어지지 않는다고 고백했습니다. 감사하게도 그녀는 거기서 멈추지 않고 하나님께 도우심을 간구했고 변화하기 시작했습니다. 우리는 값없이 받은 복음의 은혜를 날마다 묵상해야 마음의 변화가 일어납니다. 복음만이 은혜로운 말과 세워 주는 말을 가능하게 합니다.

적절한 어조를 훈련하라

잠언 15장 1절은 "유순한 대답은 분노를 쉬게 하여도 과격한 말은 노를 격동하느니라"라고 말합니다. 어조는 말의 분위기와 감정을 전달하는 중요한 요소입니다. 부드럽고 유순한 어조는 분노를 가라앉히지만, 날카롭고 가시 돋친 말은 분노를 더욱 격동시킵니다. 아무리 옳은 말을 하더라도 그 말이 분노와 가시로 가득하다면 배우자의 마음을 다치게 합니다. 좋은 내용이라도 어조가 불친절하고 짜증스러우면 메시지는 전달되지 않고 부정적인 감정만 남게 됩니다.

배우자와 대화할 때 어조를 잘 점검해야 합니다. 어조는 마음 상태를 드러냅니다. 때로는 습관적으로 날카로운 어조가 자리 잡고 있는데 자신은 인지하지 못할 수 있습니다. 부부가 서로 사랑 안에서 지적하려면 성령님의 도우심을 구하며 바른 어조로 말하기를 훈련해야 합니다.

신체 언어를 점검하라

신체 언어는 표정, 눈 맞춤, 제스처, 자세 등을 포함합니다. 많은 소통 전문가가 어조나 말보다 신체 언어가 더 중요한 영향력을 미친다고 강조합니다. 창세기 4장 6절에서 하나님은 가인의 얼굴색이 변하는 것을 보시고 "네가 분하여 함은 어찌 됨이며 안색이 변함은 어찌 됨이냐"라고 말씀하셨습니다. 가인의 얼굴색이 변한 것은 그 마음의 죄 때문이었습니다. 우리 마음속에 있던 것이 신체 언어가 되어 밖으로 나옵니다.

우리는 자기 표정을 잘 보지 못합니다. 우리의 표정이 변할 때 어떤 두려움을 조장하는지 잘 모릅니다. 그래서 배우자나 자녀에게 물어야 합니다. 말의 어조나 표정 속에 사랑과 친절이 담겨 있는지 정기적으로 물어보십시오. 단순히 가정의 평화를 위해 또는 그것이 도덕적으로 옳으니 그렇게 하려는 것이 아니라 복음의 은혜를 받은 자로서 다른 사람에게 그 은혜를 흘려보내기 위함입니다.

바른 말을 선택하고, 적절한 어조를 사용하며, 신체 언어로 배우자를 축복하는 것은 복음의 은혜를 누리는 사람이 맺는 열매입니다. 복음은 머물러 있지 않고 넘쳐흘러 다른 사람에게 은혜를 베풀게 합니다. 이러한 태도는 부부 대화를 더욱 풍성하고 의미 있게 만듭니다.

비성경적인 대화법 피하기

결혼 관계에서 비성경적인 의사소통은 부부의 신뢰와 친밀감을 해칠 수 있습니다. 비성경적인 대화는 종종 이기심, 교만, 두려움에서 시작되어 부부의 연합을 방해합니다. 다음은 결혼 생활에서 피해야 할 비성경적인 대화법입니다.

말 끊기

대화 도중에 배우자의 말을 끊는 것은 무시당하는 느낌을 줄 수 있습니다. 의견이 다를 때 끝까지 듣는 것은 어렵지만, 존중하는 대화는 상대방의 말을 끝까지 경청하는 것입니다. 그래야 좋은 소통을 할 수 있습니다.

소극적 듣기

소극적 듣기는 남편에게서 흔히 나타나는 모습입니다. '저 사람은 이 부분을 이해하지 못해' 또는 '할 일도 많은데 그 정도는 알아서 하면 좋겠는데'와 같은 생각은 소극적으로 듣게 만듭니다. 이것은 가정의 인도자로서의 모습이 아닙니다. 남편은 개인적인 문제, 하나님과의 관계, 자녀 교육과 미래, 가정의 재정, 이웃과의 관계 등등을 아내와 함께 기꺼이 의논해야 할 책임이 있습니다.

동기를 판단하기

배우자가 말하지 않은 동기를 추측하고 판단하는 것은 건강하지 않은 의사소통입니다. 예를 들어 "당신이 친절한 이유는 부모님 때문이야" 또는 "이걸 부탁하려고 일부러 그렇게 했군"과 같은 말은 피해야 합니다. 우리는 하나님 자리에 앉아 판단할 수 없습니다. 배우자의 의도를 긍정적으로 해석하고, 어려울 때는 직접 말의 동기를 물어 보는 것이 지혜롭습니다.

과장하기

"당신은 내 말을 절대 듣지 않아요", "당신은 항상 내가 하는 일을 반대하네요", "한 번도 고맙다고 말하지 않네요"와 같은 과장된 말은 대화를 가로막는 방해물입니다. 이러한 말은 고통스럽고 사랑이 없으며 정직하지 않은 표현입니다. 이런 대화는 상대방이 마음을 닫게 하고 다툼을 일으킵니다. 만약 배우자가 거듭 빠져드는 연약함이 있으면 "이 부분에서 당신이 어려움을 겪는 것 같은데 제가 어떻게 도와줄까요?"라고 말하는 것이 더 나은 대화 방법입니다.

과거 문제 들추기

부부가 대화할 때 오래된 갈등을 다시 언급하면 문제를 해결하는 것이 아니라 문제에 문제를 더하는 것이 됩니다. 하나님은 예수님을 통해 우리 과거의 죄를 용서하십니다. 하나님은 그분과의 관계에서 우리 과거의 죄들을 문제 삼지 않으십니다. 우리가 연약해서 또 넘어져도 인내해 주시고 그 죄에서 벗어날 수 있도록 계속 도와주십니다. 마찬가지로 지혜로운 부부는 현재의 문제에 집중하고 과거의 잘못을 다시 들추지 않음으로써 서로에게 은혜를 베풀어야 합니다.

책임 회피하기

책임 회피는 가장 오래된 비성경적인 의사소통 방식 중 하나입니다. 아담은 죄를 짓고 하나님을 피해 숨으면서 "하나님이 주셔서 나와 함께 있게 하신 여자 그가 그 나무 열매를 내게 주므로 내가 먹었나이다"(창 3:12)라며 자신의 죄에 대한 책임을 지지 않고 여자와 하나님께 책임을 돌렸습니다. 타락한 인간은 자신의 죄를 보지 못하고 누군가를 끊임없이 찾아 비난의 화살을 돌리고 책임을 회피합니다.

그러나 결혼 생활에서 성경적인 대화법의 기본 원칙은 상대의 잘못이 아니라 자신의 잘못부터 책임지는 것입니다. "모두 당신 탓이에요"라고 하면 대화는 어려움에 봉착합니다. 배우자의 잘못이 90%이고 자신의 잘못이 10%라 하더라도, 그 10%는 온전히 자신의 책임입니다. 책임을 전가하거나 자신의 역할을 축소해서는 안 됩니다.

이외에도 배우자의 감정을 무시하거나 서로를 모욕하거나 비판하는 것, 다른 사람과 비교하는 것, 이혼이나 별거를 언급하며 위협과 두려움을 조장하는 것, 지나친 질투나 소유욕을 드러내는 것도 피해야 할 비성경적인 대화법입니다. 이 대화법은 모두 우리 마음에 있던 내용입니다. 부부는 이 마음에 숨은 죄들을 버리고 어떻게 함께 자라야 하는지 배워 가야 합니다.

비성경적인 대화는 누구를 섬긴 것인가?

우리가 말하는 모든 말에는 방향이 있습니다. 말은 중립적이지 않습니다. 우리가 쏟아 낸 말 중에는 격려, 감사, 교훈, 지혜와 같은 생명을 살리는 방향의 말이 있는가 하면 분노, 비방, 질투, 험담, 분열, 멸시와 같은 죽음을 향한 말도 있습니다. 그래서 말은 전쟁터입니다. 우리 마음에서 나온 말을 주의 깊게 살펴보면 우리가 누구를 섬기는지를 알 수 있습니다. 자신을 왕으로 삼아 섬기는지, 아니면 하나님을 왕으로 모시고 섬기는지가 드러납니다.

우리가 가정에서, 직장에서, 길거리에서 쏟아 내는 말을 돌아보면 우리의 정체성과 우리가 소속된 나라 그리고 우리가 순종하는 대상이 보입니다. 갈라디아서에서 바울은 이렇게 말합니다.

> 형제들아 너희가 자유를 위하여 부르심을 입었으나 그러나 그 자유로 육체의 기회를 삼지 말고 오직 사랑으로 서로 종노릇하라 (갈 5:13)

우리는 육체가 하고 싶은 대로 감정대로 욕심대로 이기심대로 말하도록 부르심을 받은 것이 아니라, 십자가의 사랑으로 부름받은 사람입니다. 이러한 우리는 오직 사랑으로 종노릇하는 말, 사랑과 섬김의 말을 해야 합니다.

한 결혼정보회사에서 252명을 대상으로 부부 싸움의 말버릇에 대해 설문 조사를 했습니다. 조사 결과, 남녀 모두 싸움 중 가장 듣기 싫은 말은 "됐어. 그만하자"였습니다. 남성의 경우, "이건 다 네 잘못이야"(18.6%), "헤어져!", "이혼하자!"(15.9%), "넌 원래 그래"(13.3%), "결혼한 걸 후회해"(7.1%)가 상위를 차지했습니다.

여성의 경우, "결혼한 걸 후회해"(23.7%), "넌 원래 그래"(20.9%), "네 집은 늘 그런 식이야?"(8.6%), "이건 다 네 잘못이야"(6.5%)가 주요 응답으로 나타났습니다.[2]

이러한 말들의 의미는 무엇일까요? 이 말들은 누구를 섬긴 걸까요? 모두 자기 감정과 욕심과 이기심대로 쏟아 내며 자신을 섬기고, 자기 왕국을 세우는 말입니다. 결국 이러한 말들은 서로에게 깊은 상처를 남기고 관계를 파괴합니다. 레이 오틀런드는 이렇게 말합니다.

우리에게는 자유롭게 말할 권리가 있다. 우리의 정치적 문화 안에서도 이 권리를 아무도 막을 수 없다. 그러나 우리가 크리스천이 된 후에는 이 권리를 포기해야 하는 새로운 문화에 들어서게 된다. 우리는 느끼는 대로 내뱉는 것을 멈추어야 한다. 우리의 말은 하나님의 판단 아래로 가져가야 한다.

우리는 예수님의 십자가 죽으심으로 다시 태어난 사람들입니다. 우리는 그 사랑의 나라에서 오늘도 하나님 아버지의 사랑과 돌보심 속에 위로와 격려를 받습니다. 그분의 사랑을 경험하는 자로서 우리의 말은 단순히 느끼는 대로 내뱉는 것이 아니라, 복음의 은혜를 통과해서 흘러나와야 합니다. 우리의 말은 우리의 왕이신 하나님을 섬기고 그분의 말씀에 순종하는 것이어야 합니다. 계속해서 레이 오틀런드는 말합니다.

우리의 혀가 그분의 평강 아래서 조정되면 우리 교회는 안전한 곳이 될 것이고 죄인들의 진정한 안식처가 될 것이다. 그렇게 되면 더 많은 사람들이 교회 안에서 그리스도를 만날 수 있게 되고 그 누구도 이 평강을 방해하지 않게 될 것이다.3)

이것은 교회뿐만 아니라 가정에서도 마찬가지입니다. 부부가 자신의 감정을 따라 내뱉는 것을 멈추고, 하나님의 말씀에 따라 말을 조율한다면, 가정은 배우자와 자녀 그리고 이웃에게까지 안전한 피난

처가 될 것입니다. 그곳에서 그들의 가족과 이웃은 그들이 섬기는 그리스도를 만날 것입니다.

행복한 부부 대화법

한 심리학자가 부부의 대화 시간을 측정하기 위해 연구 대상 부부에게 마이크를 설치하고 일상에서 나누는 모든 말을 기록했습니다. 그 결과, 일주일 동안 부부가 대화하는 평균 시간은 총 17분에 불과했습니다.4) 말의 내용은 고려하지 않더라도, 가장 친밀하고 서로를 격려해야 할 부부 사이의 대화 시간이 하루에 고작 2분 30초라니 믿기 어려운 결과였습니다.

대화 없이 서로를 돌보고 상처와 아픔을 치유하며 그리스도와 교회의 사랑을 세상에 드러낼 수 있는 부부는 없습니다. 부부의 행복한 대화를 위해 야고보의 조언에 귀 기울여 보겠습니다.

듣기는 빨리, 말하기와 성내기는 천천히

듣기는 빨리 하십시오. 부부 사이에 가장 필요한 기술은 듣는 기술입니다.

> 내 사랑하는 형제들아 너희가 알지니 사람마다 듣기는 속히 하고 말하기는 더디 하며 성내기도 더디 하라 (약 1:19)

귀를 기울이고 듣는 기술은 우리의 타고난 기질이 아니라 배워야 할 기술입니다. 우리는 대부분 말하는 법은 배우지만 듣는 법은 배우지 못했습니다. 잘 듣기 위해서는 배우자가 말할 때 어떻게 답할지 생각하지 말고 들어야 합니다. 이해되지 않는 부분이 있다면 상대에게 확인 질문을 하며 대화의 의미를 명확히 해야 합니다.

노하기는 더디 하십시오. 부부가 사랑 안에서 진리를 말하려면 분노를 가라앉히는 법을 배워야 합니다. 분노는 아드레날린과 코르티솔과 같은 스트레스 호르몬을 방출해 신체적 반응을 유발하며, 이러한 호르몬 급증은 보통 90초간 지속된다고 합니다. 이 기간이 지난 후에도 계속해서 화가 난다면 이는 생각이 감정적 반응을 지속시키기 때문인 경우가 많습니다.[5]

분노 호르몬이 급증한 90초를 버티며 가라앉히는 제일 좋은 방법은 기도입니다. "주님, 제가 지금 화가 납니다. 지금 이 시간, 주님의 도움이 필요합니다. 제 마음과 영에 잠잠하라 명령해 주십시오. 제 입술을 지켜 주시고 결혼의 집을 허무는 자가 아니라 세우는 자가 되도록 지혜를 주십시오. 모든 염려와 두려움에서 해방되어 모든 것을 합력해서 선을 이루시는 주님을 의지하며 사랑 안에서 진리를 말하는 자가 되도록 도와주십시오."

이렇게 기도하고 감정을 가라앉혀야 우리의 감정과 생각을 지혜롭게 전달할 수 있습니다.

말하기도 더디 하십시오. 말하기를 더디 하려면 성령님을 의지함으로 우리의 말을 걸러 내는 훈련이 필요합니다. 다음 질문을 스스로에게 던져 보십시오.

- 지금 하려는 말이 꼭 필요한 말인가?
- 친절한 말인가?
- 세우는 말인가? 아니면 무너뜨리는 말인가?

그런 다음 먼저 적극적으로 공감과 격려, 감사의 말을 전한 후 정중하게 생각을 표현하십시오. 에베소서 4장 2절은 "모든 겸손과 온유로 하고 오래 참음으로 사랑 가운데서 서로 용납하라"고 합니다. 겸손하게, 온유하게, 인내로, 사랑 가운데 용납하며 말하는 것은 무엇을 말하느냐보다 어떻게 말하느냐가 더 중요하다는 것을 알려 줍니다.

또한 배우자와의 갈등 상황에서 나의 감정과 생각을 일인칭 메시지로 전달하는 법을 배워야 합니다. 배우자를 정죄하기보다는 감정을 차분히 전달하세요. 예를 들어 "당신 때문에 너무 화가 나요"라는 표현보다 "이 일이 나에게 너무 힘들게 느껴져요"라는 일인칭 표현을 쓰는 게 좋습니다.

부부 데이트

성도들을 섬기면서 대부분의 부부 갈등과 어려움이 부부의 대화 부족 때문이라는 것을 발견했습니다. 남편도 대화를 해야 하지만, 아내는 더욱 대화를 필요로 합니다. 결혼을 통해 그리스도와 교회의 아름다운 관계를 나타내고 복음의 찬란한 영광을 드러내기 위해 부부는 의도적으로 소통할 시간을 계획해야 합니다.

자녀가 있는 경우, 자녀들을 일찍 재우고 촛불 하나 켜 놓고 음악을 틀어 놓고 간단한 디저트와 차를 준비해서 집에서 데이트할 수 있습니다. 또 다른 방법은 두 가정이 돌아가면서 자녀들을 돌봐 주는 것입니다. 한 커플이 외출할 때 다른 커플이 아이들을 돌보고, 그다음에는 역할을 바꾸는 방식입니다. 베이비시터를 고용하는 것도 고려해 보세요. 린다 딜로우는 자녀들을 맡길 곳이 없고, 피곤이 밀려오고, 예상치 못한 일들이 발생하고, 다른 사람들을 돌보는 일 등 수많은 방해가 존재하지만, 데이트할 시간을 계획하고 기도하고 끈질기게 밀고 나가라고 조언합니다.[5]

저희 부부는 데이트를 매주 합니다. 교회 성도들에게는 최소한 한 달에 두 번은 정기 데이트를 권장합니다. 매년 4월부터 6월까지는 부부와 자녀가 데이트를 통해 관계를 강화하는 특별 기간을 마련합니다. 여러 가지 이유로 잠시 데이트를 멈추신 분들이 있다면 다시 습관으로 가져가도록 기억나게 하는 장치입니다. 요즘 많은 아버지가 주말에 자녀들과 시간을 보내는 것을 중요하게 여긴다는 점이 고무적입니다. 하지만 그보다 열 배 더 중요한 것은 아내의 마음을 살피고 대화하는 것입니다.

아내들 역시 남편이 자녀와 놀아 주는 것이 더 편하고 좋다고 생각할 수 있습니다. 그러나 부부 사이의 친밀한 연합이 자녀에게 훨씬 더 큰 유익을 줍니다.

어떤 부부가 데이트를 하라는 말에 도전을 받고 멋진 카페에 가서 자리를 잡았습니다. 그런데 무슨 말을 해야 할지 아무 생각이 나지 않고 어색하고 힘들어서 고통스러웠다고 했습니다. 대화가 없던 부부가 대화하려 하면 당연히 어렵습니다. 그러나 멋진 출발입니다. 부부 데이트라는 선한 일을 하다가 포기하지 않고 6개월에서 1년 정도 꾸준히 지속하면 더 깊은 연합과 친밀함, 신뢰와 사랑이 커지는 경험을 하게 될 것입니다. 저희 부부는 매주 데이트를 통해 큰 축복을 누립니다. 여러분도 이 시간을 통해 기쁨과 풍요를 경험하길 바랍니다. 그렇다면 부부 데이트 시간에 어떤 대화들을 나누어야 할까요?

부부 데이트 질문지

부부 데이트의 출발점은 계획 세우기입니다. 데이트 날짜와 시간을 정하고 일정표에 기록하세요. 한 달에 두 번은 꼭 시간을 내세요. 누군가 계획된 날을 침범하려고 하면 중요한 선약이 있다고 당당하게 말하십시오. 부부 데이트는 서로를 돌아보고 감사하고 격려하며 서로의 마음과 영혼을 돌보고 함께 성장하는 귀한 시간입니다.

다음은 부부가 데이트하며 두 시간 정도 함께 나눌 수 있는 질문들입니다.

서로와 하나님께 감사하기

배우자의 사랑과 섬김으로 인해 누리는 유익과 기쁨, 성장을 나누고 서로에게 감사하세요. 각자의 삶 속에 하나님이 신실하게 인도하신 일들에 대한 감사도 함께 나눕니다. "나는 당신에게 이런 점을 감사해요. 최근에 당신 덕분에 이런 유익을 얻었어요. 당신의 섬김 때문에 이런 기쁨과 성장이 있었어요."

하나님과의 관계 점검하기

인생의 가장 중요한 우선순위인 하나님과의 관계에 대해 나누고 서로의 영적 성장을 격려하세요. "당신과 하나님과의 관계는 어때요? 그분과의 만남을 정기적으로, 기쁨으로, 친밀하게 누리고 있나요? 내가 이 부분을 위해 무엇을 어떻게 도와주면 좋을까요?

마음의 싸움 나누기

내면의 싸움과 영적 도전을 서로 나누며 기도로 돕고 격려하세요. "최근 마음에 무거운 짐이나 싸우고 있는 죄가 있나요? 그 원인은 무엇이라고 생각해요? 복음의 진리를 적용해서 어떻게 극복할 수 있을까요? 내가 어떻게 기도하고 도우면 좋을까요?"

신앙생활의 우선순위 점검하기

그리스도인이 살아가는 삶의 최우선순위는 마음을 다해 하나님을 사랑하고 이웃을 사랑하는 것입니다. "우리 가족은 하나님을 사랑하고 서로를 돌보며, 하나님이 맡기신 교회와 직장에서 사명을 잘 감당하고 있나요? 그리스도인의 삶의 우선순위를 세우기 위해 우리가 지금 우선 할 수 있는 한 가지 영역은 무엇인가요?"

자녀 양육에 대해 이야기하기

자녀 양육은 100% 부모 책임입니다. 자녀를 그리스도께로 이끄는 부모의 책임을 함께 이야기하고 지혜를 나누세요. "요즘 아이들과 관계는 어때요? 사랑과 친절로 잘 섬기고 있나요? 어떤 점이 가장 어려워요? 자녀 양육에서 지금 필요한 것과, 배우고 성장해야 할 점은 무엇일까요?"

섬김과 성장을 위한 도움 요청하기

서로의 섬김과 성장을 위해 진솔하게 대화를 나누세요. "내가 당신의 어떤 부분을 도와주고 섬기면 좋을까요? 내가 예수님을 닮아 가기 위해 성장해야 하는 한 가지는 무엇일까요?"

가족 일정 조율하기

앞으로 2~3주간의 가족 일정을 함께 점검하세요. 가족 행사, 학교 일정, 부부의 약속 등등을 함께 논의하고 협력하세요.

이 질문들을 두 시간 안에 모두 다루기는 어려울 수 있습니다. 그러나 데이트를 거듭할수록 서너 개의 질문만 나눠도 충분함을 알게 됩니다. 저희 부부는 상황에 따라 다르지만, 다음의 네 가지 질문은 꼭 나눕니다.

- 서로 감사하고 격려하기
- 하나님과의 관계 이야기하기
- 최근 마음의 무거운 짐과 죄의 문제 나누기
- 무엇을 도와주고 섬기면 좋을지 묻기

부부 데이트의 목적은 서로의 잘못을 드러내고 비판하고 고치려는 것이 아닙니다. 이 땅을 살아가며 고군분투하는 부부가 서로에게 감사하고 격려하며 한 몸, 한 팀으로 함께 성장하는 시간입니다.

부부는 서로가 죄인인 것을 기억하고, 복음을 자신에게 먼저 적용하며, 항상 격려하고 빨리 용서해야 합니다. 특별히 부부가 대화할 때는 직접적인 답을 주기보다 질문을 사용하며, 겸손과 친절로 대화해야 합니다.

한두 번의 데이트로 부부가 서로 급격히 변화하기를 기대하지 마세요. 잘되었다 안되었다를 반복하며 점진적으로 자라는 것을 기억해 주세요. 서로의 변화에 조급하게 서두르지 않기를 바랍니다. 최소 6개월 또는 1년 동안 지속적인 격려와 감사, 대화가 필요합니다.

그 시간을 통해 대화가 자연스러워지고 부부는 서로를 더욱 깊이 이해하게 됩니다. 또한 상호 책임을 지면서 더디지만 반드시 자라 가는 서로를 보게 될 것입니다.

저희가 미국에 잠시 머물 때, 어떤 가정은 매주 데이트 대신, 매일 퇴근 후 부부가 15분에서 30분 티타임을 갖는 것을 보았습니다. 아이들은 그 시간을 방해할 수 없고 엄마 아빠의 대화가 끝마칠 때까지 조용히 기다려야 했습니다. 짧은 대화 시간이지만 하루에 있었던 일들을 나누고 서로에게 감사하며 마음과 영이 하나 되는 친밀감을 누린다고 두 사람은 증언했습니다.

부부 데이트 외에도 저희 부부는 생일이나 결혼기념일에는 반나절 또는 1박 2일 데이트를 떠납니다. 이때 빠지지 않는 것은 손 편지를 써서 읽어 주는 시간입니다. 결혼 15주년 이후부터는 매달 저축해서 5년 단위로 결혼기념일 여행을 계획합니다. 여행지에서 사진도 찍고 자연도 즐기고 서로에게 감사하며 긴 시간 대화를 나누는 동안 부부는 더욱더 친밀해집니다. 이것도 너무 좋아서 교회 성도들에게 권했습니다.

일주일에 단 17분, 하루에 2분 30초 대화가 전부인 부부가 되지 않기를 바랍니다. 함께 시간을 보내며, 대화 나누기를 계획하고, 기도하고 꾸준히 실행에 옮기면서 데이트의 유익을 누리는 부부가 많아지기를 소망합니다.

부부 대화 속 복음의 은혜

부부가 대화를 하면 할수록 알게 되는 것은 우리가 얼마나 처절한 죄인인가입니다. 우리의 혀가 얼마나 더러운지 보게 됩니다. 수많은 대화의 갈등 속에 우리는 얼마나 은혜가 절실히 필요한 사람인지 깨닫게 됩니다. 거룩하신 하나님 앞에서 우리의 말에 담긴 동기와 태도, 말의 어조, 신체 언어들을 다시 돌아보면 우리는 이사야처럼 고백하게 됩니다.

> 화로다 나여 망하게 되었도다 나는 입술이 부정한 사람이요 나는 입술이 부정한 백성 중에 거주하면서 만군의 여호와이신 왕을 뵈었음이로다 (사 6:5)

모든 상황에서 우리는 복음이 필요합니다. 예수님은 왜 십자가에서 입을 닫으시고 침묵하셨을까요? 우리 입술에서 나온 말들 때문이었습니다.
우리가 쏟아 낸 하나님을 모독한 말, 그분이 존귀하게 여기시는 사람을 미워하고 증오한 말 때문에 예수님은 침묵하셨습니다. 우리가 혀로 짓는 죄에 대해 예수님은 우리 대신 하나님의 심판을 받으셨습니다. 우리가 받아야 할 모든 형벌을 받으셨습니다. 그래서 우리가 깨끗해졌고 정결해졌고 그리스도의 의로운 옷을 입었습니다. 이 복음의 은혜가 부부의 대화 현장에 날마다 필요합니다.

이 땅에 혀를 온전히 길들일 수 있는 사람은 아무도 없습니다. 말에 실수가 없는 분은 오직 예수님뿐이십니다. 그러나 우리는 여전히 혀를 다스릴 수 있습니다. 그 비결은 하나님의 자녀로서 매일 말씀 앞에 회개하고 우리의 마음을 정결하게 하는 것입니다. 하나님의 말씀에 귀를 열고 말씀을 마음에 채울 때, 우리의 마음이 변화됩니다. 말씀으로 가득 찬 마음에서 나오는 말은 배우자를 정결케 하고, 자녀를 변화시키는 도구가 될 수 있습니다.

우리가 날마다 복음을 기억한다면, 갈등과 실수 속에서도 부부의 대화 속에 은혜가 흐르게 됩니다. 자녀들은 이 모습을 보고 배우며, 부부의 결혼 생활은 더욱 강해집니다. 결혼한 부부의 친밀함과 하나 됨은 두 사람만을 위한 것이 아닙니다. 자녀와 이웃이 그 모습을 보며 자라나고 변화됩니다. 두 사람을 통해 하나님의 은혜가 흐르고, 하나님 나라가 확장됩니다.

- 부부는 대화를 통해 서로를 세울 수도, 무너뜨릴 수도 있다.
- 말은 마음의 상태를 드러내며, 우리가 누구를 섬기고 있는지를 보여 준다.
- 부부의 말은 복음의 은혜를 통과해 흘러나와야 한다. 우리의 말은 왕이신 하나님을 섬기고 그분의 말씀에 순종하는 말이어야 한다.

나눔과 적용을 위한 질문

1. 우리는 말에서 실수를 많이 합니다. 우리 중에 온전한 사람은 없습니다. 부부는 평생 대화하며 성장해 갑니다. 부부 대화를 확인하는 다음 질문에 대해 '매우 그렇다'(5점)부터 '전혀 그렇지 않다'(1점) 중에서 해당하는 점수에 표시해 보세요.

① 배우자에게 감사와 격려의 말을 자주 하려고 의도적으로 노력한다.
    5   4   3   2   1

② 배우자와 갈등이 있을 때, 과거의 실수를 끄집어내어 상처 주지 않으려고 한다.
    5   4   3   2   1

③ 배우자에게 중요한 일이나 감정을 숨기지 않고 진실하게 말하려고 노력한다.
    5   4   3   2   1

④ 배우자가 한 말의 동기를 판단하거나 비판하지 않으려고 힘쓴다.
    5   4   3   2   1

⑤ 성령을 의지하여 말하기를 더디 하는 훈련을 한다.
    5   4   3   2   1

⑥ 갈등이 있을 때, 목소리 톤을 높이거나 거칠게 말하지 않으려고 애쓴다.
    5   4   3   2   1

⑦ 자녀들이나 타인 앞에서 배우자의 약함과 죄를 말하지 않으려고 노력한다.
    5   4   3   2   1

⑧ 가능한 나의 행동과 내가 한 약속에 책임을 지려고 한다.
    5   4   3   2   1

⑨ 배우자와 정기적으로 대화하기를 기뻐하고 중요하게 여긴다.
    5   4   3   2   1

⑩ 우리 부부는 서로의 죄를 고백하고 용서하는 일에 힘쓴다.
    5   4   3   2   1

2. 1번의 질문들 중 내가 잘하는 점은 무엇입니까? 연약한 부분, 성장해야 하는 점은 무엇입니까? 나의 대화를 돌아보고 스스로 생각해 보세요.

3. 1번의 질문에, 나에 대한 배우자의 평가는 어떠한가요? 부부의 대화에서 앞으로 3개월 동안 특별히 성장해야 할 한 가지는 무엇인가요? 서로에게 성장 포인트를 한 가지씩 말해 주세요.

4. 정기적인 부부 데이트는 결혼 생활에 기쁨과 풍요로움을 줍니다. 부부가 어떻게 데이트를 할지 계획을 세워 보세요. 부부의 대화가 성장해 가도록 서로를 위해 기도해 주세요.

복음이 빛나는 부부의 기도

하나님, 우리는 말에 실수가 많은 사람입니다. 우리의 마음이 먼저 복음으로 변화되어 우리 부부가 서로에게 생명을 주고 세우는 말을 할 수 있도록 도와주세요. 우리의 대화가 왕이신 주님께 순종하는 삶의 열매가 되기를 원합니다. 예수님의 이름으로 기도드립니다. 아멘.

8장
**친밀함,
어떻게 세울 것인가?**

부부는 영적, 정서적 그리고 육체적으로 친밀감을 누려야 합니다. 이 장에서는 부부가 누려야 할 친밀함 중 성의 친밀함에 대해 이야기하려고 합니다. 저희 부부는 결혼하기 전 성에 대해 제대로 배우지 못했습니다. 부모님께도 교회에서도 부부의 성에 대해 배운 적이 없습니다. 이처럼 대부분의 그리스도인은 성에 대한 건강한 교육을 받지 못하지만, 세상은 노골적으로 왜곡된 정보를 쏟아 냅니다.

오늘날 성은 그리스도인이 문화의 영향을 가장 많이 받는 주제이며, 동시에 사탄이 가장 치열하게 공격하는 영역입니다. TV를 켜기만 해도 간음, 혼전 성관계, 동성애 등을 다루는 미디어를 쉽게 접할 수 있으며, 정보 검색을 위해 인터넷 창만 열어도 선정적인 웹툰이 나란히 노출되는 등 자극적인 자료가 넘쳐 납니다. 사탄은 하나님의 아름다운 창조물인 성을 추하고 더럽고 저급하고 값싼 상품으로 변질시키는 데 성공한 듯 보입니다.

반면 대부분의 교회는 여전히 이 주제에 대해 침묵하고 있으며 무기력해 보입니다. 성도들은 성에 대한 올바른 성경적 관점을 배우기가 쉽지 않기에 성을 부정하고 수치스럽고 불편한 것으로 여기는 경향이 있습니다. 또는 세속적 문화 속에서 은밀하고 수치스럽게 성에 대해 배우며 자라 왔습니다. 그래서 성과 연관된 고민과 아픔들을 누구에게도 털어놓지 못하고, 성에 대해 편견과 상처와 왜곡된 시각을 가지고 살아가는 경우가 많습니다.

이 장에서는 성경의 관점에서 성을 다시 바라보고, 부부 사이에 허락된 성의 아름다움을 어떻게 회복할 수 있는지 살피겠습니다. 먼저 성에 대한 왜곡된 관점과 성경적 관점을 비교해 보겠습니다. 이어서 죄로 인해 오용된 성 문화 속에서 부부가 순결함을 지키는 전술에 대해 이야기하고, 부부의 친밀감을 성장시키는 전략을 나누려 합니다.

성에 대한 왜곡된 관점

고대 종교에서는 성을 우상숭배에 사용했습니다. 구약 시대에 이스라엘 주변 나라들의 바알과 아세라 숭배는 성적 의식과 깊이 관련이 있었습니다. 바알은 풍요와 다산의 신으로, 아세라는 다산과 어머니 여신으로 여겼습니다. 신전 매춘은 농경의 풍요를 기원하는 의식으로 시행되었다고 전해집니다(왕상 14:24, 호 4:13-14).

그리스와 로마에서도 비슷한 상황이 벌어집니다. 그리스의 사랑과 미의 여신으로 불린 아프로디테 신전에서는 종종 성적인 의식을 통해 신과 인간을 연결한다고 여겼습니다. 고대 로마에서도 봄의 여신

플로라를 기리며 풍요와 다산을 상징하는 성적인 축제가 열렸습니다. 고대 종교에서는 성행위를 종교 의식의 일환으로 여겨 자연과 신의 결합, 풍요, 생명의 재생을 상징하는 경우가 많았습니다. 성적인 의식은 초월적 세계와의 접촉을 의미하고, 다산과 생명의 순환을 기원하는 주요 제사 의식 요소였습니다.

오늘날은 성을 우상으로 숭배하는 쾌락주의적 경향이 이미 사회 전반에 퍼져 문화의 일부가 되었습니다. 이제 혼전 성관계와 동거, 포르노는 사회에서 크게 지탄받지 않는 것 같습니다. 10년 전에는 인터넷 사이트 중 12%가 포르노 사이트라고 했으나, 요즘은 집계하기도 어려울 정도입니다. 포르노 중독 문제는 남성뿐 아니라 여성에게도 확산되었으며 교회와 그리스도인에게도 영향을 미치는 심각한 문제이기도 합니다.

반대로 성을 혐오하는 오해도 있습니다. 성은 단지 종족 번식을 위해 필요하고, 그 외는 죄이고 역겹다고 보는 시각입니다. 이러한 생각은 초기 교회 때부터 깊숙이 영향을 끼쳤습니다. 일부 초기 교부들은 성을 부정적으로 바라보았습니다. 그 결과, 부부가 함께 시간을 보낼 수 있는 날을 제한하는 터무니없는 규제가 생겨났습니다.

크리스마스 축제 전 40일, 부활절 전 40일, 부활절 후 8일, 오순절 후 8일은 성관계를 금지했다. 그뿐 아니라 주일은 예수님의 부활을 기념하기 위해, 수요일마다 사순절 시작을 마음에 새기기 위해, 금요일에는 십자가 처형을 기억하기 위해, 출산 후 30일과 생리 기간, 성찬식 닷새 전부터 성관계를 금지했다. 축일을 제외한 금지일이 252일이고 부부 관계를 할 수 있는 날은 83일만 남는다(물론 생리 기간이나 임신 중, 출산 후가 아니라면 말이다).[1]

이처럼 교회 내에 성에 대한 두려움과 왜곡된 가치관이 존재했고 청교도 시대에 이르러서야 성을 성경적 관점에서 바라보기 시작했습니다. 하지만 하나님의 자녀인 우리는 하나님이 허락하신 성의 관점이 무엇인지 알아야 합니다.

성에 대한 성경적 관점

거룩하고 선하게 창조된 성

이러므로 남자가 부모를 떠나 그의 아내와 합하여 둘이 한 몸을 이룰지로다 아담과 그의 아내 두 사람이 벌거벗었으나 부끄러워하지 아니하니라 (창 2:24-25)

하나님은 성을 창조하시고 남자와 여자에게 성적 열망을 주셨습니다. 에덴동산에서 아담과 하와가 서로 사랑을 나누는 모습을 보신 하나님은 찡그리지 않으셨습니다. 그것이 처음부터 하나님의 생각이었기 때문입니다. 하나님이 우리의 성을 부끄러워하지 않으시기에 우리도 부끄러워하지 말아야 합니다. 부부가 침대에서 '불결해, 이상한 영화를 찍고 있는 것 같아'라고 생각한다면, 그것은 세상이 망가뜨린 성에 대한 생각입니다.

우리의 성적 열망은 악한 것이 아닙니다. 성경은 부부가 결혼 안에서 사랑을 나누는 것을 응원합니다. 아가서를 보십시오. 그것은 부부의 사랑 이야기입니다. 그 이야기가 성경에 포함된 것은 하나님이 성을 거룩하고 선하게 여기신다는 증거가 아닐까요?

그러나 하나님은 인간에게 성을 선물로 주셨을 때 경계도 정해 주셨습니다. 성은 결혼 안에서만 가능하며, 결혼 안에서 신실하게 이루어져야 합니다. 하나님은 결혼 밖의 성을 허락하지 않으십니다. 성경은 이렇게 말합니다.

모든 사람은 결혼을 귀히 여기고 침소를 더럽히지 않게 하라 음행하는 자들과 간음하는 자들을 하나님이 심판하시리라 (히 13:4)

하나님의 뜻은 이것이니 너희의 거룩함이라 곧 음란을 버리고 각각 거룩함과 존귀함으로 자기의 아내 대할 줄을 알고 하나님을 모르는 이방인과 같이 색욕을 따르지 말고 … 하나님이 우리를 부르심은 부정하게 하심이 아니요 거룩하게 하심이니 그러므로 저버리는 자는 사람을 저버림이 아니요 너희에게 그의 성령을 주신 하나님을 저버림이니라 (살전 4:3-5, 7-8)

성경은 음행, 간음, 색욕에 대해 아주 강한 언어로 경고합니다. 하나님은 그런 일을 저지른 이들을 심판하실 것이라고 합니다. 하나님이 우리를 거룩함과 존귀함으로 부르셨는데 이것을 저버리는 것은 사람이 아니라 하나님을 저버리는 것이며, 복음을 욕되게 하는 일이라고 말합니다. 더 나아가 예수님은 이렇게 말씀하십니다.

음욕을 품고 여자를 보는 자마다 마음에 이미 간음하였느니라 (마 5:28)

예수님은 그분의 백성에게 마음으로도 상상으로도 성적인 죄를 범하지 말라고 말씀하십니다. 이 말씀은 우리를 숨 막히게 하고 옥죄려는 것이 아닙니다. 이 말씀은 하나님이 우리를 보호하시고 안전과 평안 그리고 더 큰 행복을 주시려는 사랑의 경고입니다.

결혼 밖의 성은 더럽고 추합니다. 마음의 상처뿐 아니라 가정 파탄이라는 무서운 결과를 가져옵니다. 그러나 오늘날 사탄은 세상의 문화를 이용해 결혼 밖의 성을 거짓된 아름다움으로 묘사합니다. 대중매체를 통해 보는 성의 90%가 결혼 밖에서 일어나는 것입니다. 유명 연예인과 스타들이 결혼 밖의 성을 아무렇지도 않은 것처럼 대할 뿐 아니라, 근사하고 로맨틱하게 변질시키고 있습니다.

그래서 젊은이들과 많은 그리스도인조차 성에 대한 올바른 성경적 관점을 갖기 어려워졌고, 잘못된 태도를 가지게 되었습니다. 사탄은 결혼 밖의 성이 얼마나 치명적이고 파괴적이며 무서운 죄인지 감쪽같이 숨깁니다. 세상이 성을 엉망으로 만들었지만, 우리가 함께 인정해야 하는 진리는 성은 하나님이 창조하셨고 부부 안에서의 성은 거룩하고 선하고 아름답다는 것입니다.

그렇다면 그리스도인이 되기 전에 무지하거나 연약함으로 인해 저지른 성적 죄는 어떻게 되는 걸까요? 모든 죄의 결박에서 벗어나는 시작은 회개와 고백입니다. 어느 날 한 자매가 상담을 요청했습니다. 그녀는 한 형제와 교제하며 임신했으나 낙태를 했다고 고백했습니다. 결혼을 기대했지만 형제는 다른 여자를 만나기 시작했다고 했습니다. 자매는 하나님께 회개했지만, 혼전 성관계와 낙태에 대한 죄책감에 아파했습니다.

저(길미란)는 진심으로 죄를 자백하고 회개한 그녀가 예수님이 행하신 일로 거룩하고 순결한 하나님의 딸임을 말해 주었습니다. 그녀에게 다시는 죄를 짓지 말고 결혼식 날까지 순결을 지키도록 부탁했습니다. 감사하게도 그녀의 삶에는 회개의 열매가 있었습니다.

요한복음 8장에서 바리새인들과 서기관들은 간음하다 잡힌 여인을 예수님 앞에 끌고 왔습니다. 모세의 율법에 이런 여자는 돌로 쳐 죽이라 했는데, 예수님은 어떻게 하고 싶으신지 물었습니다. 예수님은 그때 땅에 글을 쓰셨습니다. 그들이 재차 물으니 "너희 중에 죄 없는 자가 먼저 돌로 치라"고 하시고 또 손으로 땅에 글씨를 쓰십니다.

사람들이 양심의 가책을 느껴 하나씩 사라지고 후에 예수님과 여인만 남았습니다. 예수님은 여자에게 그녀를 고소한 자들이 어디 있는지, 그녀를 정죄한 사람이 없는지 물으십니다. 그녀가 "주여 없나이다"라고 답하자 예수님이 그녀에게 "나도 너를 정죄하지 아니하노니 가서 다시는 죄를 범하지 말라"고 말씀하십니다. 예수님이야말로 죄가 없는 분이십니다. 그분만이 여인을 돌로 칠 자격이 있는 분이십니다. 그러나 예수님은 여인을 정죄하지 않으십니다. 오히려 그녀가 스스로 죄의 짐을 감당할 수 없음을 아시고, 그 죄를 대신 짊어지고 십자가에 올라가셨습니다.

혹 과거에 상처가 있는 분이라면, 예수 그리스도를 믿고 회개하는 자에게 주시는 죄 사함과 의롭다 함의 은혜를 자신의 것으로 받아들이십시오. 그리고 예수님 말씀처럼 다시는 죄를 범하지 말고 순결을 지키십시오. 주님은 죄를 용서해 주시고 결혼 생활 속에서 새롭고 거룩한 친밀함을 누리도록 도와주실 것입니다.

과거의 아픔이 다시 떠오를 수 있지만, 그때마다 복음을 기억하십시오. 예수님은 그 고통에서 자유를 주시려고 십자가를 지셨습니다. 상처 속에서도 복음을 기억하십시오. 죄책감 없이 그리스도를 영화롭게 하는 성을 누리도록 예수님이 우리의 죗값을 치르셨음을 믿으십시오. 주님은 모든 것을 합력하여 선을 이루는 분이십니다. 주님은 우리를 죄책감에서 자유하게 하시고, 배우자를 더 귀히 여기게 하시며, 주님을 더 깊이 사랑하는 영적인 유익을 누리게 하십니다.

출산을 위한 성

> 하나님이 그들에게 복을 주시며 하나님이 그들에게 이르시되 생육하고 번성하여 땅에 충만하라, 땅을 정복하라, 바다의 물고기와 하늘의 새와 땅에 움직이는 모든 생물을 다스리라 하시니라 (창 1:28)

하나님이 남자와 여자의 결혼 안에 성을 선물로 주신 이유 중 하나는 자녀를 출산하게 하시기 위해서입니다. 하나님은 부부의 사랑을 통해서 생명을 창조하는 능력을 주시고 하나님의 거룩한 자녀를 낳아 양육하는 특권을 주셨습니다.

저희 부부는 인생에 후회가 거의 없지만, 한 가지가 있다면 자녀를 두 명만 낳은 것입니다. 자녀를 키우는 것보다 하나님 나라와 교회를 위해 헌신하자는 마음으로 둘을 낳고 남편이 수술을 받았습니다. 후에 이런 생각이 헌신을 빙자한 성공의 우상이 저희 마음에 있었던 것임을 알게 되었습니다. 자녀는 짐이 아니라 선물이며, 하나님 나라를 확장하는 귀중한 생명이고, 아이들을 키우는 것은 특권인데 생각이 짧았다는 것을 깨달았습니다. 저희는 회개했고 남편은 다시 수술을 받았습니다. 금방 자녀가 생길 줄 알았습니다. 그런데 쉽지 않았습니다. 열심히 기도했습니다. 저희 인생에 제일 많이 기도한 제목이었습니다. 7년 후 임신했지만 7주 만에 유산되었습니다. 그때 다시 깨달았습니다. 자녀는 하나님이 주시는 너무도 귀한 선물이 맞습니다.

보라 자식들은 여호와의 기업이요 태의 열매는 그의 상급이로다 젊은 자의 자식은 장사의 수중의 화살 같으니 이것이 그의 화살통에 가득한 자는 복되도다 그들이 성문에서 그들의 원수와 담판할 때에 수치를 당하지 아니하리로다 (시 127:3-5)

우리나라는 세계에서 출산율이 가장 낮은 나라입니다. 2006년 옥스퍼드 대학교의 데이비드 콜먼 교수는 지구상에서 사라질 것으로 예측하는 첫 번째 나라로 한국을 꼽았습니다. 현재 출산율은 그때보다 더 낮습니다. 솔로몬은 화살이 화살통에 가득한 자가 복되다고 말합니다. 가족과 교회 그리고 나라에 화살이 없어 원수와 담판할 때 수치를 당하지 않기를 간절히 바랍니다.

친밀한 연합을 위한 성

이러므로 남자가 부모를 떠나 그의 아내와 합하여 둘이 한 몸을 이룰지로다 (창 2:24)

하나님은 부부의 친밀한 연합을 위해 성을 선물로 주셨습니다. 둘이 한 몸이 되는 것은 단순한 육체적 관계 그 이상을 의미합니다. 성경에서는 성적 관계를 표현할 때 히브리어로 '야다', 곧 '알다'라는 단어를 사용합니다. 창세기 4장 1절 "아담이 그의 아내 하와와 동침하매(knew) 하와가 임신하여"(창 4:1)가 그 예입니다. 이 말은 단순히 지식으로 아는 것이 아니라 인격적이고 깊은 친밀함 속에서 서로를 경험으로 알아 가는 것을 의미합니다.

성경에서 '야다'는 하나님과 백성의 관계를 나타낼 때도 사용됩니다. 결혼한 배우자를 성적으로 알아 가는 것은 하나님과 친밀한 관계를 발전시키는 것과 유사합니다. 성경은 성이 단순한 행위 이상임을 가르칩니다. 이것은 남편과 아내 사이의 매우 깊은 소통입니다. 『즐거움을 위한 성』에서 휘트 부부는 말합니다.

> 인간은 전인격적으로 성관계를 하는 유일한 피조물이다. 인간은 성관계를 통해 영적인 연합을 이룰 수 있고 또 서로를 더 깊이 알 수 있는 유일한 피조물이다.[2]

부부의 성은 남편과 아내 사이의 깊은 친밀감을 위해 설계되었습니다. 부부의 성은 참으로 특별합니다. 부부는 성이라는 선물을 주고받으며 지적, 영적, 정서적, 육체적으로 더욱 깊이 서로를 알아 가고 서로에게 더욱 소중한 존재가 되어 갑니다.

즐거움을 위한 성

> 네 샘으로 복되게 하라 네가 젊어서 취한 아내를 즐거워하라 그는 사랑스러운 암사슴 같고 아름다운 암노루 같으니 너는 그의 품을 항상 족하게 여기며 그의 사랑을 항상 연모하라 (잠 5:18-19)

성경에서 부부의 성을 얼마나 즐겁게 묘사했는지 보십시오. 부부가 서로를 즐거워하는 것은 선택사항이 아니라 하나님의 명령입니다. 세상은 성을 오락거리로 만들고 왜곡하며 변질시키고 있지만, 우리는 하나님이 주신 이 선물을 온전히 누려야 합니다.

오늘날 성을 둘러싼 그리스도인들의 두 가지 도전이 있습니다. 결혼 전에는 성을 절제하도록 설득하는 것과, 결혼 후에는 부부가 성을 즐기도록 권면하는 것입니다. 배우자를 복되게 하고 즐거워하며 그의 품에서 만족을 누리고 서로를 갈망하고 연모하는 것은 하나님이 의도하신 성의 아름다운 설계입니다.

그런데 하나님이 만드신 아름다운 성이 인간의 죄로 인해 오염되었습니다. 우리는 간혹 교회 지도자나 신실한 성도가 성적인 유혹에 빠지거나 간음한 이야기를 듣습니다. 이런 일은 우리 자신을 돌아보게 합니다. 성적인 죄를 범할 가능성은 모든 사람에게 있습니다. 그래서 우리는 경계를 늦추지 말아야 합니다.

성은 결혼의 언약 안에서 하나님이 지으신 참 아름다운 것입니다. 그러나 우리 안에 악한 정욕 때문에 하나님이 주신 이 아름다운 선물을 망칠 수 있습니다. 하나님은 그분이 거룩하시듯 우리도 거룩하도록 부르십니다. 우리가 순결에서 자라 가기 위해서는 하나님의 은혜가 필요합니다. 캐롤린 매허니는 『여자, 그리스도인으로 살아가기』에서 부부의 순결을 지키기 위한 세 가지 전술에 대해 이야기합니다.[3]

부부를 지키기 위한 세 가지 전술

마음과 생각을 지키기

그러므로 너희가 그리스도와 함께 다시 살리심을 받았으면 위의 것을 찾으라 거기는 그리스도께서 하나님 우편에 앉아 계시느니라 위의 것을 생각하고 땅의 것을 생각하지 말라 이는 너희가 죽었고 너희 생명이 그리스도와 함께 하나님 안에 감추어졌음이라 우리 생명이신 그리스도께서 나타나실 그때에 너희도 그와 함께 영광 중에 나타나리라 그러므로 땅에 있는 지체를 죽이라 곧 음란과 부정과 사욕과 악한 정욕과 탐심이니 탐심은 우상 숭배니라 (골 3:1-5)

순결한 삶은 예수님을 바라보며 마음과 생각을 지키는 것에서 시작됩니다. 성경에서 어떤 명령이 있을 때, 그 전후 문맥을 살펴보면 그 명령을 따를 수 있는 복음의 진리가 함께 주어진다는 것을 발견합니다.

골로새서 3장에서는 땅에 있는 지체, 음란과 부정과 사욕과 악한 정욕과 탐심을 죽이라고 명령합니다. 이 명령을 따를 수 있게 하는 힘은 예수님이 이미 우리를 위해 행하신 일에서 나옵니다.

우리는 그분과 함께 죽었고 우리의 생명은 그리스도와 함께 하나님 안에 감추어졌습니다. 우리는 그리스도와 함께 새 생명으로 변화를 입었습니다. 그리스도께서 재림하실 때 우리가 그분과 함께 영광

중에 나타날 것을 아는 사람은 함부로 살 수 없습니다. 자격 없는 자들을 위해 희생하신 그리스도의 사역을 깊이 묵상할 때, 우리는 그분의 영광을 위해 마음과 생각을 지키고 순결하게 살고자 하는 깊은 열망을 갖게 됩니다.

육체에 빌미를 제공하지 않기

밤이 깊고 낮이 가까웠으니 그러므로 우리가 어둠의 일을 벗고 빛의 갑옷을 입자 낮에와 같이 단정히 행하고 방탕하거나 술 취하지 말며 음란하거나 호색하지 말며 다투거나 시기하지 말고 오직 주 예수 그리스도로 옷 입고 정욕을 위하여 육신의 일을 도모하지 말라 (롬 13:12-14)

타락 이후 우리 안에는 악한 정욕이 살아 있습니다. 우리의 눈과 귀는 죄가 침입하는 통로이므로 우리가 읽고, 보고, 듣는 모든 것을 주의해야 하고 더러운 생각을 일으키는 것을 피해야 합니다. 어둠의 일을 벗고 빛의 갑옷인 주 예수 그리스도로 옷을 입고 품위 있게 살아야 합니다.

시편 101편 2-3절에서 다윗은 "내가 완전한 마음으로 내 집 안에서 행하리이다 나는 비천한 것을 내 눈앞에 두지 아니할 것이요"라고 말합니다. 다윗처럼 아무도 보지 않을 때, 순결한 마음을 유지할 준비가 되어 있습니까? 인터넷, TV 프로그램, 영화, 연애 소설, 웹툰, 음악 등 죄 된 생각을 유발하는 모든 것을 제거할 준비가 되어 있습니까?

바울은 디모데에게 "청년의 정욕을 피하"라(flee)고 명령합니다(딤후 2:22). 여기서 "피하라"는 동사는 유혹에서 가능한 한 빨리, 멀리 도망가라는 뜻입니다. '이 정도의 유혹은 내가 감당할 수 있어. 이길 수 있어.' 이렇게 생각하는 것은 자기기만입니다. 사람은 유혹에 빠질 수 있는 약한 존재라는 것을 인정해야, 경계하고 신속하게 도망칠 수 있습니다.

정직하게 자신을 점검하십시오. 무엇이 당신을 유혹하는지, 언제, 어디서, 누구와 함께 있을 때 그런 유혹을 느끼는지를 살펴보십시오. 지체하면 늦습니다. 당장 피하십시오. 육체에 빌미를 제공하지 마십시오. 성인물(사진, 글, 영상)에 습관적으로 끌리는 분이 있을 수 있습니다. 이러한 습관은 자신뿐 아니라 가족에게도 깊은 고통을 줍니다. 윌리엄 M. 스트러더스는 말합니다.

> 마치 숲속에 사람들이 자주 다니면 길이 생기듯이, 포르노를 반복적으로 시청하면 뇌에 신경 경로가 형성된다. 이러한 경로는 점점 더 넓어져, 여성과의 상호작용이 자동적으로 이 경로를 통해 처리되게 된다. … 결국, 남성들은 여성들을 하나님의 형상을 지닌 존재로 보기보다 포르노의 대상으로 인식하게 된다.[4]

포르노는 여성을 남성의 쾌락을 위한 대상으로 취급하라는 파괴적인 메시지를 전달합니다. 이는 하나님의 형상대로 지음받은 여성의 귀한 가치를 심각하게 왜곡하는 것입니다. 사탄은 이런 성적인 유혹을 이용해서 남편과 아내 사이 그리고 하나님과의 사이에 틈을 벌리려 한다고 게리 토마스는 말합니다.

남편이 자신의 성적인 공상 생활에 탐닉하면, 그것을 숨길 방법을 궁리하는 데 들이는 시간은 훨씬 더 많아질 것이다. 뿐만 아니라 부적절한 성적 공상이 머릿속에 넘쳐 나는 남자는 기도, 성경 공부, 하나님의 진리를 묵상하는 일도 잘 안 된다. 눈을 감거나 생각을 가라앉히려 할 때마다 유혹의 잔상들이 그에게 맹공을 퍼붓는다. 남편이 하나님과 함께 보내는 친밀한 시간을 그만두면, 그는 아마 대체로 더 참을성이 없고 더 비판적이고 더 이기적인 사람이 될 것이다.5)

하나님을 깊이 사랑하고 무엇보다 그분을 가장 먼저 찾는 남편은 아내를 사랑하고 가정을 돌보며, 하나님을 경외하는 마음으로 자신을 깨끗하게 합니다. 그러나 부정적인 성적 활동은 이 모든 일에 타격을 입힙니다. 여러분의 눈을 잘 지키십시오. '남들이 다 하니까', '다른 남자들도 그러니까'가 아닙니다. 하나님은 여러분의 눈이 순결하기를, 거룩하기를 요구하십니다. 그렇게 하려면 정직하게 고백하고 도움을 요청해야 합니다.

정직하라, 그리고 도움을 요청하라

창세기 3장에 보면 인간이 타락한 장면이 나옵니다. 아담은 죄를 지은 다음 하나님을 피해 숨고 하와 탓을 합니다. 하와는 뱀 탓을 합니다. 그들 중 누구도 자신의 행동에 책임을 지려고 하지 않습니다.

죄를 숨기고 책임을 회피하는 이 패턴은 인간의 흔한 반응입니다. 우리 역시 아담과 하와처럼 죄를 직면하는 대신 숨기려고 합니다. 그러나 죄를 숨기는 것은 매우 위험합니다. 숨겨진 죄는 수치심을 키우고, 문제를 이야기하는 것조차 어렵게 만듭니다. 이렇게 되면 우리는 순결에서 자랄 수 없습니다.

만약 배우자 외에 다른 사람에게 유혹을 느낀다면, 경건하고 신뢰할 수 있는 사람에게 도움을 요청하십시오(유혹을 받는 상대에게 털어놓지 마세요). 정직하게 문제를 털어놓고 유혹이 사라질 때까지 도움을 받으십시오. 포르노의 유혹을 받는 남편은 먼저 회개하고 아내에게 솔직하게 말해야 합니다. 정직하게 직면하십시오. 포르노의 유혹을 이기는 가장 효과적인 방법은 신뢰할 수 있는 성숙한 그리스도인 남성을 찾아 도움을 받는 것입니다. 도움을 요청하는 것이 겸손의 표현이며, 도움을 요청하지 않는 것은 교만이며 오만입니다. 성경은 하나님이 겸손한 자에게 은혜를 베푸신다고 말합니다. 우리가 정직하게 도움을 요청하고 순결을 지키기로 결단할 때, 하나님은 은혜를 부어주시고 우리를 강하게 하실 것입니다.

순결의 문제는 배우자와 친밀한 성을 유지하려는 노력과 밀접한 관계가 있습니다. 하나님은 결혼한 부부에게 성적인 친밀감을 통해 잘못된 욕망으로부터 보호받도록 하셨습니다. 상호 헌신을 통해 부부는 사랑 속에서 성장하고, 유혹으로부터 마음을 지킬 수 있습니다. 그렇다면 어떻게 해야 부부가 사랑 안에서 성적인 친밀함이 자랄 수 있을까요?

친밀한 부부 관계를 위한 실제적 적용

평생 배우고, 대화하기

부부는 성을 통해 서로를 축복하며, 이 주제에 대해 평생 함께 배우고 대화해야 합니다. 한 부부는 성에 대한 남편의 잘못된 인식으로 성생활에 깊은 갈등을 겪게 되었습니다. 그 남편은 성을 거룩하지 못한 것으로 생각하며 죄책감을 안고 성생활을 이어 갔습니다. 이러한 태도는 결국 아내와의 친밀한 관계를 무너뜨렸습니다. 이와 같은 상황은 매우 고통스럽고 안타까운 일입니다.

로버트 파라 케이폰은 "부부의 성은 하나님이 계획하신 것이며, 하나님은 자신의 영광과 우리의 즐거움을 위해 침실에 복 주시기를 원하신다"고 말했습니다. 이렇듯 부부의 성생활은 하나님이 의도하신 아름다운 축복의 영역입니다.

따라서 부부는 이 주제에 대해 함께 배우고 성장해야 합니다. 세상의 혼란스러운 자료가 아닌 성경의 관점에서 쓰인 건강한 책들을 통해 이를 실천할 수 있습니다. 예를 들어 휘트 부부가 쓴 『즐거움을 위한 성』은 실용적이고 영적인 통찰력을 제공하는 훌륭한 지침서입니다.

특히, 성에 관해 배우자와 정직하게 대화하는 것은 무엇보다 중요합니다. 어떤 사람이 이렇게 고백했습니다. "부부 관계의 기쁨을 누리는 데 10년이 걸렸어요." 안타까운 고백입니다. 서로 대화했다면 10년이나 걸리지는 않았을 텐데 말입니다. 부부는 서로 어떤 주제에서도 부끄러움 없이 솔직할 수 있는 관계입니다. 허심탄회한 대화를 통해 성생활에 대한 오해와 아픔을 극복하고, 이를 통해 더욱 깊이 성장할 수 있습니다. 부부는 성생활에 대해 서로 만족하고 있는지 점검하고, 서로에 대해 감사하고, 불편하거나 어려운 점이 있다면 솔직히 대화를 나눌 수 있어야 합니다.

이처럼 성생활에서 대화는 부부가 서로를 축복하고 함께 행복을 나누는 것을 배우는 가장 좋은 방법입니다. 부부는 대화를 통해 성에 대한 하나님의 계획과 의도를 더욱 깊이 이해하고, 하나님이 주신 선물을 온전히 누릴 수 있습니다. 부부의 성은 하나님 안에서 함께 성장하며 축복을 나누는 특별한 자리입니다. 이를 위한 배움과 대화를 결코 멈춰서는 안 됩니다.

남자와 여자의 성적 차이점을 이해하기

　남자와 여자의 성적인 반응은 놀라울 정도로 다릅니다. 남성은 시각적인 것에 빠르게 반응하는 반면, 여성은 친밀한 대화와 정서적 안정감을 통해 반응합니다. 남성은 성적 충동을 자극하는 테스토스테론 호르몬을 여성보다 10배에서 20배 더 많이 가지고 있습니다. 그래서 남성은 성적 충동이 강하고 공격적이며, 즉각적으로 반응하고 돌진합니다. 반면, 여성은 관계를 중시하는 호르몬인 옥시토신을 남성보다 10배 더 많이 가지고 있습니다. 여성은 정서적 안정감을 느껴야 반응하며, 천천히 반응하고 관계가 중요합니다.

　이 차이는 부부가 성생활에 접근하는 방식에서도 드러납니다. 남편은 이렇게 말할 수 있습니다. "먼저 부부 관계를 갖자. 그러고 나서 이야기를 나누자." 반면 아내는 이렇게 말할 가능성이 높습니다. "먼저 충분히 대화하고 정서적 친밀감을 채운 후 부부 관계를 갖자."
　이처럼 부부는 얼마나 다른가요? 그래서 부부는 서로 다름을 이해하고 배워 가야 합니다. 두 사람의 차이를 배우고 이해하는 데는 션티 펠드한의 『여자들만 위하여』와 션티와 제프가 함께 쓴 『남자들만 위하여』를 추천해 드립니다.

권리를 주장하지 말고 내어 주기

　성경은 남편의 몸이 아내의 것이고 아내의 몸은 남편의 것이라고 말합니다.

남편은 그 아내에 대한 의무를 다하고 아내도 그 남편에게 그렇게 할지라 아내는 자기 몸을 주장하지 못하고 오직 그 남편이 하며 남편도 그와 같이 자기 몸을 주장하지 못하고 오직 그 아내가 하나니 서로 분방하지 말라 다만 기도할 틈을 얻기 위하여 합의상 얼마 동안은 하되 다시 합하라 이는 너희가 절제 못 함으로 말미암아 사탄이 너희를 시험하지 못하게 하려 함이라 (고전 7:3-5)

부부는 서로의 몸에 대한 권리를 자발적으로 상대방에게 내어 주어야 합니다. 이 말은 부부가 기도하기 위해 부부 관계를 잠시 중단하자고 합의했을 때를 제외하고는 서로의 성적 요구를 거절할 수 없다는 말입니다. 위의 말씀을 부부 관계에 구체적으로 어떻게 적용할 수 있을까요? 때로는 피곤해서 파김치가 된 상태인데 남편이 다가올 때 어떻게 해야 하는지 게이 휘트는 이렇게 말합니다.

세속적인 치료 전문가들은 이런 경우 "미안하지만 오늘 밤은 못 하겠어요"라고 반응해야 한다고 말한다. 그리스도인 아내로서 내 의견은 우리가 아무리 피곤해도 주님께 남편을 따뜻하게 대하고 그가 원하는 대로 반응할 힘과 능력을 달라고 간구할 수 있다는 것이다. 우리가 주님을 신뢰하고 남편의 필요를 채울 수 있는 힘을 달라고 기도할 때 실제로 그렇게 될 수 있음은 물론 성교를 즐길 수도 있다.[6]

부부가 각자 몸의 권리를 주장하지 않고 내어 주는 일도 우리 힘으로 할 수 없습니다. 주님을 의지하고 도우심을 구해야 가능한 일입니다. 주님도 이 땅에 오셔서 자신의 권리를 주장하지 않으시고 내어 주셨습니다. 우리는 날마다 모든 영역에서 주님의 도우심을 구하고 그분을 의지하며 주님을 닮아 가야 합니다.

창의적이 되기

집에서 매일 똑같은 메뉴, 똑같은 음식으로 저녁 식사를 한다고 상상해 보세요. 가족들은 점점 저녁 식사에 대한 기대가 사라질 것입니다. 부부의 성생활도 마찬가지입니다. 항상 같은 시간, 같은 장소, 같은 방식으로 관계를 맺는다면 지루하고 무미건조해질 수 있습니다. 따라서 창의력이 필요합니다. 촛불을 준비하고, 배경 음악을 틀어 보세요. 방의 분위기를 바꾸는 것도 좋습니다. 함께 여행을 떠나는 것도 좋은 방법입니다.

그러나 창의적인 부부 관계는 반드시 상대방을 배려하고, 서로를 존중하며, 거리낌이 없는 범위 안에서 시도해야 합니다. 게리 토마스는 이렇게 말했습니다.

> 거룩한 성교는 친밀감을 세워 주고 관계를 굳건하게 해주고 상호 간의 즐거움과 존중감을 가져다준다. 어떤 행동이든 강요가 개입되고 후회와 수치심과 분노를 유발한다면 그것은 하나님이 설계하신 성교의 역할에 어긋난다.[7]

부부가 하나님이 주신 아름다운 선물인 성생활의 기쁨을 누리려면 지혜가 필요합니다. 배우자와의 열정적인 성생활을 창의적으로 또 적극적으로 추구하십시오. 그것은 하나님께 영광을 돌리고 그분을 기쁘시게 할 뿐 아니라 두 사람에게도 친밀한 하나 됨을 선물할 것입니다.

계획하고, 정기적으로 하기

신학교 시절, 안산동산교회 김인중 목사님께 들은 말씀을 잊을 수가 없습니다. "여러분, 부부 관계는 주 안에서 화목하십시오." 이 말은 부부 관계를 계획해서 주일, 화요일, 목요일에 하라는 뜻입니다. 부부는 사랑을 나누는 시간을 계획해야 합니다. 시간은 저절로 생기지 않습니다. 만들어야 합니다. 부부의 성이 하나님이 주신 아름다운 선물이라면 이것을 우선순위에 두고 계획하십시오.

그리고 규칙적으로 열심히 하십시오. 일주일에 몇 번 해야 한다는 규칙은 없습니다. 서로가 실망하거나 유혹을 느끼지 않을 정도로 충분히 자주 하시면 됩니다. 종교개혁을 일으킨 마틴 루터가 이렇게 이야기했다고 합니다. "일주일에 두 번, 일 년에 백네 번이면 아무도 겁낼 이유가 없다네."[8]

마틴 루터의 이 글을 보고 목표가 생겼습니다. 우리는 간음하지 말라는 하나님의 말씀에도 순종해야 하지만, 부부가 서로 만족하고 즐거움을 누리기 위해 열심히 사랑하라(잠 5:18)는 말씀에도 순종해야 합니다.

남편들에게 - 아내의 마음을 먼저 만지기

결혼 생활에서 행복하고 만족스러운 성생활이 가능한지는 서로에게 만족을 주려는 헌신의 마음에 달려 있습니다. 휘트 부부는 이렇게 말합니다.

> 결혼 관계는 자기 백성을 향한 끝없는 사랑을 예증하기 위해 하나님이 특별히 고안하신 것이기에 성교는 받기보다 영원히 주려는 헌신의 맥락에서 경험해야 한다.9)

상대방을 행복하게 해주는 것이 각자의 기쁨이 된다면 결혼 생활에서 일어나는 수많은 문제가 발생하기도 전에 해결될 것입니다.

남편들에게 한 가지만 부탁한다면, 아내의 몸을 만지기 전에 아내의 마음을 먼저 만지십시오. 아내는 마음이 열리지 않으면 몸도 열리지 않습니다. 마음이 열려야 몸이 열립니다. 여성의 성감대는 여러 곳이며 사람마다 느끼는 강도가 다르다고 합니다. 그러나 지구상 모든 여성의 공통적인 성감대는 '마음'입니다. 아내의 몸을 만지기 전에, 남편은 아내와 친밀한 대화를 하고 따뜻한 스킨십으로 마음을 열어야 합니다. 아내의 가장 큰 서운함은 "남편이 관계를 원하면서도 나의 마음과 정서는 관심이 없어요"입니다. 아내의 마음을 만지는 지혜로운 남편이 되려면 아내를 연구해야 합니다. 자신의 기쁨이 아닌 아내의 기쁨이 목표가 되면 결국 주는 것이 받는 것보다 더 복되다는 사실을 깨닫게 될 것입니다.

아내들에게 - 자신의 몸을 무기 삼지 말기

아내들에게 한 가지만 부탁한다면, 남편에게 무엇인가를 얻어 내기 위한 목적으로 자기 몸을 무기로 삼지 마십시오. 배우자가 무슨 잘못을 하면 이렇게 거절하지 마십시오. "술을 끊기 전에는, 담배 끊기 전에는, 그 버릇 고치기 전에는 나를 건드리지도 마세요."

『여자들만을 위하여』 책의 설문 조사 결과에 의하면 남편이 두려워하는 일 중 하나가 침실에서 거부당하는 것이라고 합니다. 아내가 "오늘은 안 돼요"라고 하면 남편은 자신이 거부당했다고 생각합니다. 그렇게 되면 아내가 자신을 원하지 않는다고 생각하며 남편은 큰 상처와 좌절을 경험합니다. 이 세상에서 남편의 욕구를 채워 줄 적법한 사람은 하나님의 설계에 따라 오직 아내뿐입니다. 아내가 남편을 거부하면 성경적으로 만족을 찾을 수 있는 다른 곳이 그에게 없기에 절대적 거부가 됩니다.

어떤 사람이 『여자, 그리스도인으로 살아가기』의 저자인 캐롤린 매허니 사모님께 남편이 스트레스가 쌓여 힘들어할 때 어떻게 하느냐고 물었습니다. 사모님은 "사랑을 나누어요"라고 답했습니다.[10]

그녀는 남편과 사랑을 나누는 것이 최고의 위로이고 격려임을 알았습니다. 아내가 남편에게 줄 수 있는 가장 큰 선물은 아내 자신입니다. 이것은 남편에게 큰 위로이며 남편을 사랑하고 돌보고 존경한다는 표현입니다. 아내가 자신을 기쁘게 내어 주는 것은 남편을 최고로 축복하는 것이며, 온 세상 모든 여자 중에서 오직 아내만이 줄 수 있는 유일한 선물입니다.

결혼한 부부는 서로 성생활에 만족감을 주기 위해 애씀으로 사탄의 머리를 상하게 할 수 있습니다. 결혼 생활에서 성이 가져다줄 수 있는 모든 즐거움에 더하여 그 즐거움이 우리를 넘어뜨리려는 사탄을 무찌르는 무시무시한 무기가 될 수 있다는 사실이 얼마나 놀라운 은혜의 증거인가요!

침실의 복음의 은혜

부부의 성은 단순히 육체적인 행위가 아니라, 깊은 인격적 관계를 기반으로 한 친밀함의 표현입니다. 상담을 받으러 오는 부부 10쌍 중 9쌍이 성과 관련된 어려움을 호소한다고 합니다. 부부의 성은 침실에서 시작되지만, 사실은 하루 종일의 인격적인 관계와 밀접한 관련이 있습니다.

예를 들어 아침에 일어나 배우자를 향해 짜증과 불평으로 시작한다면, 그것은 부부의 친밀한 침소를 방해하는 쓰레기들입니다. 출근하면서 "잘 다녀올게요"라는 포옹이나 키스 대신에 '내가 어쩌다 이렇게 잔소리 많은 아내를 만났을까!', '이렇게 정떨어지는 남편을 왜 만났을까!'와 같은 부정적인 생각을 어떤 식으로든 표현한다면, 그것도 부부의 침소에 계속 쓰레기를 쌓는 것입니다.

퇴근 후 집에 돌아와 배우자를 무시하거나 경멸하며 빈정거리는 말투로 비판과 분노를 쏟아 낸다면, 이것은 이미 아침부터 쌓아 온 감정적 쓰레기 더미에 또 하나의 쓰레기를 추가하는 행동입니다. 밤이 되어 서로 용서를 구하지 않고 대충 넘어가며 누군가 부부 관계를 요구한다면, 이것은 상처가 되고 마음을 닫게 만듭니다. 이처럼 부부의 성 문제는 부부의 관계 문제입니다.

뒤엉킨 부부 관계의 문제를 어떻게 해결하고 회복할 수 있을까요? 그 답은 바로 복음의 은혜에 있습니다. 부부가 결혼의 기쁨을 누리기 위해서는 날마다 복음의 은혜를 경험해야 합니다. 우리는 죄인이지만 하나님의 용서를 받은 자들입니다. 우리의 모든 죗값이 예수님의 희생으로 처리되었으며, 우리는 의로워진 자들입니다.

이러한 진리를 깊이 깨달을 때, 주님이 우리를 용서하신 것처럼 배우자의 잘못도 용서하고 용납하며 존중할 수 있습니다. 복음을 자신에게 적용할 수 있어야 해가 지기 전에 죄를 고백하고, 분노를 가라앉히며, 서로 화해하고 받아들이며 침실에서 사랑을 나눌 수 있습니다. 히브리서는 이렇게 말합니다.

> 모든 사람은 결혼을 귀히 여기고 침소를 더럽히지 않게 하라 음행하는 자들과 간음하는 자들을 하나님이 심판하시리라 (히 13:4)

하나님은 부부의 침소가 거룩하게 유지되고, 그 안에서 하나님이 부부에게 허락하신 기쁨을 온전히 누리기를 원하십니다. 그러나 만일 복음을 삶에 적용하지 못하고, 배우자를 용서하고 용납하지 못한다면, 감정적이고 인격적인 상처가 시간이 갈수록 더 많이 쌓일 것입니다. 그러면 부부의 침소에도 점점 더 많은 쓰레기 더미가 쌓이게 됩니다. 이것은 남편과 아내 모두에게 고통을 가져올 뿐입니다.

결혼 생활 속에서 복음을 날마다 적용하십시오. 침소를 더럽히지 않도록 하고, 하나님이 허락하신 부부의 성이 얼마나 아름다운지 경험하며 배워 가기를 바랍니다. 쓰레기로 오염되지 않은 침소는 놀라운 하나님의 은혜를 드러냅니다. 그곳에서 우리는 사탄의 패배를 선언하며, 죄인이지만 그리스도의 사랑을 받은 자로서 서로를 받아들이고 용서하며, 언약의 기쁨과 하나 됨을 경험할 수 있습니다.

우리는 모두 죄인이기에 완벽할 수 없고 항상 부족합니다. 그러나 우리 안에 선하신 주님이 계시기에, 복음의 능력이 있기에 우리는 서로를 도와주고 함께 배울 수 있습니다. 자신의 권리를 주장하기보다 상대의 행복과 만족을 위해 헌신할 수 있습니다. 이렇게 할 때 하나님이 약속하신 부부의 행복과 기쁨, 부부의 친밀함을 계속해서 누릴 수 있습니다.

결혼 안에서 부부의 성은 아름답고 좋은 것이지만, 하나님이 정하신 기간 동안 누릴 수 있는 일시적인 것입니다. 사별을 하거나 이혼을 하거나 혼자가 되었을 때 또는 바울처럼 일생 싱글로 산다면 누릴 수 없습니다. 결혼도 부부의 성도 이 땅에서 충만한 삶을 위한 필수 조건은 아닙니다. 샘 스톰스는 이렇게 말합니다.

결혼은 의미 있는 것이지만, 삶에서 최고의 만족을 가져다주는 것은 어떤 인간과의 관계에서 사랑을 주고받는 것이 아니라, 하나님을 알고 그의 사랑을 받는 것입니다. 결혼의 동반자가 없다는 것은 고통스러울 수 있지만, 모든 하나님의 백성은 결혼 여부와 관계없이 기쁨과 위로를 하나님 한 분 안에서만 신뢰하라는 부르심을 받았습니다. 하나님은 결코 우리를 떠나거나 버리지 않으실 것입니다. 그는 선하신 아버지이십니다.[11]

- 하나님은 성을 거룩하고 선한 것으로 창조하시고, 생명을 잉태하는 것과 부부의 친밀한 연합과 즐거움을 위해 허락하셨다.
- 부부의 성은 단순한 육체적 행위가 아니라, 깊은 인격적 관계에 기초한 친밀함의 표현이다.
- 결혼 생활 속에서 날마다 복음을 적용하며 순결을 지키고, 하나님이 허락하신 부부의 성이 얼마나 아름다운지 함께 배우며 경험해 가자.

나눔과 적용을 위한 질문

1. 하나님이 부부에게 주신 성은 선하고 거룩합니다. 다음 질문에 대해 매우 그렇다(5점), 전혀 그렇지 않다(1점) 중에서 해당하는 점수에 표시해 보세요.

   ① 우리 부부는 성생활에서 충분한 즐거움을 많이 느낀다.
   　　5　　4　　3　　2　　1

   ② 남편(아내)은 부부 관계를 할 때를 제외하고는 나에게 별로 관심을 보이지 않는다.
   　　5　　4　　3　　2　　1

   ③ 나는 성을 더럽고 불결한 것으로 느낀다.
   　　5　　4　　3　　2　　1

   ④ 우리의 부부 관계는 단조롭고 반복적이다.
   　　5　　4　　3　　2　　1

   ⑤ 우리는 부부 관계를 할 때 너무 급하게 서둘러 끝내는 편이다.
   　　5　　4　　3　　2　　1

   ⑥ 우리는 부부 관계를 하나님의 선물로 여기며 감사하는 마음으로 받아들인다.
   　　5　　4　　3　　2　　1

   ⑦ 남편(아내)은 부부 관계에서 거룩과 순결을 위해 눈과 마음을 지킨다.
   　　5　　4　　3　　2　　1

   ⑧ 나는 부부 관계에서 내 만족보다 배우자의 기쁨을 위해 헌신하려 한다.
   　　5　　4　　3　　2　　1

   ⑨ 남편(아내)은 부부 관계의 횟수에 만족한다.
   　　5　　4　　3　　2　　1

   ⑩ 나는 부부 관계를 할 때 마지못해 임하는 편이다.
   　　5　　4　　3　　2　　1

   ⑪ 남편(아내)은 부부 관계를 할 때 다른 생각에 잠기는 경우가 있다.
   　　5　　4　　3　　2　　1

⑫ 남편(아내)은 부부 관계 시 청결을 잘 유지한다.
　　5　　4　　3　　2　　1

⑬ 우리는 부부 관계를 미리 계획하고 중요한 우선순위에 둔다.
　　5　　4　　3　　2　　1

⑭ 우리는 부부 관계를 창의적이고 즐겁게 나누려고 노력한다.
　　5　　4　　3　　2　　1

⑮ 남편(아내)은 침실의 쓰레기를 제거하기 위해 용서와 용납을 실천한다.
　　5　　4　　3　　2　　1

⑯ 나는 부부 관계를 더 자주 갖고 싶다고 느낀다.
　　5　　4　　3　　2　　1

⑰ 나는 부부의 성에 대해 배우고 공부하려는 편이다.
　　5　　4　　3　　2　　1

⑱ 나는 부부의 성에 대해 남편(아내)과 적극적으로 대화한다.
　　5　　4　　3　　2　　1

⑲ 우리 부부의 성은 매년, 시간이 지날수록 자라고 있다.
　　5　　4　　3　　2　　1

⑳ 나는 부부의 성을 통해 위로와 만족, 행복을 누리는 편이다.
　　5　　4　　3　　2　　1

(1) 위 답변에서 '매우 그렇다'는 무엇인가요? '전혀 그렇지 않다'에 가까운 것은 무엇인지 서로 나누어 보세요.

(2) 우리 부부의 성은 해마다 깊어지고 있나요? 더욱 친밀함이 자라기 위해 적용해야 할 것은 무엇인가요?

2. 성에 대한 성경적 관점에서 내가 오해하고 있던 것은 무엇인가요? 부부의 하나 됨을 위해서 새롭게 배운 것은 무엇인가요? 하나님이 주신 선물, 성을 더욱 풍성히 누리기 위해서 믿음으로 행해야 하는 것은 무엇인지 나누어 주세요.

3. 부부가 서로에게 감사와 격려의 말을 해주세요. 또한 거룩한 가정을 세우기 위해 손을 맞잡고 기도 제목을 나누고 함께 기도하세요.

복음이 빛나는 부부의 기도

하나님, 성을 거룩하고 선하게 창조하시고, 결혼의 친밀함과 기쁨의 선물로 주셔서 감사합니다. 우리의 결혼 안에서 복음을 날마다 적용하며, 순결을 지키고, 주님이 주신 성의 아름다움을 함께 배워 가게 해주세요. 우리의 연합이 주님의 뜻을 드러내고 주님을 기쁘시게 하며 주님께 영광이 되기를 간구합니다. 예수님의 이름으로 기도드립니다. 아멘.

9장
청지기로
어떻게 살 것인가?

오랫동안 연애를 한 부부가 결혼을 했습니다. 연애 기간이 참 행복했기에 결혼해도 행복할 거라고 생각했습니다. 그런데 결혼 생활을 시작한 지 얼마 지나지 않아 돈 문제로 갈등을 빚었습니다. 남편은 아내 동의 없이 차를 바꿨고 아내도 질세라 남편과 상의 없이 친구들과의 여행에 큰돈을 썼습니다. 거기에 바쁘다는 이유로 서로를 돌보는 일도 뒷전으로 미루기 시작했습니다. 결국 이 부부는 돈도 시간도 어디로 흘러가는지 모른 채, 단지 하루하루를 버텨 내는 삶을 살게 되었습니다.

이 이야기는 낯설지 않습니다. 실제로 많은 가정이 돈과 시간에 대한 명확한 원칙 없이 살아가며, 서로 상처를 주고받고 삶의 균형을 잃곤 합니다. 하나님은 돈과 시간을 단순히 우리가 누리기 위한 자원이 아니라, 지혜롭게 관리하여 그분의 영광을 드러내는 도구로 맡기셨습니다. 9장에서는 돈과 시간이 하나님의 것이며, 어떻게 하면 하나님의 뜻대로 지혜롭게 관리하는 청지기가 될 수 있을지 살펴보고자 합니다.

부부가 청지기로 산다는 것

결혼 생활의 출발점은 결혼 안에 있는 모든 것이 다 하나님의 것이며, 부부는 그것을 잠시 관리하는 청지기임을 아는 것입니다. 다윗은 이렇게 고백합니다.

> 천지에 있는 것이 다 주의 것이로소이다 여호와여 주권도 주께 속하였사오니 … 부와 귀가 주께로 말미암고 또 주는 만물의 주재가 되사 (대상 29:11-12)

다윗은 하늘과 땅의 모든 것이 다 주님의 것임을 인정하며 궁전과 나라와 백성과 부와 권력, 자녀의 주인이 하나님이심을 고백했습니다. 우리의 고백도 마찬가지입니다. 우리 이름으로 등기된 집이나 땅은 사실 우리의 소유가 아니라 하나님의 것입니다. 자동차나 은행 계좌도 우리의 소유가 아니라 하나님의 것입니다. 가족관계증명서에 기재된 자녀도 우리의 소유가 아닌 하나님의 자녀입니다. 우리의 생명 또한 예수님이 십자가에서 우리를 속량하셨을 때 하나님의 것이 되었습니다.

하나님이 부부에게 공급하시는 모든 것은 하나님의 것입니다. 하나님 앞에서 이 진리를 얼마나 이해하고 있는지는, 우리의 삶의 방식에서 그대로 드러납니다.

특히 하나님이 부부에게 맡기신 시간과 돈을 어떻게 사용하는지를 보면, 그들의 주인을 알 수 있습니다. 아울러 청지기로 산다는 것은 언젠가 주인이신 하나님 앞에서, 그분이 맡기신 것을 어떻게 관리했는지 회계할 날이 온다는 것을 의미합니다.

시간과 돈이 우리의 것이라면, 우리는 그것을 마음대로 사용할 수 있고 어떻게 사용했는지 누구에게도 설명할 이유가 없습니다. 그러나 우리의 시간과 돈이 하나님의 것이기에 우리는 하나님께 평가를 받습니다. 그래서 한 몸이 된 부부는 서로 지혜롭고 신실하게 대화를 나누며, 하나님이 맡기신 시간과 재정을 청지기로서 잘 관리해야 합니다.

시간의 청지기

캐롤린 매허니는 『시간 쇼핑』에서 시간에 대해 이렇게 묻습니다.

당신은 매일 최선의 결과를 얻기 위해 미리 계획하는가? 아니면 인생이 흘러가는 대로 그냥 놓아두는가? 당신은 선택 기준을 성경 말씀에 두고 있는가? 아니면 그때그때 끌리는 기분에 따라 선택하는가? 당신의 재능은 당신의 가족과 교회를 위해 쓰이는가? 아니면 단순히 자신의 만족감을 위해 쓰이는가? 당신은 모든 기회를 성경적 우선순위에 비추어 생각하는가? 아니면 성공하는 데 필요한 건뭐든 닥치는 대로 하는가? 당신은 하나님께서 섬기라고 하신 사람들을 섬기는가? 아니면 항상 모든 사람을 다 만족시키려고 노력하는가?[1)]

당신은 결혼 생활에서 어떻게 시간을 관리합니까? 위의 질문들이 여러분에게 격려가 됩니까? 아니면 죄책감을 느끼게 합니까? 우리는 지혜롭게 살고 평안과 기쁨을 누리기 원하지만, 종종 긴급한 일에 사로잡혀 정말로 중요한 것들을 놓치곤 합니다. 시간을 현명하게 관리하려면 먼저 마음을 살펴보아야 합니다. 우리의 선택 뒤에 숨은 마음의 동기를 살피고 하나님의 말씀 앞에서 인도를 구해야 합니다.

그런즉 너희가 어떻게 행할지를 자세히 주의하여 지혜 없는 자같이 하지 말고 오직 지혜 있는 자같이 하여 (엡 5:15)

부부가 시간을 맡은 청지기로서 살아가려면 하나님의 뜻을 알아야 합니다. 사실 세상 모든 사람은 지혜롭게 살기를 원합니다. 그들이 지혜롭게 살고자 하는 동기는 무엇일까요? 많은 사람이 적게 고생하고, 더 많은 돈을 벌고, 빨리 높은 지위에 오르고, 좋은 집을 사고, 자녀들을 좋은 대학에 보내며, 편안하게 살기를 원합니다. 세상의 지혜로운 사람들도 시간을 아끼며 부지런히 살아갑니다. 그렇다면 그리스도인인 우리는 어떻게 해야 할까요?

에베소서 5장 15절에서 바울은 하나님의 자녀 된 우리가 이미 "지혜 있는 자"라는 전제를 가지고 말합니다. 잠언 1장 7절은 "여호와를 경외하는 것이 지식의 근본"이라고 말합니다.

그리스도인은 세상의 지혜를 능가하는 참된 지혜를 이미 소유하고 있습니다. 우리는 이 땅의 창조자이자 통치자이신 하나님을 아는 지혜를 소유한 사람입니다. 우리는 죄인을 구원하시는 하나님의 사랑을 알기에 지혜롭습니다. 비록 여전히 죄인이지만, 십자가를 통해 모든 죄를 용서받았고, 하나님의 자녀로서 의롭다 하심을 받았음을 알고, 우리 삶을 다스리시는 분이 누구시며, 우리의 궁극적인 목적지가 어디인지를 알고 있기에 우리는 지혜자입니다. 그러므로 바울은 에베소서 5장 16-17절에서 지혜로운 성도들에게 이렇게 권면합니다.

> 세월을 아끼라 … 그러므로 어리석은 자가 되지 말고 오직 주의 뜻이 무엇인가 이해하라

지혜로운 성도들을 향한 하나님의 뜻은 무엇일까요? 하나님의 뜻을 아는 것은 시간을 지혜롭게 사용하는 데 필수적입니다. 에베소서에 나타난 하나님의 뜻은 다음과 같습니다.

- 영원히 하나님과 함께 살기 위해 창세전에 우리를 택하신 것
  (엡 1:3-4)
- 예수 그리스도의 십자가와 삶을 통해서 우리를 하나님의 자녀로

삼으신 것 (엡 1:5)
- 이 땅에서 교회 공동체 안에서 사는 것 (엡 2:19)
- 교회 공동체 안에서 서로 다르지만 사랑 안에서 하나가 되는 것 (엡 4:2-3)
- 하나님 앞에 설 때까지 죄를 버리고 더욱 그리스도를 닮아 가는 것 (엡 4:22-24)
- 하나님이 주신 동산(가정과 직장)에서 열심히 일하고 섬기며 하나님 나라를 세우는 것 (엡 6:7)
- 시간과 물질을 지혜롭게 관리하는 청지기가 되며, 교회를 섬기고 복음을 전하는 것 (엡 5:15-16)

세상은 우리가 시간을 지혜롭게 사용하지 못하도록 유혹합니다. 사탄은 우리가 하나님의 뜻을 이루지 못하도록 시간을 낭비하게 합니다. 주변을 둘러보십시오. 이 시대의 문화는 시간을 훔치는 도둑들로 가득합니다. 세상은 매우 의도적이고 전략적으로 우리의 시간을 훔치며 우리의 기쁨과 행복까지 빼앗아 갑니다. 그 방법들은 매우 기술적이고 대중적이며 사회적입니다.

한국언론진흥재단이 발간한 '2022년 10대 청소년 미디어 이용 조사' 보고서는 한국 초등학생(4~6학년)과 중고생의 인터넷 이용 시간이 모바일 기기와 PC를 합해 하루 평균 479.6분(약 8시간)이라고 분석했습니다.[2] 이 보고서에 따르면 학교 수업과 수면 시간을 제외한 모든 시간을 기기와 함께 보내는 셈입니다. 초등학생 때부터 스마트폰과 게임에 중독되어 있습니다. 어른들도 크게 다르지 않습니다. 세상은 우리를 바쁘게 만들고, 주의를 산만하게 하고, 더 재미있고 자극적이며 흥미로운 것들을 끊임없이 만들어 냅니다. 그 결과 우리는 그토록 소중한 시간을 얼마나 많이 빼앗기고 있는지 간과하게 됩니다. 우리는 이 시대가 이처럼 악하다는 것을 알고, 시간을 아끼며, 주의 뜻을 분별함으로 우리의 시간을 전략적이고 의도적으로 계획하고 실행해야 합니다.

시간 관리의 5가지 우선순위

먼저 시간의 청지기로서 하나님이 부르신 삶의 역할에 따라 우선순위를 정하고 주기적으로 평가해 보십시오. 저희 가정에서 하나님의 뜻을 따라 세운 시간 관리의 우선순위는 다음과 같습니다.

- 하나님의 자녀로서 하나님과 교제: 아침 묵상 시간, 기도
- 남편과 아빠로서 또는 아내와 엄마로서 가정 돌보기: 가정 예배, 부부 데이트, 자녀 데이트
- 교회의 가족으로서 교회 공동체를 사랑하고 섬기기: 교회에서 최소 한 가지의 섬김, 성도 환대
- 복음의 증인으로서 살아가기: 일터에서 복음의 증인으로 살아가기, 믿지 않는 자를 만나고 환대하기
- 자신을 돌아보기: 건강 살핌

저희 부부는 각자 매년 두 차례, 상반기와 하반기 계획을 위해 2박 3일간 시간을 따로 내어 조용한 곳에서 계획을 세웁니다. 분주한 시즌이라면 하루나 반나절을 사용하기도 합니다.

또 매주 월요일마다 약 30분 정도를 할애하여 이러한 우선순위를 바탕으로 한 주간 일정을 함께 점검하고 계획합니다. 매일 아침 5~10분 정도 하루를 어떻게 보낼지도 간단히 기록합니다. 부부 데이트를 매주 정기적으로 가지며, 이때 우선순위에 따라 잘 살아가고 있는지도 자주 점검합니다.

하나님과 교제하기

하나님과 교제하는 것은 그리스도인에게 가장 중요한 부분입니다. 누구나 이 시간이 중요하다고 말하지만, 급하거나 중요한 일이 생기면 가장 먼저 미루는 시간이 바로 이 시간입니다. 예수님은 "나를 떠나서는 너희가 아무것도 할 수 없음이라"(요 15:5)라고 하셨습니다. 우리는 그분께 꼭 붙어 있어야 열매를 맺습니다. 하나님과 교제하는 경건의 시간은 모든 일에 유익을 주며, 이 땅에서뿐만 아니라 영원토록 보장된 은혜를 누리게 합니다.

> 육체의 연단은 약간의 유익이 있으나 경건은 범사에 유익하니 금생과 내생에 약속이 있느니라 (딤전 4:8)

지난 6개월 동안 어떻게 경건의 시간을 보냈는지 돌아보십시오.

- 나는 날마다 자신에게 복음을 전하고 있는가?
  신실하게 하나님과 교제의 시간을 가졌는가?
- 하나님을 알아가는 일에 자라 가고 더 많은 열매를 맺으려면 어떤 변화가 있어야 할까?

위의 질문에 답하면서 영적인 부분에서 자라 가도록 성경 읽기의 새로운 방식(맥체인 성경 읽기, 그리스도 중심 성경 읽기 등)을 시도할 수도 있습니다. 하나님과의 교제 시간을 언제, 어디서, 무엇으로, 어떻게 보낼지를 결정하고 일정을 반영하여 실행해 보세요.

가정 돌보기

그리스도인의 가장 중요한 계명은 하나님을 먼저 사랑하고, 그다음 이웃을 사랑하는 것입니다. 가족은 우리가 사랑해야 할 첫 번째 이웃입니다. 하지만 잘못된 방식으로 가족을 사랑하면 우상이 될 수 있습니다.

가족은 하나님보다 우선이 될 수 없으며, 하나님 말씀보다 더 중요한 자리에 둘 수도 없습니다. 가족을 섬기고 사랑해야 하는 이유는 복음 때문이고 복음을 적용하며 복음의 증인이 되기 위함입니다. 그 열매로 가정은 평안을 누리고 서로 더 사랑하게 됩니다. 먼저 가족 구성원의 이름을 적어 보세요.

가족 이름 : _____

그리고 스스로에게 질문하고 적용점을 찾아보세요.

- 현재의 가족 관계에서 무엇을 변화시켜야 할까?
- 부부 사이에서 해결해야 할 문제나 자녀 사이에서 주의가 필요한 부분은 무엇일까?
- 어떻게 가족을 더 사랑할 수 있을까?

예를 들어 매주 금요일 양가 부모님께 전화 드리기, 부부 데이트, 남편(아내)에게 매주 금요일 메모 보내 주기, 예수님을 아직 인격적으로 만나지 못한 자녀에게 일상에서 더 자주 복음 전하기, 한 달에 한 번 자녀 데이트 등을 계획할 수 있습니다.

교회 섬기기

교회를 생각해 볼 때 흥미로운 점은 하나님이 모든 은사를 한 사람에게 주지 않으셨다는 것입니다. 몸의 각 지체가 각기 제 역할을 하듯, 교회도 각 성도가 은사를 따라 섬깁니다(벧전 4:10). 우리의 몸도 각각의 지체가 역할이 있고 그 역할대로 움직입니다.

때로 우리가 어떤 부분을 너무 많이 사용하면 병이 나서 재활을 받아야 합니다. 하나님은 교회를 섬기며 성도들이 지치지 않도록 서로 다른 은사들을 나누어 주셨습니다. 최소한 한 가지 영역에서 기쁨으로 섬길 때, 주님의 교회는 건강하게 성장할 것입니다. 다음의 질문에 따라 스스로에게 묻고 답해 보세요.

- 하나님이 주신 은사와 재능을 사용해 교회를 섬기고 있는가?
- 게으름이나 두려움 때문에 교회를 섬기는 일을 소홀히 하고 있지는 않은가?
- 하나님이 주신 은사로 교회를 섬길 수 있는 한 가지 영역은 무엇인가?

직장과 세상에서 복음의 증인으로 살아가기

중세 시대에는 거룩한 일과 세속적인 일에 대한 구분이 있었습니다. 목사와 교회 지도자의 일은 거룩한 일이고 그 외의 모든 일은 세속적이라고 생각했습니다. 그러나 종교 개혁자들은 하나님이 주신 모든 역할이 거룩하고, 하나님의 부르심이라고 가르쳤습니다.

골로새서 3장에서 바울은 이렇게 말합니다.

무슨 일을 하든지 마음을 다하여 주께 하듯 하고 사람에게 하듯 하지 말라 이는 기업의 상을 주께 받을 줄 아나니 너희는 주 그리스도를 섬기느니라 (골 3:23-24)

우리가 무슨 일을 하든지 그것은 주님을 섬기는 것이고 주님께 하는 일입니다. 그러므로 그리스도인은 직장에서나 사회에서 만나는 모두 사람에게 "주께 하듯" 정직하고 겸손하게 섬겨야 합니다. 궁극적으로 이것은 그리스도를 섬기는 일입니다. 그러기에 우리는 𝑥준히 물어야 합니다.

- 내가 맡은 역할을 잘 감당하고 있는가?
- 하나님이 내게 맡기신 일을 더 효과적이고 효율적으로 수행하기 위해 무엇을 개선할 수 있는가?
- 내 삶 속에서 복음의 은혜를 나눠야 할 사람은 누구인가?
- 복음의 증인으로 살아가기 위해 향후 6개월 동안 누구를 위해 기도해야 하는가?

자신을 돌아보기

우리의 몸은 우리 것이 아니라 하나님의 것이므로 바르게 관리해야 합니다.

너희 몸은 너희가 하나님께로부터 받은 바 너희 가운데 계신 성령의 전인 줄을 알지 못하느냐 너희는 너희 자신의 것이 아니라 값으로 산 것이 되었으니 그런즉 너희 몸으로 하나님께 영광을 돌리라 (고전 6:19-20)

건강하게 먹고, 충분히 쉬고, 운동해야 하며 필요하다면 정기적으로 건강을 검진하며 몸을 살펴야 합니다. 그러나 반대로, 몸 관리에 지나치게 집착하지 않는지도 점검해야 합니다.

- 내 건강을 잘 관리하고 있는가?
- 건강을 위해 적절한 운동을 하고 있는가?

- 건강에 지나치게 집착하고 있지는 않은가?
- 앞으로 변화가 필요한 부분은 어디인가?

실행하고 점검하기

각 역할에 대한 목표를 설정하고 실행해야 할 사항들을 기록한 후, 이를 월간 및 주간 일정으로 세분화하여 실행해 보십시오. 부부 데이트 시간에 이에 대해 이야기하고 서로 책임을 나누며 돕는다면 더 효과적인 결과를 얻을 수 있습니다.

이 부분에서 세상이 얼마나 지혜로운지 보십시오. 세상의 기업들은 주간, 월간, 분기별, 연간 점검을 통해 목표 달성을 확인하며 그에 따른 책임을 집니다. 그런데 우리는 어떻습니까? 우리가 주님의 뜻을 제대로 이해하고 시간이 유한함을 안다면, 우선순위에 따라 의도적이고 전략적으로 시간을 계획, 실행, 점검하는 하나님의 지혜로운 자녀가 되기를 소망합니다.

시간의 청지기인 부부는 '오늘'이 영원을 준비하는 시간인 것을 알아야 합니다. 우리는 시간의 주인이 아니라, 시간을 관리하는 청지기입니다. 사도 바울은 이렇게 말합니다.

너희도 정녕 이것을 알거니와 음행하는 자나 더러운 자나 탐하는 자 곧 우상 숭배자는 다 그리스도와 하나님의 나라에서 기업을 얻지 못하리니 (엡 5:5)

누가 하나님 나라에 들어가지 못합니까? 음행을 하고, 탐욕스럽고, 부정하며, 우상숭배로 하나님이 맡기신 시간을 낭비한 자들입니다. 이런 사람을 기다리는 것은 하나님 나라가 아니라 하나님의 공의로운 심판입니다.

우리는 하나님이 맡기신 시간을 충실히 관리해야 할 청지기로 부르심을 받았습니다. 우리에게 주어진 날들은 그저 흘려보낼 순간들이 아니라 주님의 뜻에 따라 의도적으로 살아가야 할 소중한 시간입니다. 감사하게도 이 일을 하는 우리는 혼자가 아닙니다. 우리 안에 성령 하나님이 계십니다. 성령님은 그분을 의지하는 우리에게 이 일을 감당할 힘을 주시고, 우리가 하나님의 영원한 목적을 위해 시간을 아끼며 사는 지혜로운 청지기가 되도록 도와주실 것입니다.

재정의 청지기

저희 부부는 만 25세, 학생 신분으로 결혼했습니다. 수입은 교육전도사로 받는 50만 원이 전부였습니다. 계산기를 두드려도 해법이 없는 이 상황 속에 하나님 뜻대로 돈을 관리하기 위해 몇 가지 재정 원칙을 세웠습니다. 이 원칙은 저희 가정을 지켜 주었고, 주어진 범위 안에서 자족하며 감사와 평안을 누리게 했습니다.

교회를 섬기면서 예기치 않은 삶의 역경과 고난으로 재정의 어려움을 겪는 분을 많이 봅니다. 하지만 명확한 재정 원칙이 없어 돈을 잘 관리하지 못하고 고통받는 분이 많은 것을 볼 때 안타까웠습니다. 만약 가정이 재정적으로 어려움을 겪고 있다면, 부부가 함께 솔직하게 점검해야 합니다. 재정비하기 위해 재정 상담을 받는 것도 큰 도움이 될 수 있습니다. 필요하다면 회생 절차도 거쳐야 할 수 있습니다. 결혼을 준비하는 분들은 재정 원칙에 대해 미리 함께 논의하는 것이 좋습니다. 랜디 알콘은 말합니다.

> 청지기는 주인의 이익을 위해 재산을 관리합니다. 청지기는 자기가 관리하는 재산에 대해 권리가 있다고 생각하지 않습니다. 주인이 그 재산을 어떻게 하기 원하는지 알아내어 그의 뜻을 행하는 것이 청지기의 일입니다.3)

그렇다면 하나님 뜻을 이루기 위해 물질의 청지기로서 우리 가정이 가져야 할 지혜로운 재정 원칙은 무엇일까요?

정직하고 투명하기

결혼은 육체적으로나 정서적으로뿐만 아니라 재정적으로도 두 사람의 결합입니다. 한때 '그의 돈'이자 '그녀의 돈'이었던 것이 결혼 후에는 '우리의 돈'이 됩니다. 부부는 결혼하는 순간부터 재정을 합쳐야 합니다. 각자는 자신의 자산과 부채를 정확히 파악하고, 재정 상태에 대해 정직하고 투명하게 소통해야 합니다. 수입을 따로 관리하거나 생활비를 나눠 부담하고, 재정 세부 사항을 숨기는 것은 결혼 생활에서 갈등을 초래할 수 있습니다. 부부의 재정 연합은 신뢰의 문제입니다. 재정에 대해 솔직하게 소통하지 않고 비밀이 생기면 부부간의 신뢰가 약해집니다. 부부는 정직하고 투명해야 하며 재정을 하나로 관리해야 합니다.

우선순위에 따라 재정 사용하기

저희 가정 재정의 우선순위는 하나님께 드림, 가족 섬김, 그리고 이웃 섬김입니다. 우리는 모든 것이 하나님으로부터 왔음을 인정하며, 그분의 공급하심에 감사하여 헌금을 드립니다. 십일조는 하나님의 공급하심을 믿는 믿음의 행위이며 최소한의 헌금 기준입니다. 매주 우리는 기쁘게 감사의 마음으로 하나님께 헌금을 드리며, 하나님이 우리의 공급자이자 주인이심을 고백합니다. 또한 하나님이 주신 물질로 가족과 부모님을 돌봅니다. 바울은 이렇게 말했습니다.

> 누구든지 자기 친족 특히 자기 가족을 돌보지 아니하면 믿음을 배반한 자요 불신자보다 더 악한 자니라 (딤전 5:8)

우리는 사랑하는 이웃의 필요를 돌아보고 물질로 도와야 합니다. 저희 부부에게는 베푸는 것에 원칙이 있습니다. 성령께서 누군가에게 베풀 마음을 주시거든 '서로 막지 말자'입니다. 나누고 베풀며 이웃을 윤택하게 하는 것은 하나님을 기쁘시게 하는 것이며 자신도 윤택해지는 길입니다(잠 11:25).

재정 관리는 은사 있는 사람이 하기

부부는 재정에 대해 함께 논의해야 하지만, 재정 관리에 은사가 있는 사람이 일상적인 관리 업무를 담당하는 것이 좋습니다. 아내가 재정 관리에 더 능숙하다면 아내가, 남편이 더 능숙하다면 남편이 맡는 것이 바람직합니다.

월 소득 내에서 지출하기

주거비, 공과금, 식료품비와 같은 필수 지출을 우선으로 하고 취미, 여가, 외식과 같은 선택적 지출은 신중하게 계획해야 합니다. 그리스도인으로서 우리의 정체성은 입는 옷, 먹는 음식, 타는 차, 사는 집에 있지 않습니다. 하나님의 뜻에 따라 충성스러운 청지기로 살며 그분을 기쁘시게 하는 것이 우리의 참된 상급입니다.

할부 구매를 피하고 정기적으로 저축하기

휴가나 새 가전제품과 같은 큰 지출은 미리 저축해 전액 결제하고 할부를 이용하지 않습니다. 또한 매달 소액이라도 정기적으로 저축하는 습관을 들이면 장기적으로 재정적 안정이 확보됩니다.

주신 것에 만족하고 감사하기

가정에서 자녀들과 함께 자주 했던 훈련입니다. 도로를 지나는 모든 자동차의 이름을 줄줄 외우고 '드림 카'가 있는 자녀들에게, 우리 집 아반떼가 세상에서 가장 좋은 차인 이유는 하나님이 우리에게 주신 차이기 때문이라고 했습니다. 자녀의 친구들이 제법 큰 집에 살고 우리는 동네에서 작은 집에 살지만 이곳이 세상에서 제일 좋은 집인 것도 하나님이 우리에게 주신 집이기 때문이라고 말했습니다. 온 세상의 주인이신 하나님이 우리 아버지시고 우리는 그분의 자녀이기에 우리는 가장 부요한 자들임을 자주 함께 기억했습니다. 히브리서는 이렇게 말합니다.

> 돈을 사랑하지 말고 있는 바를 족한 줄로 알라 그가 친히 말씀하시기를 내가 결코 너희를 버리지 아니하고 너희를 떠나지 아니하리라 하셨느니라 (히 13:5)

십자가의 사랑과 복음의 은혜는 죄 사함과 의롭다 함만이 아니라 현재 어떤 삶의 상황이든 결코 우리를 버리지 않고 떠나지 않으시며 우리를 돌보시는 선하신 아버지를 보게 합니다. 선하신 하나님 아버지의 아름다움을 우리가 볼 수 있다면 우리는 어떤 상황에서도 자족하고 감사하며 기쁘게 살아갈 수 있습니다.

정기적으로 소통하고 점검하기

저희 부부는 10만 원 이상의 지출이 필요할 때 반드시 상의합니다. 상의만 해도 그것이 꼭 필요한 지출인가 다시 생각하게 됩니다. 또한 재정을 정기적으로 점검하면, 지출을 모니터링할 수 있고 상호 협력하여 하나님이 맡겨 주신 자원을 지혜롭게 관리하는 데 도움이 됩니다.

청지기로 살아가는 지혜로운 부부

청지기로 살고자 하는 지혜로운 부부는 돈이 우리의 마음의 가치를 반영하고 우리의 마음이 누구에게 속해 있는지를 보여 준다는 것을 압니다. 예수님은 천국과 지옥보다 돈과 재물에 대해 더 많이 말씀하셨습니다. 예수님의 설교 중 약 15%가 물질에 관한 것이었습니다. 왜 예수님은 돈과 재물에 대해 그렇게 많이 말씀하셨을까요? 사람들이 돈을 사용하는 모습을 보면 그들의 마음과 가치가 무엇인지 알 수 있기 때문입니다.

마태복음 6장 21절에서 예수님은 "네 보물 있는 그곳에는 네 마음도 있느니라"라고 말씀하셨습니다. 우리의 보물과 돈이 있는 곳에 우리의 마음이 있습니다. 돈을 사용하는 모습을 보면, 우리 마음이 무엇을 가치 있게 여기는지가 드러납니다.

또한 돈은 우리가 섬기는 주인이 누구인지를 보여 줍니다. 예수님은 마태복음 6장 24절에서 "한 사람이 두 주인을 섬기지 못할 것이니 … 너희가 하나님과 재물을 겸하여 섬기지 못하느니라"라고 말씀하셨습니다.

우리는 돈을 어디에 사용합니까? 우리가 현재 사용하고 있는 돈은 우리 마음의 주인이 누구라고 말하고 있습니까? 돈은 선한 것입니다. 그러나 돈은 위험하기도 합니다. 그렇다고 돈 문제를 피하는 것이 정답은 아닙니다.

우리가 돈의 문제를 해결하려면 첫 번째로 정직하게 인정해야 할 문제가 있습니다. 사실은 내가 제일 돈에 관심이 많은 사람이고, 돈 때문에 가장 많이 힘들어하는 사람임을 인정하는 것입니다. … 그것을 인정할 때부터 돈에 대한 바른 해결책을 찾아갈 수 있습니다.4)

우리는 돈에 제일 관심이 많은 사람이고 돈 때문에 힘들어하는 사람입니다. 이 문제는 우리로 하나님을 바라보게 합니다. 하나님의 뜻 아래 돈을 건강하게 다룰 줄 아는 사람이 되기를 간구하게 합니다. 우리의 돈은 하나님이 기뻐하시는 곳에 사용되어야 하며, 우리 마음의 주인이 하나님이심을 드러내야 합니다. 아굴은 하나님께 이렇게 간구합니다.

나를 가난하게도 마옵시고 부하게도 마옵시고 오직 필요한 양식으로 나를 먹이시옵소서 혹 내가 배불러서 하나님을 모른다 여호와가 누구냐 할까 하오며 혹 내가 가난하여 도둑질하고 내 하나님의 이름을 욕되게 할까 두려워함이니이다 (잠 30:8-9)

청지기로 살아가는 동안 때로는 부유할 수도 있습니다. 그때 하나님을 잊어버릴 위험이 있습니다. 우리에게 주신 소유를 나의 것, 내 돈이라 말하지 않아야 합니다. 물질의 주인은 하나님이십니다. 또한 주어진 부를 자랑하거나 그로 인해 우월감을 느끼거나 가난한 사람을 무시하고 차별하지 말아야 합니다. 우리의 부를 이웃과 교회를 위해 사용하며, 그것으로 하나님께 영광을 돌려야 합니다. 반대로 청지기로서 인생을 살아갈 때 가난해질 수도 있습니다. 그때 내 소유가 적다고 불평하고 원망하지 마십시오. 그 적은 소유가 하나님의 것이고 하나님이 주신 것입니다. 적은 소유 때문에 죄책감이나 굴욕감을 가지지 말아야 합니다. 또 부자들이 가난한 사람을 돌보지 않는다고 손가락질하거나 비판하지 마십시오. 우리의 모든 것이 되시는 하나님 안에서 기뻐하십시오.

부요할 때 우리를 위해 가난해지신 예수 그리스도를 기억하며 섬기는 삶을 살아가고, 가난할 때 우리를 부요하게 하시기 위해 이 땅에 오신 주님을 기억합시다. 그리스도인은 어떤 삶의 환경에 처하든 그리스도로 인해 진정으로 부요한 사람입니다. "주님, 우리가 이것을 세상에 보여 주는 신실한 청지기가 되도록 도와주소서!"

- 우리는 하나님의 뜻에 따라 시간과 돈을 사용하는 청지기다.
- 시간과 재정을 사용하는 방식은 우리의 마음이 무엇을 소중히 여기는지를 드러내며, 우리의 보물이 어디에 있는지를 보여 준다.
- 그리스도인은 하나님의 영원한 목적을 위해 시간과 재정을 사용하며, 어떤 삶의 상황 속에서도 그리스도로 인해 부요한 청지기다.

나눔과 적용을 위한 질문

1. 시간의 청지기인 부부는 하나님이 주신 삶의 역할에 따라 우선순위를 정하고 일정을 계획합니다. 지난 6개월을 돌아보고, 앞으로 새로운 6개월의 계획을 어떻게 세울지 생각해 보세요.

구분		생각할 것	돌아보기	계획
하나님의 자녀로서		- 경건의 시간, 말씀과 기도 성경 연구 방법 등 - 하나님 안에서 성장하기		
가정	남편 / 아내로서	- 배우자와의 관계 - 부부 데이트 - 결혼 생활의 성장과 도전 - 내가 변화된 것, 성장할 것		
	아빠 / 엄마로서	- 가정 예배와 자녀 데이트 - 자녀 마음을 살피는 부모		
교회 가족으로서		- 은사를 따라 교회 섬기기 - 성도와의 친밀한 교제		
일터에서 복음 증인으로서		- 직장 일원으로서 성실과 책임 - 새로운 일의 비전과 계획 - 영혼을 향한 관심과 사랑		
자신을 돌아보기		- 몸의 건강, 운동 관리 - 마음 돌아보기, 쉼 - 독서와 성장을 위한 계획		

2. 자신을 돌아보고 생각한 것들을 배우자와 함께 나누세요. 시간의 청지기로서 우선순위를 따라 살았는지 지난 6개월을 점검해 보고, 앞으로 6개월을 어떻게 지혜롭게 사용할지 대화하세요.

3. 시간을 온전하게 계획하고 실행하는 사람은 누구도 없습니다. 하나님의 뜻을 따라 지혜롭게 세월을 아끼고, 시간의 청지기로 살아가기를 소망하며 함께 서로를 위해 기도하세요.

4. 가정의 재정에 대한 열 가지 질문이 있습니다. 서로 질문하며 대화하는 시간을 가지세요.

　① 우리 가정의 재정 책임자는 누구인가요?

　② 나는 재정에 대해서 배우자와 정기적으로 대화하고 있나요?

　③ 나는 가정의 신용카드, 자동차 할부금, 주택 대출금, 저축, 보험 등에 대해 구체적으로 알고 있나요?

④ 재정에 대해 배우자에게 투명하고 정직한가요? 혹 배우자와 공유하지 않은 별도의 통장이 있나요?

⑤ 인생에서 재정의 위기를 경험한 적은 언제이며 어떻게 극복했나요? 재정의 어려움 속에서 배운 것은 무엇인가요?

⑥ 배우자와 자주 갈등이 있는 지출 영역은 무엇인가요? (장보기, 전자제품, 의류 구매, 학원비, 외식비 등)

⑦ 가정의 미래를 위한 재정에 대해 대화하고 계획하나요?

⑧ 우리 가정에서 가장 중요하게 여기는 재정 원칙은 무엇인가요?
　(할부 결제하지 않기, 함께 의논하고 결정하기 등)

⑨ 우리는 하나님의 청지기로서 돈을 사용해야 합니다. 나와 배우자는 헌금 생활(십일조, 주일헌금, 감사헌금, 선교헌금 등)에 대해 함께 의논하고 헌금을 드리나요?

⑩ 가정의 재정을 통해 하나님께 영광을 돌리기 위해 내가 성장하기 원하는 것은 무엇인가요?

5. 우리는 재정의 청지기입니다. 지혜롭게 재정을 관리하는 가정의 재정 원칙 세 가지를 찾아서 적어 보세요. 그리고 재정을 지혜롭게 사용하는 청지기로 살게 해달라고 함께 기도하세요.

①

②

③

복음이 빛나는 부부의 기도

하나님, 제게 맡기신 시간과 재정을 주님의 뜻에 따라 잘 사용하도록 도와주세요. 저의 삶이 시간과 재정의 청지기로서 주님을 가장 귀하게 여기는 마음을 드러내게 해주세요. 삶의 어떤 형편에서든 그리스도로 인해 부요한 청지기로 살아가며 세상에 그리스도를 밝히 드러내게 해주세요. 예수님의 이름으로 기도드립니다. 아멘.

10장
지혜로운
가정 건축자

청년 사역자로 섬기던 시절, 저의 비전은 두 가지였습니다. 예수님의 제자가 되는 것, 교회를 섬기는 사역자로 헌신하는 것이었습니다. 그러나 청년 사역을 하면서 절망과 낙심을 경험했습니다. 청년들이 살아가는 가정이 무너져 있다는 현실을 발견했기 때문입니다. 많은 청년이 부모로 인한 실망과 상처로 고통받고 있었습니다. 가정의 무너진 현실은 생각보다 심각했습니다. 어디서부터 어떻게 회복해야 할지 고민하던 중, 제 비전이 바뀌었습니다. 그것은 먼저 예수님의 제자가 되는 것이고, 한 아내의 남편이자 두 아들의 아버지로 사는 것이었습니다. 이 생각의 전환은 인생에 중요한 분기점이 되었습니다.

우리는 모두 인생의 집을 건축하는 사람들입니다. 하나님은 우리에게 가정을 건축하는 책임을 맡기셨습니다. 이번 장에서 우리는 먼저 예수님이 말씀하신 두 건축자에 대해서 살펴보고, 에베소서를 통해서 가정을 어떻게 세울지 확인하려 합니다. 마지막으로 가정 건축을 위한 세 가지 원리를 나누겠습니다. 가정의 주인이신 예수님 말씀에 기초해서, 지혜롭게 가정을 건축하기를 소망합니다.

두 건축자: 지혜로운 사람과 어리석은 사람

그러므로 누구든지 나의 이 말을 듣고 행하는 자는 그 집을 반석 위에 지은 지혜로운 사람 같으리니 … 나의 이 말을 듣고 행하지 아니하는 자는 그 집을 모래 위에 지은 어리석은 사람 같으리니 (마 7:24, 26)

예수님이 말씀하신 두 건축자의 비유에서 공통점은 무엇입니까? 두 사람 모두 예수님 말씀을 들었습니다. 또한 두 사람 모두 집을 지었습니다. 겉모양만 보면 두 집은 비슷합니다. 하나님을 믿지 않는 사람들은 자신의 성공 기준을 따라 집을 짓습니다. 성도는 하나님의 말씀을 듣고 인생의 집을 짓습니다. 그들은 모두 주님의 말씀을 들었고, 겉모양이 비슷한 집을 지었습니다.

두 건축자의 차이점은 무엇입니까? 비바람이 몰아치기 전까지는 두 사람의 차이가 보이지 않습니다. 그러나 비바람과 폭풍우 앞에 한 집은 견고하게 서 있고, 한 집은 무너집니다. 성경 해석자들은 비바람과 홍수를 두 가지로 해석합니다. 하나는 인생에 몰아치는 고난과 역경을 말한다고 합니다. 하나님을 믿는 자나 믿지 않는 자 모두에게 예기치 않은 인생의 폭풍우가 불어옵니다. 또한 비바람과 홍수는 하나님의 심판대 앞에 서는 것을 의미한다고 합니다. 누구도 하나님의 심판대를 피할 수 없습니다. 반석 위에 지은 지혜로운 사람의 집은 땅에서 몰아치는 비바람과 홍수에도 무너지지 않고, 마지막 하나님의 심판대 앞에서도 견고하게 서 있습니다. 그러나 모래 위에 집을 지은 어리석은 사람은 인생의 골짜기에서든 영원하신 심판자 앞에서든 무너집니다.

두 건축자 비유에서 중요한 것이 있습니다. 어떤 사람들은 찬송가 가사 "주의 말씀 듣고서 준행하는 자는 반석 위에 터 닦고 집을 지음 같아 … 잘 짓고 잘 짓세 우리 집 잘 짓세"를 잘못 해석합니다. 이 가사를 '예수님 말씀을 잘 듣고 순종하며 인생의 집을 잘 지어라. 벽돌을 쌓듯이 말씀에 순종해서 잘 지으면 구원을 얻고 천국에 갈 수 있다'고 해석한다면 잘못된 가르침입니다.

이 비유는 '행하면 구원을 얻는다'는 말씀이 아닙니다. 행함으로 구원을 얻는다면 그리스도의 은혜의 복음에 반대되는 것입니다. 이 말씀의 초점은 '행하였느냐, 행하지 않았느냐'가 아니라 '기초가 무엇인가'입니다. 지혜로운 사람은 집의 기초를 반석 위에 놓았습니다. 어리석은 사람은 집의 기초를 모래 위에 지었습니다. 기초가 다릅니다. 기초는 건물의 보이지 않는 부분입니다. 대부분 건물의 기초는 땅 밑에 숨어 있기에 보이지 않습니다. 이 보이지 않는 영역, 기초는 무엇입니까? 사람의 마음입니다. 사람의 마음, 기초는 보이지 않습니다.

마태복음 5장부터 7장은 하나님의 아들이 선포하신 진리의 말씀입니다. 모든 사람이 이 말씀을 들었습니다. 이 말씀의 씨는 사람들의 마음에 뿌려집니다. 어떤 사람은 말씀을 대충 듣습니다. '갈릴리 출신 청년의 말이니 엉터리 같구나' 하고 가볍게 여깁니다. 이 사람의 보이지 않는 마음의 기초는 모래입니다. 그는 예수님 말씀을 무시하고 자기 욕망대로 집을 지을 것입니다. 어떤 사람은 예수님의 말씀을 마음 깊이 듣습니다. '이 사람의 말은 권세가 있다. 그는 왕으로 오신 구원자이구나. 이 말씀은 진리다!' 하고 듣습니다. 이 사람의 기초는 반석입니다. 이 사람은 말씀이 깊이 뿌리내렸기에, 비바람과 홍수가 몰려와도 요동하지 않습니다. 이 사람은 왕의 말씀이기에 굳은 결심을 하고 순종하며 집을 지은 지혜로운 사람입니다.

중요한 것은 보이지 않는 기초, 마음입니다. 우리의 마음이 우리에게 말씀하시는 분을 바르게 아는 것이 중요합니다. 우리 마음이 예수님이 창조자이고 구원자이며 인생의 통치자이신 것을 안다면, 우리는 굳은 결심을 하고 그 말씀에 순종하며 집을 짓습니다. 그러나 우리의 마음이 예수님이 누구신지 알지 못하고, 예수님의 말씀을 가볍게 여긴다면 육체의 욕망을 따라 집을 짓습니다.

에베소서가 말하는 가정 건축

바울은 에베소서에서 결혼을 하나님의 구원의 궁극적인 목적 아래에서 이해합니다. 결혼이 에베소서에서 어느 위치에 있는지 먼저 살펴보겠습니다.

엡 1-3장 그리스도 안에서 받은 하늘의 신령한 복과 구원, 교회의 영광

엡 4:1-5:21 교회 생활과 새사람의 삶

엡 5:22-6:4 가정 생활 – 결혼과 자녀 양육

엡 6:5-9 직장 생활

엡 6:10-18 영적 전투 – 하나님의 전신 갑주

바울은 성도들의 교회 생활, 가정 생활, 직장 생활을 언급하기 전에 그리스도 안에서 받은 복음의 영광을 말합니다. 바울은 성도들이 그리스도 안에서 하늘에 속한 모든 신령한 복을 받았다고 찬양합니다(엡 1:3). 하늘의 신령한 복은 그리스도께서 완성하신 복입니다. 그 복은 창세전에 그리스도 안에서 우리를 선택하신 복입니다. 우리는 예수 그리스도의 피로 죄 사함을 받아 하나님의 자녀가 되었습니다(엡 1:4-7). 하나님의 복은 "하늘에 있는 것이나 땅에 있는 것이 다 그리스도 안에서 통일되게" 하시는 복입니다(엡 1:10).

그리스도는 십자가에서 죽으시고 부활하사 하늘 보좌 우편에 앉으신 분이고, 모든 만물과 역사의 머리이십니다. "만물을 그의 발 아래에 복종하게" 하실 뿐 아니라 "교회의 머리"이자 교회를 다스리는 왕이십니다(엡 1:22-23). 바울은 만물과 교회의 머리이신 그리스도의 통치 아래에 교회와 가정, 일터와 모든 것이 존재한다고 선언합니다.

에베소서가 말하는 가정 건축은 단지 행복을 추구하는 것이 아닙니다. 바울이 이해한 가정 건축은 하나님의 거대한 구속의 계획 안에서, 그리스도의 머리 아래 모든 만물과 사람의 회복을 이루는 하나님 목적의 일부분입니다. 안드레아스 쾨스텐버거는 이렇게 말합니다.

에베소서에서 가르친 결혼의 중요한 교훈은 하나님의 구속사적이고 종말론적인 더 큰 목적의 정황 속에서 보아야 한다. 그 목적은 '하늘에 있는 것이나 땅에 있는 것이 다 그리스도 곧 하나의 머리 아래로 통일'되는 것이다(엡 1:10). 그 일환으로 영적 권세들이 온전히 그리스도께 복종하게 되고(엡 1:21), 유대인과 이방인이 구속사적이고 종말론적인 하나의 정체, 즉 교회 안에 통일되며(엡 2:11-22, 3:6-13), 하나님의 형상으로 지어진 인간이 현재 정복하려 애쓰고 있는 만물은 드디어 회복된다(롬 8:18-25). 또한 부부 관계의 회복이 성령 충만하고 헌신된 그리스도인 신자들에게 실현된다.[1]

가정 건축을 하나님의 구원의 목적 아래에서 이해할 때 우리는 지혜로운 건축자가 될 수 있습니다. 결혼과 가정을 제정하신 분은 하나님이십니다. 결혼과 가정의 참된 주인이신 그리스도는 만물을 통치하는 왕이시고 교회의 머리이십니다. 우리가 가정을 건축하는 이유는 단지 개인의 행복이나 세상에서의 성공을 위함이 아닙니다. 지혜로운 가정 건축은 만물과 교회의 머리이신 왕께 순종하며 하나님 나라를 회복하는 중요한 사명입니다. 그러므로 지혜로운 건축자인 우리의 마음은 누가 가정 건축을 명령하셨는지를 깨닫고, 죄로 깨어진 결혼과 가정을 회복하기 위해 굳은 결심을 하고 순종해야 합니다.

기독교에서 가르치는 결혼이 그 자체로 목표가 아니라 그리스도의 통치 아래로 들어가야 한다는 것이다(엡 1:10). 그리스도는 하늘의 모든 권세(엡 1:21-22)와 교회(엡 4:15)를 다스리시듯이 또한 부부(엡 5:21-33)와 가정(엡 6:1-4)과 일터(엡 6:5-9)도 다스리셔야 한다. 부부는 교회의 일부다. 부부는 또 영적 전투에 가담하여 악을 단호히 물리친다(엡 6:10-14). … 남편과 아내가 직접적으로는 그리스도인 부부를 향한 하나님의 목적을 실천해야 하고, 간접적으로는 복음의 메시지를 적극적으로 전파하는 성경적 교회에 소속되어야 한다.2)

바울은 에베소서에서 복음의 영광을 말한 후에 성도의 교회 생활, 가정 생활, 직장 생활에 대해 설명하다 이렇게 말합니다.

우리의 씨름은 혈과 육을 상대하는 것이 아니요 통치자들과 권세들과 이 어둠의 세상 주관자들과 하늘에 있는 악의 영들을 상대함이라 그러므로 하나님의 전신 갑주를 취하라 (엡 6:12-13)

바울은 예수 그리스도의 십자가와 부활의 복음으로 하늘의 모든 신령한 복을 받은 에베소 성도들에게 간곡히 부탁합니다. 성도들이 하나님의 자녀라는 새로운 신분으로 일상을 살아가는 교회, 가정, 직장이 사탄과의 영적 전투가 있는 현장이라고 합니다.

바울은 만물의 왕이시며 교회의 머리이신 그리스도의 말씀을 따라 인생의 집을 건축할 때, 보이지 않는 방해자 사탄이 있다고 말합니다. 그래서 이 방해자와의 영적 전투를 위해 하나님의 전신 갑주를 입으라고 합니다. 사탄은 예수 믿으면 형통하다는 데만 마음이 끌리게 하고, 서로 용서하고 용납하며 예수님을 닮아 가는 일에는 마음이 멀어지게 합니다. 사탄은 결혼으로 땅의 만족과 성공을 쌓는 데 마음이 움직이게 하고, 하나님의 영원한 사랑을 세상에 나타내지 못하도록 공격합니다. 사탄은 부모가 자녀를 양육하는 목표를 단지 좋은 대학에 가고 편안한 직장을 얻는 정도로 축소하게 하고, 자녀들에게 영광의 복음을 전하는 것을 잊어버리도록 공격합니다.

지혜로운 가정 건축자로 부르심을 입은 우리는 '결혼은 영적 전투의 현장'이라는 바울의 말에 귀를 기울이고 깨어 있어야 합니다. 지혜로운 건축자는 그 마음의 주인이 만물의 왕이시고 교회의 머리이신 그리스도이시기에, 주인의 말씀에 순종하며 가정을 건축해야 합니다. 우리가 발을 딛고 살아가는 일상에 보이지 않는 사탄이 우리를 날마다 방해하지만, 부부는 하나님의 전신 갑주를 입고 가정을 건축해야 합니다.

가정 건축을 위한 세 가지 원리

그리스도인은 가정을 건축하는 하나님의 자녀입니다. 주인이신 그리스도의 말씀에 따라 가정을 건축하는 원리를 알고 있습니까? 이 시대 무너져 가는 가정을 일으켜 세울 지혜로운 방법이 있습니까? 스티브 파라는 그의 책 『포인트 맨』에서 이렇게 말합니다.

사탄이 가정을 공격하는 세 가지 전략이 있다. 그 전략은 첫째, 남편과 아내의 관계를 멀어지게 해서 단절시켜라. 둘째, 아버지와 자녀의 관계를 멀어지게 해서 단절시켜라. 셋째, 하나님 자녀가 자신을 훈련하지 못하도록 영적 훈련과 멀어지게 하라.3)

그가 말하는 사탄의 전략은 "전쟁을 일으켜라. 전염병을 일으켜라. 학교를 무너지게 하라"와 같은 거대한 사건이 아닙니다. 사탄의 공격은 더 지능적이고 은밀하고 전략적입니다. 사탄은 가정을 파괴하기 위해 남편과 아내의 관계를 멀어지게 하고, 부모와 자녀를 단절시키고, 성도들을 하나님의 말씀으로 훈련하지 못하게 합니다. 그러나 우리는 그리스도께서 주인이신 가정을 건축하기 위해 세 가지 원리를 세워야 합니다. 지혜로운 건축자가 되어 세상을 놀라게 해야 합니다.

남편과 아내가 서로 가까워지라

결혼의 성공은 무엇입니까? 돈 걱정 없이 살면 성공입니까? 몸이 건강하고 자녀를 멋지게 양육하고 사회적 업적을 세우면 성공입니까? 훌륭한 일이지만 성공의 전부는 아닙니다. 바울은 결혼에 대한 놀라운 관점을 말합니다.

그러므로 사람이 부모를 떠나 그의 아내와 합하여 그 둘이 한 육체가 될지니 이 비밀이 크도다 나는 그리스도와 교회에 대하여 말하노라 (엡 5:31-32)

바울은 하나님이 감추어 두신 비밀을 나타내는 현장이 결혼이라고 선언합니다. 신랑이신 그리스도께서 죄 많은 우리(남자와 여자)를 신부로 불러, 십자가로 죄를 용서해 주시고, 의롭지 않은 신부에게 자신의 의로운 옷을 입혀 주셨습니다. 그리고 신랑이신 예수님은 깨어지지 않는 사랑의 언약 안에서 신부를 돌보고 양육하여 주님을 닮아 가게 하십니다.

결혼의 목적은 신랑이신 그리스도께서 신부를 어떻게 사랑하시는지를 세상에 나타내는 것입니다. 세상은 그리스도인의 결혼을 보고 하나님의 사랑이 무엇인지 알게 됩니다. 그러나 오늘날의 아픔은 그리스도인들이 하나님이 설계하신 결혼의 목적을 잊어버리고, 땅의 만족과 행복을 추구하는 것입니다. 사탄의 전략은 부부가 하나 되지 못하도록 서로 멀어지게 합니다. 상대방의 형편없는 모습을 불평하고 미워하게 해서 멀어지게 합니다. 그래야 세상이 하나님의 사랑이 무엇인지 보지 못하기 때문입니다.

남편과 아내가 하나님의 사랑을 나타내는 방법은 무엇입니까? 단지 '서로 참고 인내해라. 부부가 여행을 다니고 대화를 많이 해라'와 같은 방법론으로 이 사랑을 나타낼 수 없습니다. 우리는 3장에서 남편의 역할, 4장에서 아내의 역할에 대해 살펴보았습니다. 하나님이 디자인하신 남성성과 여성성의 역할을 적용하며 한 몸이 될 때, 서로 가까워지고 하나님의 사랑을 세상에 나타낼 수 있습니다.

여기서 남편과 아내가 기억해야 하는 한 가지를 소개합니다. 남편이 기억해야 하는 말씀은 "아내를 사랑하라"(엡 5:25-27)입니다. 아내가 붙잡아야 하는 명령은 "남편을 존경하라"(엡 5:33)입니다.

남자는 모든 여자를 사랑해야 하는 것이 아닙니다. 오직 한 여자, 아내를 사랑해야 합니다. 여자는 모든 남자를 존경해야 하는 것이 아닙니다. 한 남자, 남편을 존경해야 합니다. 이것이 두 사람을 가깝게 하며 한 몸을 이루게 합니다.

하나님의 이 말씀은 세상 사람들에게 과소평가되고 있고, 그리스도인의 결혼에서도 종종 무시되고 있습니다. 많은 그리스도인 남편이 아내와 자녀를 위해 몸이 부서질 정도로 일하고 땀 흘려 수고합니다. 때로는 아내를 위해 깜짝 이벤트를 만들고 여행을 가고 꽃도 선물합니다. 그러나 아내의 까칠한 말과 행동을 마주할 때, 아내를 있는 그대로 용납하고 사랑하라는 말씀은 고통스럽습니다.

많은 그리스도인 아내가 남편의 부족함과 잘못을 자주 지적하면서도 가정을 섬기고 자녀를 위해 온 힘을 다해 섬깁니다. 그러나 남편을 존경하기는 참으로 어렵습니다.

결혼을 향한 하나님의 말씀은 남편이 아내를 사랑하는 것이고, 아내가 남편을 존경하는 것입니다. 그러나 현실은 남편을 존경할 구석이 없고, 아내를 있는 모습 그대로 사랑할 수 없습니다. 이것은 남편과 아내, 모두에게 순종하기 어려운 말씀 같습니다. 바로 이 지점에서 남편에게 복음의 능력을 믿는 믿음이 필요합니다. 현실은 아내의 말과 행동, 연약한 성품이 보이지만 복음은 우리로 용납하고 사랑하게 합니다. 그러므로 남편은 아내를 사랑해야 합니다. 남편은 주님이 나를 사랑하신다는 복음을 믿어야 아내에게 하나님의 사랑을 흘려보낼 수 있습니다.

아내에게도 복음의 능력을 믿는 믿음이 필요합니다. 남편의 미련한 행동과 습관을 보면, 남편을 존경하기 어렵습니다. 그러나 복음의 사실은 아내의 신랑이신 예수님이 남편을 가정의 머리로, 인도자로 세워 주셨습니다. 이것을 아내가 믿어야 남편을 존경할 수 있습니다. 남편과 아내가 눈에 보이는 현실을 넘어 복음의 사랑으로 가까워지고, 한 몸을 이룰 때 세상을 놀라게 합니다. 세상은 성도의 결혼을 통해 그리스도의 측량할 수 없는 사랑을 보게 될 것입니다.

아버지와 자녀가 가까워지라

사탄의 전략은 아버지와 자녀의 관계를 멀어지게 하는 것입니다. 그래서 자녀들은 아버지를 통해 영광의 하나님이 누구신지, 복음의 진리가 무엇인지 듣지 못하게 됩니다. 돈 루이스는 미국 의회에서 다음과 같이 말했습니다.

미국 연방 정부는 수십 년간 사회 정책을 통해 흑인 공동체에서 남편과 아버지들을 말살시켜 왔습니다. 그 결과 소년들은 마약을 배우고 도둑질이 일확천금을 얻는 가장 바른 수단이 되어 버렸습니다.

그 아이들에게는 건강한 노동 윤리의 미덕, 성적인 절제와 책임의 중요성, 교육의 유익, 초월적 가치의 아름다움을 알려 주고 보여 줄 아버지가 없었던 것입니다.4)

이 보고서는 수백만 명의 흑인 아이들이 아버지의 돌봄과 양육을 받지 못한 현실이 큰 혼란과 고통을 가져왔다고 지적합니다. 이 사실은 그리스도인 아버지들에게 도전이 됩니다. 복음을 경험한 아버지가 자녀들과 가까이 지내며 복음으로 제자 삼지 않는다면 세상은 자녀들을 땅의 문화와 세계관으로 제자 삼을 것입니다.

하나님은 이스라엘의 부모들에게 하나님의 마음을 명령하십니다.

이스라엘아 들으라 우리 하나님 여호와는 오직 유일한 여호와이시니 너는 마음을 다하고 뜻을 다하고 힘을 다하여 네 하나님 여호와를 사랑하라 오늘 내가 네게 명하는 이 말씀을 너는 마음에 새기고 네 자녀에게 부지런히 가르치며 집에 앉았을 때에든지 길을 갈 때에든지 누워 있을 때에든지 일어날 때에든지 이 말씀을 강론할 것이며
(신 6:4-7)

하나님은 출애굽을 경험한 부모 세대와 다음 세대 자녀들이 약속의 땅에서 행복하게 살기를 원하십니다. 하나님의 계획은 단지 자녀 세대만이 아니라, 모든 세대가 하나님의 말씀에 순종하여 행복하게 사는 것입니다(신 6:1-3).

이를 위해 하나님을 경험한 첫 번째 부모 세대는 마음을 다하고 힘을 다하여 하나님을 사랑해야 합니다. 부모 세대는 애굽의 열 가지 재앙과 유월절 사건을 통하여 살아 계신 구원의 하나님을 경험했습니다. 그들은 광야 40년 동안 공급하시고 보호하시는 하나님, 죄인을 사랑하시는 언약의 하나님을 경험했습니다.

이러한 부모 세대의 임무는 무엇입니까? 자신들이 경험한 살아 계신 하나님이 누구신지, 인생의 행복을 주시는 하나님의 말씀이 무엇인지 다음 세대에게 전수하는 것입니다.

특히 아버지는 가정의 인도자이고 책임자입니다. 아버지는 하나님의 말씀을 자신의 마음에 새기고, 자녀들에게 가까이 가야 합니다. 아버지는 자녀들이 가정에 있든지 어디에 있든지, 일상의 삶에서 살아 계신 하나님의 말씀을 부지런히 가르쳐야 합니다. 자녀들이 집에 앉았을 때나 길을 갈 때나, 아버지는 그들에게 하나님이 행하신 일을 가르쳐야 합니다. 자녀들이 누울 때나 일어날 때도, 아버지는 삶의 본이 되어 행복의 말씀을 가르쳐야 합니다.

복음을 경험한 부모는 하나님의 마음을 알아 일상의 삶에서 자녀 가까이에 가서 가정을 건축하는 자입니다. 특히 아버지는 예수 그리스도의 은혜의 복음을 자녀들에게 부지런히 가르쳐야 합니다. 그러나 슬프게도 우리는 아버지의 영향력이 무너진 시대를 살아가고 있습니다. 아버지와 자녀 사이에 대화가 줄어들었습니다. 아버지는 일터에서 분주하게 살고 자녀들은 학교와 학원으로 바쁩니다. 산업화와 도시화가 급속하게 진행되는 동안 아버지의 영향력은 현저히 줄었습니다. 또한 우리는 아버지와 자녀의 관계를 단절시키는 미디어 기술의 문화가 밀려오는 위험한 시대에서 신음하고 있습니다. 사탄은 보이지 않는 수많은 방법으로 아버지와 자녀의 관계를 멀어지게 합니다.

그렇다고 우리는 도시의 분주한 삶과 문화, 사탄의 방해를 탓하고만 있을 수 없습니다. 하나님이 주신 부모의 임무를 속히 회복해야 합니다. 부모는 자녀들에게 달려가서 영광의 하나님이 누구신지와 예수 그리스도께서 행하신 복음의 진리를 말해야 합니다.

자녀들의 행복을 위하여 부모가 본이 되어 지혜로운 하나님의 말씀을 가르쳐야 합니다. 부모가 자녀를 제자 삼지 않으면 세상이 자녀를 제자 삼을 것입니다. 그러므로 기회 있을 때 아버지는 지혜로운 가정 건축을 위해, 자녀의 마음을 얻기 위해서 자녀에게 가까이 가야 합니다. 부모로서 가장 고귀한 임무는 자녀의 마음을 얻어서 그들을 그리스도께로 인도하는 것입니다.

하나님의 자녀로서 말씀을 가까이하라

세 번째 사탄의 전략은 하나님 자녀들이 하나님의 말씀에서 멀어지게 하는 것입니다. 모세는 이스라엘 백성에게 유언과 같은 말씀을 남겼습니다.

내가 오늘 너희에게 증언한 모든 말을 너희의 마음에 두고 너희의 자
녀에게 명령하여 이 율법의 모든 말씀을 지켜 행하게 하라 이는 너희
에게 헛된 일이 아니라 너희의 생명이니 이 일로 말미암아 너희가 요
단을 건너가 차지할 그 땅에서 너희의 날이 장구하리라 (신 32:46-47)

모세는 하나님의 말씀을 마음에 소중히 여기고, 자녀들에게 모든 말씀을 가르쳐 지켜 행하게 하라고 유언합니다. 이 말씀은 헛된 것이 아니라 "생명"이라고 말합니다. 하나님의 말씀은 부모 세대와 자녀 세대 그리고 가나안 땅에서 오고 오는 모든 세대가 붙잡아야 하는 생명의 말씀입니다. 모세는 부모와 자녀의 마음이 하나님의 말씀을 어떻게 대하느냐가 가나안 땅에서 행복한 삶이냐 저주의 삶이냐를 결정한다고 말합니다.

예수님은 "사람이 떡으로만 살 것이 아니요 하나님의 입으로부터 나오는 모든 말씀으로 살 것"(마 4:4)이라고 하십니다. 이스라엘 백성은 하늘에서 내리는 만나, 떡으로 생명을 유지했지만 동시에 하나님의 입에서 나오는 말씀으로 살아야 합니다. 이스라엘 백성이 가나안 땅에 들어가 하나님의 말씀을 따라 행하지 않으면 그들은 가나안의 세속적인 철학과 도시 문화의 영향 아래 헛된 삶을 살게 될 것입니다.

마찬가지로 그리스도인이 인생과 가정을 건축할 때 말씀을 가까이 하지 않고 세상의 가치를 따라 살면 어떻게 되겠습니까? 그들이 건축

한 집 모양은 그리스도인의 집 같지만, 자기 욕망을 따라 집을 지었기에 땅의 사람들과 비슷할 것입니다. 이것은 헛되며 하나님 앞에서 무너지는 집일 뿐입니다.

마르다와 마리아는 예수님을 집에 초대했습니다. 마르다는 예수님을 대접하기 위해 음식 준비와 청소로 분주했습니다. 마르다의 부지런한 섬김은 좋은 일입니다. 그런데 예수님은 "네가 많은 일로 염려하고 근심하나 몇 가지만 하든지 혹은 한 가지만이라도 족하니라 마리아는 이 좋은 편을 택하였으니 빼앗기지 아니하리라"(눅 10:41-42)라고 말씀하십니다.

오늘날 마르다와 같이 바쁘게 살아가는 그리스도인이 많습니다. 직장의 많은 일로 분주하고, 자녀 양육의 많은 일로 바빠서 염려의 괴물에 붙잡혀 예수님과 교제하지 못할 수 있습니다.

사탄의 은밀한 전략은 가정을 건축하는 우리를 많은 일로 분주하게 해서, 말씀을 가까이하지 못하게 하는 것입니다. 직장에서 일어나는 급하고 중요한 일, 부모가 자녀 양육을 위해 하는 일들은 다 좋은 일입니다. 그러나 우리는 하나님의 자녀이기에, 마리아처럼 그리스도의 발아래에서 하나님의 말씀을 배우고 사랑의 교제를 해야 합니다. 억세고 이기적인 자녀들을 상대하기 전에, 예수님의 측량할 수 없는 은혜와 사랑을 배워야 합니다. 폭풍이 몰아치는 세상을 걷기 전에, 탁월하신 예수님의 지혜를 배워야 합니다.

바울은 "마귀의 간계를 능히 대적하기 위하여 하나님의 전신 갑주를 입으라"(엡 6:11)며 성도들이 무장해야 하는 하나님의 전신 갑주를 나열합니다. 그리고 "성령의 검 곧 하나님의 말씀을 가지라"(엡 6:17)고 강조합니다. 요한은 "너희가 강하고 하나님의 말씀이 너희 안에 거하시며 너희가 흉악한 자를 이기었음이라"(요일 2:14)라고 말합니다.

가정을 건축하는 우리는 하나님의 이 말씀을 가까이해야 합니다. 일상의 삶에서 말씀의 검을 꺼내 흉악한 사탄을 무력화시키고 가정을 지키고 하나님 나라를 세워야 합니다.

가정이 휘청거리는 위기의 시대입니다. 성도의 가정이 위기이면 세상에 하나님의 은혜를 흘려보낼 수 없고, 하나님 나라를 세울 수도 없습니다. 사탄의 공격을 무력화시키는 특별 프로그램이나 행사는 없습니다. 그러나 세상을 놀라게 하고 사탄을 깜짝 놀라게 하는 세 가지 원리가 있습니다. 남편과 아내가 더욱 가까워지기를 힘쓰십시오. 아버지가 자녀의 마음을 얻기 위해 가까워지기를 힘쓰십시오. 그리고 하나님의 말씀을 가까이하십시오. 이것은 지혜로운 가정 건축자가 평생 배워야 할 원리이며, 가정을 행복하게 하는 비결입니다.

복음으로 무장하여 가정을 건축하라

우리는 가정을 건축 중입니다. 우리는 지혜로운 건축자로 살아야 합니다. 지혜로운 건축자는 만물과 역사의 왕이시고 교회의 머리이신 예수 그리스도의 말씀을 듣습니다. 왕의 말씀은 생명과 행복이기에 우리는 굳은 결심을 하고 그 말씀의 원리를 따라 가정을 건축합니다. 가정의 주인이신 그리스도의 말씀에 순종하여 가정을 건축할 때, 가정은 하나님 나라가 됩니다. 남편과 아내가 영원한 신랑이신 그리스도의 통치에 순종할 때, 결혼 생활에 그리스도의 사랑의 통치가 임합니다. 그러나 우리는 하나님 나라를 건축하는 과정에서 반드시 치열한 영적 전투가 있음을 기억해야 합니다.

끝으로 너희가 주 안에서와 그 힘의 능력으로 강건하여지고 마귀의 간계를 능히 대적하기 위하여 하나님의 전신 갑주를 입으라 우리의 씨름은 혈과 육을 상대하는 것이 아니요 통치자들과 권세들과 이 어둠의 세상 주관자들과 하늘에 있는 악의 영들을 상대함이라 (엡 6:10-12)

하나님 나라를 건축하려 할 때 씨름이 있습니다. 이 싸움의 상대는 혈과 육이 아닙니다. 우리 앞에 보이는 배우자도 아니고 자녀도 아닙니다. 우리가 씨름하는 적은 하늘의 악한 영들입니다. 이 악한 영이 일상의 삶에 온갖 전략과 방법을 동원해서 하나님의 통치가 임하는 가정 건축을 방해합니다.

인간적인 판단에는 부부가 성격 차이로 다투고 부딪치고 서로 멀어지는 것 같습니다. 서로가 쏟아 내는 독한 말과 돈 문제로 가족들이 하나님과 멀어지는 것 같습니다. 손에 들린 스마트폰 때문에 부모와 자녀의 관계가 멀어지는 것으로 보입니다. 우리 눈에 보이는 수많은 갈등은 가정의 건축을 위태롭게 만듭니다.

그러나 바울은 우리에게 경고합니다. 이 세상에는 보이지 않는 악한 영이 일하고 있기에 하나님의 전신 갑주를 입고 영적 전투에 임하라고 분명히 말합니다.

왜 사탄이 성도를 방해하고 공격할까요? 우리가 하나님의 사랑을 받는 자녀이기 때문입니다. 사탄은 우리의 구원을 취소하거나 파괴할 수 없습니다. 악한 영들은 성도들이 예수님을 닮는 것을 방해합니다. 사탄은 성도들의 가정이 복음의 말씀대로 살면 세상이 하나님의 사랑을 보게 되는 것이 두렵습니다. 그래서 일상의 삶에서 우리를 은밀하게 방해합니다.

보이지 않는 사탄과의 싸움을 두려워하지 마십시오. 그들은 우리의 주인이신 그리스도께 이미 패배한 자입니다. 우리는 승리자이신 예수 그리스도께 속한 하나님의 자녀입니다.

바울은 가정을 건축하고 하나님 나라를 세우는 과정에서 우리가 누구인지 항상 기억하라고 말합니다.

- 그리스도 안에서 하늘의 모든 신령한 복을 받은 자녀다(엡 1:3).
- 그리스도 안에 택하사 하나님 앞에 거룩하고 흠 없이 설 자다(엡 1:4).

- 그리스도로 인하여 하나님의 아들들이 되었다(엡 1:5).
- 그리스도의 피로 완전한 죄 사함을 받았다(엡 1:7).
- 하나님의 영원한 기업을 약속으로 받았다(엡 1:11, 14).
- 성령님이 우리와 일하시고 함께하신다(엡 1:13).
- 하나님의 가족이고 성령님이 동행하시는 성전이다(엡 2:19-22).

우리는 가정을 건축하는 과정에서 "너희가 주 안에서와 그 힘의 능력으로 강건하여지고"(엡 6:10)라는 말씀을 담대히 기억해야 합니다. 가정을 세우는 동안 우리는 넘어지고 약하지만, 우리의 정체성은 주님 안에 소속되어 있습니다. 우리의 힘은 그리스도 안에 있는 능력입니다.

- 우리는 가정을 세우는 건축자다. 우리는 만물과 인생의 주인이신 그리스도의 말씀을 듣고 순종함으로 가정을 건축한다.
- 지혜로운 건축자는 개인의 행복이나 성공을 넘어서, 주인의 말씀에 순종하며 하나님 나라를 세워 간다.
- 지혜로운 건축 전략은 남편과 아내가 서로 더 가까워지고, 아버지와 자녀의 관계가 깊어지며, 하나님의 말씀과 더욱 가까워지는 것이다.

나눔과 적용을 위한 질문

1. 우리 부부의 여정은 어떻게 진행되고 있으며 무엇을 건축했나요?
   예를 들면 전반전/후반전, 초기/중기/후기, 1층/2층/3층, 봄/여름/가을/겨울 등으로 결혼의 여정을 자신의 말로 이야기해 주세요.

2. 스티브 파라는 사탄이 가정을 공격하는 세 가지 전략이 있다고 말합니다. 그것은 무엇인가요?

3. 가정은 영적 전투의 현장입니다. 결혼 생활을 돌아볼 때, 우리 가정이 사탄에게 주로 공격받았다고 생각하는 영역은 무엇인가요? 우리 부부는 어떻게 영적 전투를 해왔는지 나누어 주세요.

4. 나와 배우자는 얼마나 가까운가요? 그 이유는 무엇인가요? 나와 자녀들은 얼마나 가까운가요? 나와 하나님의 관계는 얼마나 가까운가요? 그렇게 생각하는 이유는 무엇인가요?

5. 우리는 하나님의 말씀을 따라 가정을 건축하는 지혜로운 자인가요? 가정 건축자로서 앞으로 6개월 또는 1년 동안 우선 적용해야 하는 것은 무엇인가요? 배우자의 도움이 필요한 것은 무엇인가요? 함께 나누고 우리 가정을 지혜롭게 건축할 수 있도록 하나님께 기도하세요.

복음이 빛나는 부부의 기도

하나님, 만물과 인생의 왕이신 아버지께 머리 숙입니다. 저의 눈이 세상의 부귀영화를 좇았던 것을 용서해 주소서. 하나님이 맡겨 주신 인생과 가정을 지혜롭게 건축하게 하소서. 왕의 말씀을 바르게 듣고, 반석 위에 집을 짓게 하소서. 인생의 주인이신 하나님, 제가 배우자를 더욱 사랑하게 하시고 자녀의 마음을 그리스도께 인도하는 부모가 되게 하소서. 날마다 생명의 말씀을 묵상하게 하시고, 겸손한 건축자로 살게 하소서. 예수님의 이름으로 기도드립니다. 아멘.

나가는 말

'결혼 30년'이라는 시간이 흘렀습니다. 문득 철없던 시절의 꿈을 떠올리며 혼자 웃어 봅니다. 제가 꿈꾼 결혼은 사랑하는 여자와 행복하게 사는 것이었습니다. 아름다운 초원에 멋진 집을 짓고 사계절을 행복하게 사는 꿈이었습니다. 그러나 현실은 달랐습니다. 결혼은 아름다운 초원이 아니라 혼란과 다툼으로 가득 찬 쓰레기 더미로 변하곤 했습니다. 따뜻한 사랑과 격려로 가득해야 할 부부의 대화는 불평과 원망으로 얼룩지기도 했습니다. 인생의 봄, 여름, 가을, 겨울을 따라 열매를 맺기보다는 허둥지둥 분주한 일로 바쁘고 어디로 가야 할지 방향을 잃은 날도 많았습니다.

그러나 돌아보니 하나님의 신실하신 은혜가 함께했음을 깨닫습니다. 결혼 초창기의 우리는 하나님이 디자인하신 결혼의 비밀을 알지 못했지만, 결혼의 주인이신 그리스도께서 선하신 사랑으로 인도해 주셨습니다. 이 땅의 모든 결혼은 완전할 수 없지만, 그리스도의 은혜를 통해 복음이 빛나는 부부의 기쁨을 경험할 수 있습니다. 하나님이 주신 이 꿈이 모든 그리스도인 가정에 펼쳐지기를 소망합니다.

결혼 동산을 가꾸는 정원지기

결혼 생활은 정원을 가꾸는 것과 같습니다. 남자와 여자는 하나님이 주신 결혼 동산을 가꾸는 정원지기입니다. 아담과 하와가 에덴동산을 맡아 가꿨던 것처럼 우리도 아름다운 열매를 맺기 위해 수고와 땀이 필요합니다. 땅을 파고 고르는 일, 씨를 심는 일, 물을 주고 잡초를 뽑는 일은 반드시 해야 합니다. 아무런 수고 없이 아름다운 정원이 만들어지지 않듯, 결혼도 저절로 행복해지지 않습니다. 날마다 좋은 씨를 심고, 잡초를 뽑아야 합니다.

게으른 정원지기가 되면 결혼의 동산은 금세 쓰레기 더미로 변하고 맙니다. 특히 이기심은 결혼의 생명력을 파괴하는 잡초입니다. 이기심은 날마다 왕성하게 활동하며 자기 마음대로 하고 싶어 합니다. 동산을 가꾸기보다 자기 욕심을 채우려 합니다. 부부는 성령의 도우심으로 이 잡초를 뽑아야 합니다. 부끄럽게도 저는 사역을 마치고 집에 오면 깨끗이 정돈된 집에서 쉬고 싶었습니다. 하지만 그런 이기적인 마음은 가정의 정원을 자주 어지럽혔습니다. 이기심의 잡초는 끊임없이 올라오지만, 함께 뽑아낼 때 결혼의 정원은 새로워집니다.

바쁨은 결혼의 친밀함을 파괴하는 또 다른 잡초입니다. 바쁨은 인생의 우선순위를 혼란하게 하고 관계를 깨뜨립니다. 물질주의는 우리가 더 많이 가지면 행복하게 될 거라고 유혹합니다. 그러나 물질주의를 추구하느라 분주해진 인생은 하나님과의 관계, 사랑하는 배우자와 자녀들과의 관계를 멀어지게 합니다. 부부는 하나님이 맡기신 동산을 지혜롭게 관리하며, 잡초를 제거하며 성장해 가야 합니다.

게으름도 결혼 동산을 위협합니다. 부부 갈등은 종종 찾아오는 손님이지만, 대화로 풀지 않고 미루는 습관은 게으름의 잡초입니다. 하루 해가 지기 전에 분노를 해결하지 않거나, 오해를 대화로 풀지 않는 게으름의 잡초는 서로에게 쓴 마음을 품게 하고 결혼의 정원에 가시덤불과 담을 쌓게 합니다(잠 24:30-31).

이 밖에도 결혼 생활에는 다양한 종류의 잡초가 곳곳에 있습니다. 무관심, 자기 의, 염려와 두려움 같은 잡초들이 무성해 정원을 어지럽힐 수 있습니다. 그러나 이러한 잡초를 두려워하지 마십시오. 우리에게 결혼의 정원을 맡기신 분은 주님이시고, 우리는 그분이 세우신 정원지기입니다. 성령 하나님은 정원지기인 우리가 부지런히 잡초를 제거할 때 지혜와 은혜를 주십니다.

우리가 할 일은 날마다 성령의 도우심을 구하며, 배우자와 함께 잡초를 뽑기로 약속하는 것입니다. 그리고 그리스도의 사랑으로 함께 땀 흘리고 수고하며 결혼의 정원을 가꾸어야 합니다. 복음이 빛나는 결혼은 하늘에서 떨어지는 선물이 아닙니다. 날마다 자기 육체를 위하여 심지 않고, 성령을 위하여 심을 때 결혼의 정원은 아름다운 열매를 맺습니다(갈 6:7-8).

결혼은 복음의 능력을 경험하는 현장이다

모든 부부는 행복한 결혼과 풍성한 열매를 꿈꿉니다. 사람들은 자기가 가꾸는 결혼의 정원에 아름다운 꽃과 나무들이 가득 찬 행복을 상상합니다. 그러나 얼마 지나지 않아 무수한 잡초, 두 사람이 쏟아 낸 죄의 오물들을 발견합니다. 인생의 계절마다 이 길, 저 길에 쏟아진 죄의 쓰레기를 발견하고 두 사람은 낙심합니다. 처음에는 참고 견뎌보지만, 시간이 지나면 이 더러운 오물들이 두 사람의 관계를 멀어지게 하고, 높은 벽을 만들어 서로를 위협하기도 합니다. 결혼의 행복한 상상은 송두리째 무너져 내립니다.

그러나 죄의 오물들이 발견되더라도 놀라지 마십시오. 그것들은 결혼을 위협하는 결정적 원인이 아닙니다. 두 사람이 죄인이기에 쏟아 낸 자연스러운 부산물일 뿐입니다. 결혼의 주인이신 그리스도는 두 사람이 힘을 합쳐 죄의 오물을 치우기를 원하십니다.

두 사람은 복음으로 거듭난 하나님의 자녀입니다. 결혼 현장에서 잡초와 죄의 오물을 발견할 때마다 복음을 적용해야 합니다. 그 죄의 오물들은 이미 처리된 죄입니다. 이미 예수님의 십자가로 죄의 값이 지불되었습니다. 두 사람은 완전한 용서를 받았습니다.

이제 두 사람 손에는 하나님이 주신 은혜의 삽이 들려 있습니다. 이 삽으로 죄의 오물들을 치워야 합니다. 주님이 용납하시듯 서로를 용납하는 은혜를 경험해야 합니다. 결혼 5년, 10년이 되면 우리가 치워 온 죄의 오물들이 한 무더기가 될 것입니다. 때로는 10년, 20년 동안 치워야 하는 배우자와 자기 죄의 오물 무더기가 너무 커서 낙심하고 절망하기도 합니다. 여전히 정원에 널린 죄의 쓰레기 때문에 고통스러울 수도 있습니다. 때로는 '내가 몇 번 용서했다, 나만 용서의 삽질을 했다'라며 자기 의의 잡초 때문에 고생하기도 합니다.

그러나 기억할 것은 우리가 죄의 오물들을 용서의 삽으로 제거한다고 해도, 모든 문제가 해결되고 모든 죄가 극복되지 않는다는 것입니다. 하나님은 10년이 지나면, 서로 용서할 필요 없이 결혼의 푸른 정원을 즐길 수 있다고 약속하지 않으십니다. 우리는 20년, 30년 계속해서 잡초와 쓰레기를 복음의 삽으로 평생 치워야 합니다. 이처럼 결혼은 복음을 적용하고 그 능력을 경험하는 탁월한 현장입니다.

5년 후, 우리가 복음으로 가꾼 정원을 보십시오. 그곳은 5년 전 들판이 아닙니다. 두 사람이 땀 흘려 잡초와 오물을 제거한 푸른 들판입니다. 두 사람이 성령으로 심은 더 아름다운 초록빛 들판이 되었습니다. 10년이 지나 결혼의 들판을 보십시오. 감당하기 힘든 나와 배우자의 가시덤불이 많이 제거되었습니다. 죄의 악취가 많이 사라졌습니다. 두 사람의 정원은 훨씬 아름답게 가꾸어졌습니다. 들판의 꽃들은 더 자랐고 아름답게 피었습니다. 20년이 지나 정원을 보십시오. 언덕의 나무들은 어린 나무가 아닙니다. 두 사람이 가꾼 나무는 놀랍게 자라 열매 맺은 나무입니다. 30년이 지난 결혼의 정원은 새들이 찾아오고 평온하고 행복한 동산이 되었습니다.

우리는 복음의 삽을 사용하는 주님의 자녀입니다. 주인이신 그리스도께서 우리를 용서하고 용납하신 것처럼, 남편과 아내가 용서라는 은혜의 삽으로 죄의 더러운 오물들을 제거할 때, 서로 한 팀이 되어 결혼의 정원을 아름답게 가꾸게 됩니다.

이것이 하나님이 디자인하신 결혼의 기쁨입니다. 이 정원의 아름다움은 두 사람이 복음을 적용한 열매입니다. 정원에 자란 나무들은 두 사람이 복음의 능력으로 자녀를 양육하고 가꾼 복된 열매입니다. 각종 아름다운 꽃들은 두 사람이 성령의 인도하심을 따라 말씀으로 심은 향기로운 사랑, 화평, 기쁨, 자비와 같은 열매들입니다. 두 사람이 결혼의 정원에서 함께 일하며, 주님을 닮아 거룩해진 열매입니다. 이 정원은 세상에 하나님의 은혜와 사랑을 나타냅니다. 이 아름다운 정원은 두 사람이 한 팀으로 하나님을 사랑하고 하나님 나라를 섬긴 증거입니다.

결혼은 하나님의 일하심을 경험하는 현장이다

결혼은 세상 속에 있기에 예상치 못한 일의 연속입니다. 죄인인 두 사람과 미숙한 자녀들이 쏟아 내는 죄의 오물로 인해 신음하고 고통스러운 도전이 끊이지 않습니다. 그러나 우리에게 놀라운 약속이 있습니다. 하나님이 이 모든 결혼의 여정에 함께하신다는 사실입니다.

너희 안에서 착한 일을 시작하신 이가 그리스도 예수의 날까지 이루실 줄을 우리는 확신하노라 (빌 1:6)

자기 앞에 영광스러운 교회로 세우사 티나 주름 잡힌 것이나 이런 것들이 없이 거룩하고 흠이 없게 하려 하심이라 (엡 5:27)

우리를 위해 착한 일을 시작하신 하나님이 결혼의 현장에서 선하신 은혜로 일하십니다. 하나님은 사랑하는 아들, 예수 그리스도의 십자가 피로 우리를 구원하시고 착한 일을 시작하셨습니다. 이 착한 일은 아들의 십자가 죽으심과 부활로 나타났습니다. 하나님 아버지는 우리를 용서하셨고 의롭게 하셨고 자녀 삼으셨고 성령의 다스림 안에서 양육하며 돌보십니다.

하나님은 결혼의 정원을 가꾸는 모든 과정에서 함께 일하십니다. 두 사람은 죄의 가시덤불과 엉겅퀴로 고통스러워하고 흔들릴 수 있습니다. 두 사람은 세상의 비바람과 폭풍 속에서 절망할 수 있습니다. 그러나 두 사람의 인생 핸들을 붙잡고 계신 분은 그들을 위해 죽으신 그리스도입니다. 그리스도는 깨어지지 않는 사랑의 언약으로 두 사람을 인도하십니다. 주님은 끝까지 그들을 양육하시고 공급하며 돌보십니다. 하나님의 일하심은 두 사람이 티나 주름 잡힌 것이 없이 신랑이신 그리스도 앞에 거룩하고 흠이 없는 신부로 설 때까지 신실하십니다. 우리가 결혼의 정원지기를 마치고 주님 앞에 신부로 설 때, 우리는 영원한 신랑을 맞이하게 될 것입니다.

결혼의 영광, 영원한 신랑을 맞이하는 날

우리의 결혼은 단순히 지금의 행복을 위한 것이 아닙니다. 결혼은 영원한 신랑이신 그리스도와 연합을 예고하는 놀라운 비밀입니다. 그날에 결혼의 진정한 목적이 완전히 실현될 것입니다!

우리가 즐거워하고 크게 기뻐하며 그에게 영광을 돌리세 어린양의 혼인 기약이 이르렀고 그의 아내가 자신을 준비하였으므로 그에게 빛나고 깨끗한 세마포 옷을 입도록 허락하셨으니 이 세마포 옷은 성도들의 옳은 행실이로다 (계 19:7-8)

또 내가 보매 거룩한 성 새 예루살렘이 하나님께로부터 하늘에서 내려오니 그 준비한 것이 신부가 남편을 위하여 단장한 것 같더라 … 하나님이 그들과 함께 계시리니 그들은 하나님의 백성이 되고 하나님은 친히 그들과 함께 계셔서 모든 눈물을 그 눈에서 닦아 주시니 다시는 사망이 없고 애통하는 것이나 곡하는 것이나 아픈 것이 다시 있지 아니하리니 처음 것들이 다 지나갔음이러라 (계 21:2-4)

우리의 결혼은 진행 중입니다.
복음이 빛나는 부부는 영원한 신랑이신 그리스도를 만나는 날, 결혼의 영광을 보고, 신랑과 함께 춤추며 기뻐 찬양할 것입니다. 할렐루야!

주

1장 하나님이 디자인하신 결혼

1. 동아일보, "애플 CEO 팀 쿡 커밍아웃", https://www.donga.com/news/It/article/all/20141031/67565237/3
2. 크리스천투데이, "뉴욕 타임스, 동성애 포용 위해 성경 다시 써야", https://www.christiantoday.co.kr/news/282426
3. 동아일보, "11억짜리 조각품을", https://www.donga.com/news/Inter/article/all/20120223/44267109/1
4. 웨인 그루뎀, 『조직 신학(상)』 (은성, 2006), p.690.
5. 앞의 책, p.694.
6. 안드레아스 쾨스텐버거·데이비드 존스, 『성경의 눈으로 본 결혼과 가정』 (아바서원, 2016), p.37.
7. 레이 오틀런드, 『결혼과 복음의 신비』 (부흥과개혁사, 2017), p.27-28.
8. 안드레아스 쾨스텐버거·데이비드 존스, 『성경의 눈으로 본 결혼과 가정』 (아바서원, 2016), p.30.
9. 팀 켈러·캐시 켈러, 『팀 켈러, 결혼을 말하다』 (두란노, 2014), p.35-36.
10. KBS 뉴스, "결혼 대신 동거 … 2030, 동거 긍정 40% 넘어", https://news.kbs.co.kr/news/pc/view/view.do?ncd=7842862&utm_source
11. 레이 오틀런드, 『결혼과 복음의 신비』 (부흥과개혁사, 2017), p.62-63.
12. 존 파이퍼, 『남자와 여자, 무엇이 다른가』 (부흥과개혁사, 2005), p.22.

2장 그리스도의 사랑이 넘치는 부부

1. 존 파이퍼, 『결혼 신학』 (부흥과개혁사, 2017), p.32-33.
2. 앞의 책, p.31-32.
3. 레이 오틀런드, 『결혼과 복음의 신비』 (부흥과개혁사, 2017), p.106.
4. 존 파이퍼, 『결혼 신학』 (부흥과개혁사, 2017), p.58-59.

5. 헤럴드경제, "단순한 건강 비결", https://biz.heraldcorp.com/article/252070

3장 남편을 향한 부르심

1. 존 파이퍼, 『독트린 매터스』 (복있는사람, 2014), p.14.
2. 리처드 필립스, 『남자의 소명』 (지평서원, 2013), p.35.
3. 크리스토퍼 애쉬, 『결혼, 그 아름다운 예배』 (복있는사람, 2019), p.117-119.
4. 리처드 필립스, 『남자의 소명』 (지평서원, 2013), p.148.
5. 존 파이퍼, 『결혼 신학』 (부흥과개혁사, 2009), p.110-114.
6. 앞의 책, p.109.
7. 강성환, 『복음에 견고한 그리스도인』 (세움북스, 2020), p.140.
8. 리처드 필립스, 『남자의 소명』 (지평서원, 2013), p.158.
9. 강성환, 『복음에 견고한 그리스도인』 (세움북스, 2020), p.140.

4장 아내를 향한 부르심

1. 바바라 휴즈, 『여성의 경건 훈련』 (생명의말씀사, 2004), p.205.
2. 앞의 책, p.216.
3. 캐롤린 매허니, 『여자, 그리스도인으로 살아가기』 (지평서원, 2013), p.53.
4. 앞의 책, p.245.
5. 션티 펠드한, 『여자들만 위하여』 (미션월드라이브러리, 2005), p.66.
6. 게리 토마스, 『부부학교』 (CUP, 2022), p.91.

5장 하나님 나라를 세우는 결혼

1. 서울신문, https://nownews.seoul.co.kr/news/newsView.php?id=20140430601029

2. 케빈 드영, 『미친 듯이 바쁜』 (부흥과개혁사, 2013), p.36.
3. 존 마크 코머, 『슬로우 영성』 (두란노, 2021), p.72에서 재인용.
4. 한국리서치에서 전국 1,000명을 대상으로 실시한 조사 결과다. https://hrcopinion.co.kr/archives/29975

6장 갈등, 어떻게 할 것인가?

1. 켄 산데, 『피스메이커』 (국제개발원, 2001), p.28.
2. 제리 브리지스 『크리스천이 꼭 이겨야 할 마음의 죄』 (두란노, 2008), p.197-198.
3. 폴 트립 『행복한 부부를 만드는 6가지 사랑의 약속』 (아바서원, 2015), p.83.

7장 대화, 어떻게 할 것인가?

1. https://maritimecyprus.com/2021/09/27/flashback-in-maritime-history-express-samina-greek-ferry-disaster-claiming-82-lives-26-sept-2000/
2. 서울신문 2012년 4월 28일자
3. 레이몬드 C. 오틀런드 Jr., 『솔로몬에게 길을 묻다』 (생명의말씀사, 2015), p.182.
4. 린다 딜로우, 『준비된 결혼, 준비된 배우자』 (홍성사, 1994), p.113.
5. 앞의 책, p.123.

8장 친밀함, 어떻게 세울 것인가?

1. 게리 토마스, 『사랑과 행복, 그 이상의 결혼 이야기』 (좋은씨앗, 2009), p.264.
2. 휘트 부부, 『즐거움을 위한 성』 (Ivp, 2000), p.21.
3. 캐롤린 매허니, 『여자, 그리스도인으로 살아가기』 (지평서원, 2013), p.140-145.
4. William M. Struthers, 『Wired for Intimacy: How Pornography Hijacks the Male Brain』 (Ivp, 2010), p.85.
5. 게리 토마스, 『부부학교』 (CUP, 2022) p.293-294.
6. 휘트 부부, 『즐거움을 위한 성』 (Ivp, 2000), p.182.
7. 게리 토마스, 『부부학교』 (CUP, 2022), p.303.
8. 존 파이퍼, 『결혼 신학』 (부흥과개혁사, 2009), p.172.
9. 휘트 부부, 『즐거움을 위한 성』 (Ivp, 2000) p.21.
10. 캐롤린 매허니, 『여자, 그리스도인으로 살아가기』 (지평서원, 2013), p.129.

11. 샘 스톰스, 『The ESV Women's Devotional Bible』(크로스웨이, 2014), p.4.

9장 청지기로 어떻게 살 것인가?

1. 캐롤린 매허니, 『시간 쇼핑』(살림출판사, 2009). p.19-20.
2. https://www.yna.co.kr/view/AKR20221201085700005
3. 랜디 알콘, 『부자 그리스도인』(생명의말씀사, 2002), p.34.
4. 서창희, 『하나님의 투자 수업』(생명의말씀사, 2023), p.45.

10장 지혜로운 가정 건축자

1. 안드레아스 쾨스텐버거·데이비드 존스, 『성경의 눈으로 본 결혼과 가정』(아바서원, 2016), p.69.
2. 앞의 책, p.75-76.
3. 스티브 파라, 『포인트 맨』(Ivp, 1999), p.20, 104.
4. 앞의 책, p.31.

사명선언문

너희가 흠이 없고 순전하여……세상에서 그들 가운데 빛들로
나타내며 생명의 말씀을 밝혀 _ 빌 2:15-16

1. 생명을 담겠습니다
만드는 책에 주님 주신 생명을 담겠습니다.
그 책으로 복음을 선포하겠습니다.

2. 말씀을 밝히겠습니다
생명의 근본은 말씀입니다.
말씀을 밝혀 성도와 교회의 성장을 돕겠습니다.

3. 빛이 되겠습니다
시대와 영혼의 어두움을 밝혀 주님 앞으로 이끄는
빛이 되는 책을 만들겠습니다.

4. 순전히 행하겠습니다
책을 만들고 전하는 일과 경영하는 일에 부끄러움이 없는
정직함으로 행하겠습니다.

5. 끝까지 전파하겠습니다
모든 사람에게, 땅 끝까지, 주님 오시는 그날까지
복음을 전하는 사명을 다하겠습니다.

서점 안내

광화문점 서울시 종로구 새문안로 69 구세군회관 1층
02)737-2288 / 02)737-4623(F)

강남점 서울시 서초구 신반포로 177 반포쇼핑타운 3동 2층
02)595-1211 / 02)595-3549(F)

구로점 서울시 동작구 시흥대로 602, 3층 302호
02)858-8744 / 02)838-0653(F)

노원점 서울시 노원구 동일로 1366 삼봉빌딩 지하 1층
02)938-7979 / 02)3391-6169(F)

일산점 경기도 고양시 일산서구 중앙로 1391 레이크타운 지하 1층
031)916-8787 / 031)916-8788(F)

의정부점 경기도 의정부시 청사로47번길 12 성산타워 3층
031)845-0600 / 031)852-6930(F)

인터넷서점 www.lifebook.co.kr